国家社科基金
后期资助项目
GUOJIA SHEKE JIJIN HOUQI ZIZHU XIANGMU

U0515578

基于知识元的科技文献
多粒度层级知识分割研究

Research on Multi-granularity Hierarchical Knowledge Segmentation of
Scientific Literature based on Knowledge Element

王忠义　著

WUHAN UNIVERSITY PRESS
武汉大学出版社

图书在版编目(CIP)数据

基于知识元的科技文献多粒度层级知识分割研究/王忠义著.—武汉:武汉大学出版社,2023.8
国家社科基金后期资助项目
ISBN 978-7-307-23320-1

Ⅰ.基…　Ⅱ.王…　Ⅲ.科技文献—研究　Ⅳ.G257.36

中国版本图书馆 CIP 数据核字(2022)第 173544 号

责任编辑:宋丽娜　　　责任校对:汪欣怡　　　版式设计:韩闻锦

出版发行: **武汉大学出版社**　　(430072　武昌　珞珈山)
(电子邮箱:cbs22@ whu.edu.cn　网址:www.wdp.com.cn)
印刷:湖北恒泰印务有限公司
开本:720×1000　1/16　　印张:15.75　　字数:283 千字　　插页:1
版次:2023 年 8 月第 1 版　　2023 年 8 月第 1 次印刷
ISBN 978-7-307-23320-1　　定价:88.00 元

国家社科基金后期资助项目(19FTQB016)

国家社科基金后期资助项目
出版说明

后期资助项目是国家社科基金设立的一类重要项目，旨在鼓励广大社科研究者潜心治学，支持基础研究多出优秀成果。它是经过严格评审，从接近完成的科研成果中遴选立项的。为扩大后期资助项目的影响，更好地推动学术发展，促进成果转化，全国哲学社会科学工作办公室按照"统一设计、统一标识、统一版式、形成系列"的总体要求，组织出版国家社科基金后期资助项目成果。

全国哲学社会科学工作办公室

前　　言

在当前大数据环境下，数字图书馆存储着海量的科技文献资源。这些知识资源与人们常用的网络知识资源相比，虽然具有更高的可靠性和权威性，却未能得到人们的普遍使用。究其原因在于：①数字图书馆科技文献资源开放程度不高，即便能够被网络搜索引擎访问到，但受版权限制，也不允许在互联网中开放使用；②数字图书馆知识服务的个性化程度低，缺乏对科技文献中知识内容的深入揭示和组织，导致数字图书馆难以提供有针对性的按需知识服务，知识服务缺乏针对性、动态变化性；③数字图书馆知识服务的粒度过大，仍然以一篇文章、一本书等为知识单元向用户提供知识服务，用户不得不进一步从这些文献中过滤和查找自己所需的知识，增加了用户的认知负担和时间成本；④数字图书馆知识服务的关联度不高，停留在对科技文献整体的外部形势特征或主题特征的揭示和组织之上，未能建立知识层次上的语义关联，科技文献资源仍然以孤立的形式存在。可见，数字图书馆若想改变现状，提供开放、个性化、一站式的精准知识服务，就需要对馆藏科技文献资源进行多粒度层级知识分割，识别出科技文献中多种粒度大小的知识单元，对科技文献中的知识内容进行多粒度的关联组织。知识元概念的提出使得数字图书馆对科技文献进行多粒度层级知识分割变得更为可行，为此，本书借助知识元的相关理论、方法和技术对馆藏科技文献资源的多粒度层级知识分割问题进行了研究。

本书在总体上沿着"研究对象→现实问题→科研问题→研究目标→理论研究→方法研究→实证研究"的技术路线展开。首先，明确研究对象：数字图书馆科技文献资源；然后，对网络环境下数字图书馆知识服务存在的现实问题进行研究，以明确本书的科研问题——基于知识元的科技文献多粒度层级知识分割研究；接着，基于对文本分割研究现状的梳理，对本书要达到的目标进行分析，确定总体研究目标和具体研究目标；最后，依据研究目标确定课题研究内容，包括理论研究、方法研究和实证研究三个方面。

　　具体来说，在理论研究方面：首先，本书对科技文献多粒度层级知识分割的哲学基础进行研究，指出进行科技文献多粒度层级知识分割的世界观；其次，对科技文献多粒度层级知识分割的理论基础进行研究，指出科技文献多粒度层级知识分割的一般原理和规律；然后，对科技文献多粒度层级知识分割的方法论进行研究，指出科技文献多粒度层级知识分割的原则和策略；最后，对科技文献多粒度层级知识分割的技术基础进行研究，指出进行科技文献多粒度层级知识分割的支撑技术。最终从四个层次构建基于知识元的科技文献多粒度层级知识分割的理论体系和技术基础，为基于知识元的科技文献多粒度层级知识分割提供理论上的指导和技术上的支撑。在方法研究方面：首先，对科技文献中知识元描述规则识别方法进行研究，提出科技文献中知识元的类型划分方法和科技文献中各类型知识元描述规则的识别方法，为进行科技文献中各类型知识元抽取做准备；其次，对基于序列模式的科技文献中知识元的抽取方法进行研究，提出融合语义的各类型知识元抽取方法，为科技文献多粒度层级知识分割提供分割的基元（知识元），是进行科技文献多粒度层级知识分割的桥梁；最后，对基于知识元的科技文献的多粒度层级知识分割方法进行研究，提出基于知识元的各粒度大小知识单元的组合方法，从而实现科技文献多粒度层级知识结构体系的揭示，是进行科技文献多粒度层级知识分割的最终目的。在实证研究方面：本书最后对基于知识元的科技文献多粒度层级知识分割方法进行了实证研究，以检验提出的基于知识元的科技文献多粒度层级知识分割方法的科学性和有效性。

目　　录

第1章 绪 论

1.1 研究背景

1.1.1 新经济背景下人类知识需求发生变化

在新经济时代，创新性知识取代物质成为最重要的生产要素，新一轮科技革命加快重塑世界。在这一新形势下，我国提出建设现代化强国战略，科技创新作为引领经济发展的第一动力，成为建设现代化强国的重要支撑。而作为创新主体的人民为了适应新经济的发展，提高自身的素质和技能，对知识的需求也超越了以往任何一个时代，人类越来越意识到知识的地位和作用，迫切需要及时获得相关知识。由此可见，新经济的发展对当前人类的知识需求产生了深远的影响，带来深刻的变化，推动人类知识需求方式向更高质量迈进。具体来说，这些影响和变化主要表现在以下几个方面。

（1）知识需求的迫切性

新经济发展的动力源泉是创新，创新使得科学知识的更新速度加快，应用周期缩短，这就要求其主体能够及时获取并掌握时新的知识，提高自身知识的素质和能力，人们知识需求得到满足的速度在很大程度上决定着个体的发展水平，在这种背景下，人们对知识的依赖程度也进一步增大，超过以往任何时期，知识需求逐渐成为社会发展过程中人们产生的首要需求，迫切需要能够及时获得在工作、生活和学习过程中所需的各种类型的知识，以适应新经济时代快速的工作、生活和学习的节奏和步伐。

（2）知识需求的专业性

在新经济时代，随着创新活动的不断发展，人们需要不断寻求新的突破，为此，就使得人们的研究领域和工作内容不断向专深化发展，而在这个过程中，为了解决在研究或工作中遇到的各种问题，继而导致人们对专业化知识的需求增加，并且人们对专业知识的需求深度也在随着科学技术的进步及其对经济发展推动作用的增强不断加深，使得人们的知识需求体现出专业化的特征。

（3）知识需求的跨学科性

在新经济时代里，知识成为社会发展的重要资源。尤其是随着人类社会实践活动的不断拓展，需要解决的问题不断复杂化，例如环境污染问题、传染病防控问题、社会治理问题等，任何一个问题都不是某个学科的知识能够解决的，都需要多个学科进行跨学科的深入合作才能有效解决。在此背景下，人们的知识需求也随之发生变化，开始向跨学科的方向扩展，需要能够随时获得与要解决的问题相关联的其他相关学科的知识内容，从而使得人们的知识需求体现出跨学科性的特征。

（4）知识需求的精准性

在新经济时代，一方面，随着人们知识创新的不断发展，新的知识不断涌现，知识的数量不断增加，从而导致人们在面对知识"海洋"时不知所措，难以从海量的知识中迅速定位自己所需要的知识内容；另一方面，随着人们社会实践活动的节奏不断加快，人们往往需要能够及时获得自己所需要的知识内容，来帮助他们快速解决实践中遇到的问题。上述两个方面的原因导致人们知识需求体现出精准性的特征。人们需要花最少的时间精准查找自己所需要的知识内容本身，而不是其他。

1.1.2　移动互联网背景下人们的学习方式发生变化

随着 5G 技术的快速发展，移动互联网技术迈上了一个新的台阶，尤其是在智能终端设备的加持下，更是推动着人类社会加速进入移动互联时代。在这一时代背景下，移动互联网以其便携性、跨时空性等特点，为广大用户发布和获取知识提供了极大便利，导致人们的学习方式发生变化，并形成了以下特点。

（1）知识学习的移动化

在移动互联网的环境下，知识资源广泛分布在云端，人们可以借助移动终端随时随地进行学习，不再受到时间、空间等的限制，人们可以在排队等候、吃饭等情境下，借助移动终端设备随时随地学习与自己工作、生活等相关的知识内容，从而使得人们的知识学习方式体现出移动性特征。这种学习方式优势在于可以充分利用人们的碎片化时间。

（2）知识学习的碎片化

随着人们工作、学习和生活节奏的加快，微阅读或碎片化阅读成为普遍现象，这是社会快速发展导致的必然结果，标志着碎片化时代的来临。碎片化阅读具有快速、及时等特点，可以明显地提高人们获取知识的效率。同时，碎片化阅读也降低了阅读的门槛，克服了过去获取阅读对象困难的问题。碎片化阅读已经成为一种受到人们广泛认可的数字化阅读方式，符合社会发展的趋势。

（3）知识学习的社会化

随着 Web2.0 的发展，人们基于社交媒介进行社会化学习成为一种新的知识学习方式。每个学习者都可以通过在社交媒介上交互学习、协作学习等方式，实现将自身具备的知识和专业技能与他人共享，既成为知识的传授者，也成为知识的受益者，体现出知识学习的社会化特征。知识学习的社会化，使得知识内容的表达更加细粒度化。

知识学习的移动化、碎片化和社会化最终导致人们产生了对短小精悍的知识的需求。这也就要求数字图书馆的知识服务更加具有针对性，从以前相关主题科技文献的提供转向解决问题所需要的知识单元的直接知识提供。用户个性化、差异化、多元化的知识需求，使得微内容更符合当前用户的个性化需求。面对用户碎片化的知识需求，数字图书馆更应该适应时代的发展，更新知识资源的服务方式，探寻碎片化时代直接提供知识单元服务的新方法，以便更好地为用户服务。

1.1.3　大数据背景要求数字图书馆创新其知识服务方法

随着信息技术的发展，知识资源数字化的进程不断加快，数字图书馆科技文献资源总量日益增多、来源日益复杂、形式也多种多样，尤其是随着 Web2.0 技术的发展，各种开放存取知识库[1]、学术博客、维基百科等网络知识资源不断涌现，增加了科技文献知识资源的开放获取途径，使得公众可以从多种外部平台或途径链入数字图书馆的科技文献资源，根据需要进行无障碍检索、阅读和下载。从而满足数字图书馆用户泛在的、专业的、复杂的知识需求。而且自从进入用户参与、用户主导、公共建设与使用的 Web2.0 时代，数字图书馆的用户知识需求行为也随之发生相应的变化。[2]数字图书馆用户的需求已经从普遍的信息需求向个性化的知识需求转变。然而，数字图书馆当前提供的知识服务的效果和个性化程度均较低。[3]此外，大数据在为人们提供丰富知识资源的同时，也极大地增加了人们知识获取的难度，传统的知识服务方式已经无法满足用户的个性化知识需求，进而导致人们对数字图书馆知识服务的方式提出了新的更高层次的要求。由此可见，大数据环境在为数字图书馆带来机遇的同时，也带来了严重挑战。为抓住机遇，迎接挑战，满足人们新的知识需求，数字图书馆作为人类知识的存储、组织和服务实体，要求其创新知识服务方法，以适应大数据环境下人类不断变化的知识需求。具体来说，数字图书馆应从以下几个方面创新其知识服务方法。

（1）"检索即所得"的知识服务

在当前大数据环境下，数字图书馆科技文献的数量成指数级增长，科技文献中包含的知识总量远远超出人类吸收和利用的能力。一方面，人们需要花费大量的时间和精力从海量的科技文献中过滤出相关的文献；另一方面，人们还需要通过阅读从相关的科技文献中提取出自己所需要的知识。上述两个方面的原因在很大程度上阻碍了人们对数字图书馆的使用。因此，"检索即所得"的一站式精准知识服务方式，成为数字图书馆未来发展的方向。这就要求数字图书馆知识服务深入科技文献的知识内容本身，并对它们进行整理、筛选、分析乃至评价等，将最相关的知识以最精简的方式提供给用户，满足用户的知识需求。但当前数字图书馆尚未对其所采集、组织和存储的科技文献资源给予具体的分析、提炼，只是以一次文献、二次文献等素材化的材料提供给用户[4]，读者需要自行从数字图书馆提供的大量相关科技文献资源中搜索出自己需要的内容，如果一个用户花费大量的阅读时间最终获得的却是无法解答他们实际问题的无效知识，那么读者的阅读体验将是非常失败的①。由此可见，数字图书馆的这种知识服务模式不太符合当今以用户为中心的服务理念。数字图书馆应该与时俱进，思考如何用较为优质的知识内容去抢占数字媒体的市场和阅读空间，在提供系统全面和优质的知识资源的同时，对数字资源进行深层次挖掘，不断探讨和创新各种面向知识的"微服务"，直接提供知识内容本身，而不是提供包含用户所需知识的文献或线索，以在满足用户碎片化阅读的同时，通过关联阅读进行深层学习，提高用户进行深度阅读的能力，而不是放任低俗化、娱乐化的网络信息占用读者大量的时间。

（2）关联性知识服务

需要指出的是，虽然短小精炼的碎片化知识能够很好地适应当前人们的阅读习惯，提供精准知识服务，但是为了达到易于学习的目的，通常会将复杂的知识内容简单化，碎片化知识往往是由一些事实构成而非逻辑，

---

① 邸东博. 关于开放知识服务的图书馆存在构想[J]. 长江丛刊, 2016(29): 158.

同时，由于字数的限制，大量简化了推演过程，往往使得碎片化知识内容不够严谨和全面。通过碎片化阅读，人们虽然可以通过习得"事实"来扩充自己知识的广度，然而，长此以往，会使得他们的知识结构变成一张浮点图，零碎的知识内容漂浮在人们认知空间的各个位置，碎片化知识内容之间却缺乏有机的联系，难以在人们头脑中形成一个有机的认知结构，更难以把这些知识应用起来解决现实生活中的问题，因此，往往无法通过扩展知识之间的"联系"增加用户知识的深度。同时也难以触动读者的心灵，更难以激发用户深度思考。为此，数字图书馆在向用户提供"检索即所得"的精准知识服务的同时，应该发挥自身知识组织的优势，建立碎片化知识之间的关联，提供关联性知识服务，以便在扩充用户知识阅读广度的同时，增加用户知识阅读的深度。当前数字图书馆根据文献之间的引用关系，揭示了文献层次上知识之间的语义关联，然而，文献中知识内容之间存在的隐性知识关联远远大于由文献的相互引用所揭示的关联数量，这就导致很多有价值的知识关联很难被人识别，人们急需一种在更细粒度的知识单元层次揭示知识内在联系的知识服务方式，以便他们进行知识创新。此外，随着科学的发展，知识不断专业化、分裂化，这就导致跨领域的知识传递变得越来越困难，人类也急需一种跨专业的关联性知识服务方式。而关联性知识服务将知识的组织单位由文献深化到文献中包含的知识的关联，这能够更加有效地改进知识组织的效果，促进知识利用和创造的过程。[5]

　　鉴于上述分析不难发现，在当前大数据环境下，数字图书馆传统的以文献为单位的知识服务方式已无法有效满足人们的知识需求，这成为数字图书馆知识服务变革的重要瓶颈。相关学者认为，解决这一瓶颈的有效方法是将数字图书馆知识服务的单位由文献单元深入知识单元，并依据知识之间的逻辑关系建立知识单元之间的链接，进而提供"检索即所得"的关联知识服务，这也被认为是情报学取得突破的关键问题。由此可见，网络技术的进步不断推动着数字图书馆的转型和知识服务方式的革新。尤其是语义网技术的发展使得数字图书馆的知识服务方式逐渐由以文献（知识的载体）、信息（知识的某些特征，如主题、数据、关键词等）为单元的知识服务方式朝着以知识本身为基本单元的知识服务方向发展，即变间接知识服务为直接知识服务，为用户直接提供知识内容本身，而不是知识线索。本书"基于知识元的科技文献多粒度层级知识分割研究"这一主题正是在这样的背景下提出并展开讨论的，希望通过本书的研究为提升数字图书馆知识组织和服务的水平与质量做出一点贡献。

1.2   文本分割研究现状

科技文献通常讨论一个核心主题，但是为了阐明该核心主题，科技文献往往又会细分为多个子主题展开论述。传统的数字图书馆知识组织方式是以整篇文献作为基本的处理单元，粒度过粗。如果能够识别出科技文献中的主题结构，以科技文献中的知识单元作为处理单位，数字图书馆知识组织的性能将会大幅度提升。文本分割技术正是为了解决这个问题被人们提出来的。文本分割的主要任务就是将文献中属于同一主题的文本片段识别出来，从而将一篇长文献分割为多个相对独立的文本片段，形成某种线性或层级主题序列，进而实现对文献的细粒度组织和提供服务。为此，本书将结合文本分割技术对数字图书馆中的科技文献进行多粒度层级知识分割，识别出科技文献中具有独立意义的知识单元，并标记分割边界。这样用户就可以在检索过程中准确地查找定位到自己感兴趣的知识单元内容，不需要花费大量时间去阅读全文，过滤自己所需要的知识内容，从而大大提高数字图书馆用户的检索效率，避免知识的过载和冗余提供，降低数字图书馆用户的认知成本，提高数字图书馆用户满意度。

需要指出的是，根据文本分割面向应用的不同，可将文本分割划分为多种类型。例如，从多媒体文件中识别和提取出文本被称为"文本分割"。将文献中的单词分割成语素或更大的语言单位的任务有时也被称为"文本分割"。而本书主要研究面向主题的科技文献的分割。这种文本分割的任务是依据论述的主题自动将科技文献分割成多个文本片段。具体来说，面向主题的科技文献分割将科技文献中的自然语言文本看作由子主题构成的序列，并假设子主题对应于特定的文本片段，分割算法的任务就是要找到子主题的变化，以识别非结构化文本的自然分割。当前人们对基于主题的文本分割越来越感兴趣，基于主题的文本分割已经得到广泛的应用，如文本摘要、主题分析、问答系统等。目前，基于主题的文本分割方法大致可以分为两大类：线性分割(也即将长文本分割为连续文本片段块的文本分割方法)、层级分割(也即将文本迭代分割为更细粒度主题片段的文本分割方法)。接下来，将详细论述这两种类型的文本分割方法的国内外研究现状，为本书研究提供理论和方法上的支撑。

1.2.1 文本分割技术国内外研究现状

1.2.1.1 线性分割

1. 基于词汇聚集的文本分割技术

基于词汇聚集的线性文本分割方法的主要思想源于 Halliday 和 Hasan 的研究[6]。其基本假设是出现在相同文本片段中的词汇必然存在较高的相关性。具体来说，基于词汇聚集的文本分割技术核心思想是：基于词汇的重复、词汇的相似或者词汇之间的语义相关来计算词汇集聚的密度，由于同一主题内的词汇集聚的密度往往会明显大于不同主题边界的词汇集聚的密度，因此，在进行文本分割时就可以依据词汇的集聚密度识别文本的主题分割点。接下来，本书将详细论述当前已有的三种比较典型的基于词汇聚集的文本主题分割方法。

（1）词汇链方法

词汇链方法是由 Morris 和 Hirst 首次提出。该方法利用 LCR（Lexical Cohesion Relation）技术建立词汇链，其中词汇链是指在一个文档的某主题下，具有相关联系的词语组成的词系列。[7]其方法原理是：在文档中的某个主题下的相关词语形成一条词汇链。在一个语言片段内，词汇链就可以视为标志性主题词语链，不同的词语链就对应了不同的语义段落。因此，词汇链一旦确定下来，文章的结构也就确定下来了。

基于词汇链的文本分割方法的流程主要包括以下几个步骤。首先，对文本进行预处理，采用分词技术对文本进行分词，并根据停用词表（如助动词、代词等不具有实际意义的词）排除文本中的停用词，为生成词汇链做准备。对于被分隔开的专业词语（专业词语较为专指，通常表现为长词，也即由多个词组合而成），要根据专业词典对这些专业词进行合并。其次，提取文本的篇章结构，进而实现文本结构化。在提取方法上，可以参考单永明所提出的汉语文本形式结构分析及其标引方法。再次，根据词义相关度的阈值构建词汇链，阈值越高，词汇链的数目就会越多，每个链中的词的数目会较少；相反，阈值越低，词汇链的数目相对减少，每个链中的词的数目会很多。其中阈值的计算公式为 $s - \sigma/2$（其中 s 表示深度值序列的平均值，σ 表示标准方差）。因此，一般在对文本进行主题分割时，要事先规定词汇链的最大长度。最后，抽取主题词，找出权重最大的词语。根据一个词语在文本中出现频率的高低来判定，出现频率越高的词语往往就越重要。但是，如果一个词语在每一篇的文章汇总中出现的频率都极高，那么它的代表性就会非常低，从而构造成词汇链。因此，可以根据词汇链的分布位置来对文档进行分割，确定边界。

（2）tf. idf 方法

tf. idf 方法基于词的重复，其中也包含同义词以及意思相近的词的使用，是一种常用于信息检索中的词条权值计算方法。其基本思想就是：对于能够反映主题的词汇，在当前文本中出现的频率比较高，在整个文本中出现的频率相对较低。tf. idf 是根据词语的文档频率及其在文档集合中的分布来评估文档中的词语的重要性。其定义形式如式（1-1）所示：

$$\text{tf. idf}(w,\ d) = \frac{\text{tf}(w;\ d)}{|d|} \times \ln \frac{N}{\text{df}(w)} \tag{1-1}$$

其中，w 表示一个单词，d 表示一个文档，$\text{tf}(w;\ d)$ 表示在文档 d 中单词 w 出现的次数，$|d|$ 表示 d 中单词的总数量，$\text{df}(w)$ 表示单词 w 出现的文档数量，N 是文档集合的大小，也即文档集合中包含的文档总数量。

由于在对文献进行主题分割时，是在一篇文献内部识别出论述不同主题的文本块的，因此，在借助 tf. idf 进行文本主题分割时，需要对 tf. idf 的计算方法进行修正。具体来说，在进行文献主题分割时，同一个文本块中，每个词的 tf. idf 值则是通过 f/F 计算得到的，其中 f 为该词在当前文本块中出现的频率，F 为该词在当前整个文本中出现的总频率。[8]

基于 tf. idf 的文献主题分割方法包含以下几个步骤：首先，对文本进行预处理，通过分词工具对文本进行关键词抽取，选择字、词或者词组构建文本块的特征向量；然后，通过 tf. idf 方法计算文本块特征向量中关键词权值，并将得到的关键词权值分别作为特征向量模型中的元素值和马尔可夫模型的节点权值，在向量空间模型中采用余弦相似度法得到文本块的基础相似度，通过马尔可夫模型识别文本关键词之间的关联性，得到文本块之间的语义相似度，将基础相似度和语义相似度结合，就得到文本之间的总体相似度；最后，采用贝叶斯算法对文本进行分割。①

（3）Dotplotting 方法

Dotplotting 方法是由 Reynar 提出的一种基于词重复的识别文本主题边界的方法。[9-10]该方法将词汇在文本中出现的位置映射到二维空间，通过直观的图像来揭示文本词汇的分布情况，该方法的基本假设是重复出现的词汇会分布在同一主题区域中，由此可见，该方法的本质是采用词汇密度

---

① 周丽杰，于伟海，郭成. 基于改进的 TF-IDF 方法的文本相似度算法研究[J]. 泰山学院学报，2015，37（3）：18-22.

来作为主题相似度的度量依据，因此，在反映词汇整体分布情况的二维空间中，密度大的区域在一定程度上可以被看成一个主题，而密度较小的区域则被视为边界。其密度函数如式(1-2)所示：

$$f_M = \sum_{j=2}^{|P|} \frac{V_{P_{j-1}P_j} \cdot V_{P_jP_{j+1}}}{(P_j - P_{j-1})(P_{j+1} - P_j)} \qquad (1-2)$$

其中，V_{xy} 表示第 x 个字至第 y 个字组成的一段文本(包括第 x 和第 y 个字)，$|P|$ 表示文本中语义段落的数量，P_j 表示第 j 个语义段落的位置。该公式是计算分割后的相邻两个语义段落 $[P_{j-1}, P_j]$ 和 $[P_j, P_{j+1}]$ 的词汇重复情况，以此来评价分割结果的优劣。

(4)LCP 方法

Kozima 为了测量词汇紧凑度提出了一种基于词汇集聚图(LCP)的文本线性分割方法。[11] 所谓词汇集聚，是指词汇间的语义相似度，该语义相似度的计算是通过在构建的词典中激活扩散而得到的。① 具体来说，词汇的相似度计算公式如式(1-3)所示：

$$c(S_i) = \sum_{w \in S_i} s(w) \cdot \alpha(P(S_i), w) \qquad (1-3)$$

其中，S_i 表示固定长度窗口内的词汇，$s(w)$ 表示词语 w 的权重，$\alpha(P(S_i), w)$ 表示词汇 w 在激活模式 $P(S_i)$ 下的激活值，即 $P(S_i) = s(w)^{2/\sum_{w \in S_i} s(w)}$。

根据一个移动窗口在文本上移动时所记录的词汇聚集性，可以得出 LCP，那么在图中所绘制的平滑曲线的波谷对应的就是主题分割的边界。

(5)基于 TextTiling 的文本分割技术

TextTiling 是文本分割领域比较经典的方法之一，由 Hearst 首先提出。[12-13] 该方法是以词汇链为基础的文本分割技术，通过识别文本中单词重复出现的情况来识别文本的分割点。该方法能够自动地将文本中不同的子话题分割成若干个段落，是对文本进行线性分割的重要方法。[14] 具体来说，TextTiling 主要分为三个基本步骤：文本单位长度划分、相似度计算和选择分割点。下面将详细论述各个步骤的实现过程。

1)文本单位长度划分

文本单位长度划分的主要流程包括：首先，借助分词技术对文本进行预处理，具体包括分词和词性标注等。而后，依据词性过滤掉分词结果中

---

① 刘娜，唐焕玲，鲁明羽. 文本线性分割方法的研究[J]. 计算机工程与应用，2008，(21)：212-216.

的诸如代词、程度副词等停用词，以及标点符号，尽可能降低这些无关的词汇对文本分割的影响，使分割过程中对词汇更加敏感。最后，将文本划分成包含 N 个词汇的文本单位，通过实验，相关学者发现将 N 的值设定为 20 时，取得最佳的文本分割效果。这是因为，这样处理可以在进行相似度计算时保证间隔点两端的文档包含相同的信息量，其间隔点即为潜在的分割点。通过上述过程，将文本处理成了由多个伪句子（包含 N 个词的文本单位）组成的新文本。这些伪句子之间的分割点可以视为潜在的分割点。

2）相似度计算

相似度计算的主要目的是计算潜在分割点前后的各 K 个句子的相似性。这些句子共同组成一个语句块（block），每一个 block 的大小为 blocksize，因此，由 K 条句子组成的 block 包含的词汇数量为 blocksize× tokensize，其中 tokensize 是文档中段落的平均长度，blocksize 的值则根据不同的文档进行设定，在 Hearst 的实验中，blocksize 的值设定为 6 会使得分割系统的性能较好。即 6 条句子组成一个块，两个块构成一个窗口，计算两个块之间的相似度，就可以获得窗口中间隔点的相似度，然后使窗口滑动到下一条句子，计算新组合的窗口中的两个块的相似度，即下一个间隔点的相似度。因此，这样的窗口在整个文档进行移动，就可以得出每个间隔点的相似度值。[①] 相似度值的计算公式如式（1-4）所示：

$$\text{sim}(b_1, b_2) = \frac{\sum_t w_{tb_1} w_{tb_2}}{\sum_t w_{tb_1}^2 \sum_t w_{tb_2}^2} \tag{1-4}$$

其中 t 表示窗口中的词语，w_{tb_1} 表示在块 b_1 中 t 所占的权重，即词语在块中出现的频率。公式的取值范围为 $[0, 1]$，如果两个块中有很多重复的词语，则说明两个块的相似度非常高。根据上面的公式进行绘图，以间隔点为横坐标，相似性值为纵坐标，绘制图像。进行分割点选择时，对绘制的曲线进行平滑处理。对于间隔点 g 处的相似度值，在 $w + 1$ 的窗口中，将间隔点左右两边的 $w/2$ 个相似度值分别累加，两个累加值加上 g 处的相似度值，算出平均值 g'，代替原先间隔点 g 处的相似度值。

3）选择分割点（图 1-1）

如图 1-1 所示，对于间隔点 g_2，向左找到第一个最小值 g_1，计算 g_1、g_2 相似度值之间的差，设为 d_1；同理，向右找到第一个最大值 g_3，计算

---

① 高勇．基于 TextTiling 的中文文本分割技术[D]．沈阳：东北大学，2006．

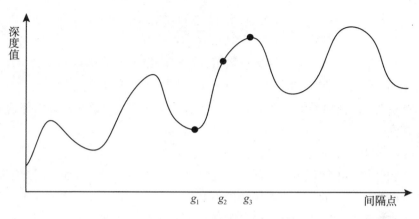

图 1-1　分割点选择示意图

g_2、g_3 相似度值之间的差，设为 d_2，d_1 和 d_2 的绝对值之和即为间隔点 g_2 的深度值。通过这种计算，可以得出每一个潜在分割点所对应的深度值，对于 g_3 而言，由于它是局部最大值，其深度值为 0。由此可见，深度值越大，两侧的文档差异越大，进而潜在的分割点成为分割点的可能性就会越大。在选择分割点方面还要遵循以下几个原则：第一，防止两个相邻的分割点距离太近，避免一句话就被分割系统自动识别为一个不同的子话题，应该要求两个分割点之间至少有 3 个句子；第二，如图 1-1 中 g_2 的情况，一侧上升一侧下降，且 g_1 与 g_2 间隔不大，那么 g_2 通常会被相邻的最低点 g_1 所代替成为分割点，如果间隔很大，那么分割点一般会选在 g_1 与 g_2 之间；第三，根据深度值参数来确定分割点，即如果间隔点的深度值大于 $s - \sigma/2$，那么该点就被视为分割点(其中 s 表示深度值序列的平均值，σ 表示标准方差)。

(6)基于动态规划的文本分割技术

动态规划[15]是一种全局优化方法，通过把原问题转化为一系列结构相似的子问题，然后高效得找到目标函数的全局最优解。[16]

1)主题相似性线索

a. 区域内相似度

文本内部的重复词汇的集聚情况能够有效地预测该文本区域是否属于同一个语义段落。若词汇集聚的密度高，则说明文本区域内部的相似度较大，相反，说明文本区域内部的相似度较小。根据文本区域内部词汇的密度来定义相似度，形式如式(1-5)所示：

$$\text{sim}_{\text{within}} = \sum_{k=1}^{T} \frac{\displaystyle\sum_{t=t_{k-1}+1}^{t_k} \sum_{s=t_{k-1}+1}^{t_k} D_{s,t}}{(t_k - t_{k-1})^r} \tag{1-5}$$

其中，T 表示语义段落的总数量，t_k 表示第 k 个分割点的位置，$D_{s,t}$ 表示句子 s 与句子 t 的相似度（如果句子 s 和句子 t 之间有重复的词汇，$D_{s,t}$ 的值就为 1，否则为 0），当 $r=2$ 时，此函数就为第 k 个语义段落内部的词汇密度。

b. 区域间相似度

相邻的文本区域表示不同的主题或者同一主题的不同方面，因此不同文本区域内词汇的重现由于主题的不同也会有一定的差异，这种差异则能够用来检测相邻文本的独立性。如果词汇的集聚密度高，则这两个文本的差异性较小，反之，就较大。根据文本区域主题词汇的密度来定义区域间相似度，形式如式（1-6）所示：

$$\text{sim}_{\text{between}} = \sum_{k=1}^{T} \frac{\displaystyle\sum_{t=t_{k-1}+1}^{t_k} \sum_{s=t_k+1}^{t_{k+1}} D_{s,t}}{(t_k - t_{k-1})^{r/2} (t_{k+1} - t_k)^{r/2}} \tag{1-6}$$

c. 文本区域长度

一般一个独立的语义段落阐述的是一个较为完整的内容，因此，分割后的语义段落的长度不能太小，否则会叙述不完整，也不能太长，否则就失去了分割文本的意义。因此，要对文本区域的长度进行合理控制。对于文本区域长度因子的定义如下：假设分割语义段落为 $\{S_1, S_2, \cdots, S_k\}$，其中 S_i 的长度为 L_i，文本总长度为 L，即计算方法如式（1-7）所示：

$$J_l^2 = \sum_{i=1}^{N} \left(\frac{L_i}{L}\right)^2 \tag{1-7}$$

如果将文本看成一个语义段落，该因子为 1；当 $k > 1$ 且 $L_1 = L_2 = \cdots = L_K$ 时，长度因子则达到最大值。

d. 相似或重现词汇之间的距离

对于分割的文本来说，不同语义段落的相似或重现的词汇之间的距离是有要求的。因此，重现或相似词汇的贡献的大小定义如式（1-8）所示：

$$W_{s,t} = \begin{cases} 1 & \text{if } |s-t| \leqslant 2 \\ \dfrac{1}{\sqrt{|s-t|-1}} & \text{else} \end{cases} \tag{1-8}$$

其中 $W_{s,t}$ 表示根据句子 s，t 之间的距离为 $D_{s,t}$ 所赋予的权重。因此，由上式可以看出，s，t 之间的距离越大，$W_{s,t}$ 的值越小。

2）评价函数设计与文本分割

基于动态规划的文本分割方法可以将描述主题相似性的线索有效地反映在评价函数中，当采用 Fragkou 模型作为评价函数时，其定义形式如式(1-9)所示：

$$J(t;\mu,\sigma,r,\gamma)=$$

$$\sum_{k=1}^{k}\left(\gamma\cdot\frac{(t_k-t_{k-1}-\mu)^2}{2\cdot\sigma^2}-(1-\gamma)\cdot\frac{\sum_{t=t_{k-1}+1}^{t_k}\sum_{s=t_{k-1}+1}^{t_k}D_{s,t}}{(t_k-t_{k-1})^r}\right) \tag{1-9}$$

上述评价函数是由长度因子和密度因子两部分组成，其中 γ 为权重，反映了将文本划分为 k 个语义段落所付出的代价。$\frac{(t_k-t_{k-1}-u)^2}{2\cdot\sigma^2}$ 为长度因子，μ 表示语义段落的平均长度，σ 表示语义段落长度的方差。因此，从上式可以看出，当被分割的文本区域的长度越接近于 μ，长度因子越小。$\frac{\sum_{t=t_{k-1}+1}^{t_k}\sum_{s=t_{k-1}+1}^{t_k}D_{s,t}}{(t_k-t_{k-1})^r}$ 为密度因子，反映第 k 个文本区域内部的相似度，其中当 $r=2$ 时，密度因子等于第 k 个文本区域的词汇密度。因此，当密度因子的值越大，说明该文本区域相似度高，否则，较低。

通过上述对 Fragkou 模型[17]作为评价函数的分析，针对其存在的一些不足，提出了 MMF 模型，采用更深层次的二维动态规划算法来搜索分割边界。MMF 模型的密度因子形式，如式(1-10)所示：

$$J_s=\lambda\cdot\text{sim}_{\text{within}}-(1-\lambda)\cdot\text{sim}_{\text{between}} \tag{1-10}$$

其中，λ 反映两方面因素的相对权重。

其评价函数形式如式(1-11)所示：

$$J=J_s-J_t \tag{1-11}$$

即评价函数的值达到最大时的分割方式就是最优的分割模式。

（7）基于潜在语义分析的文本分割技术

在文本中，作者使用的自然语言通常比较灵活，同义词或者近义词的使用比较普遍。为解决文本中同义词或近义词问题，揭示词语之间的语义关系，潜在语义分析(LSA)将文本和词汇映射到一个较低维度空间，即潜在语义空间，使得含义相似的词汇向量在空间中距离较近，然后再进行文本分割。[18]

在向量空间模型中反映词汇之间的联系，只能对重现词汇进行反映，而对于相近词汇，则会视为独立的词语，比如"电脑"和"计算机"两个词，这两个词在很多方面意思都是相似的，但是在向量空间模型中就会被视为两个独立的词语。因此，要挖掘文本深层次的语义信息，则需要根据语境反映语义的动态本质，将一个词汇的概念与其他同义词进行关联限定，潜在语义分析就可以量化表示这种语义关联。

LSA 对原始的文本结构进行计算和处理，排除烦琐、不重要的影响因素，保留文本与词汇之间的主要关系，进而挖掘词汇与文本之间的潜在语义关系，保留主要的文本结构。由于处理后的文本结构中包含很多原始的信息，因此，也会有一些"噪声"，比如词语的误用以及使用偏义的词语。LSA 则利用奇异值分解降秩的方法去除"噪音"，在"噪音"被大量削减后，相关词汇之间的隐含联系也就显示出来了。并且 LSA 利用奇异值分解降秩的方法提取文本主要结构，通过对生成的文本矩阵 X 进行截断的奇异值分解（TSVD），得到值为 k 的近似矩阵 X'_k，该矩阵被称为矩阵 X 截断的 SVD 式，其形式如式（1-12）所示：

$$X'_k = T_k S_k D_k^{\mathrm{T}} \tag{1-12}$$

其中 $T_k = (t_1, t_2, \cdots, t_k)$，$S_k = \mathrm{diag}(\sigma_1, \sigma_2, \cdots, \sigma_k)$，$D_k = (d_1, d_2, \cdots, d_k)$，$k$ 为低维空间的维度个数。

对于使用 LSA 技术进行文本分割，得到词汇间的语义关系的流程如下。首先，建立词汇 - 文本矩阵 X，然后对矩阵 X 进行奇异值分解，并且使维数 $k = 2$，得出截断的奇异值。将经过 TSVD 处理的矩阵 X 中的列向量投影到以 T_k 中的列向量为基的低维向量空间中，即文本空间。并且将行向量投影到以 D_k 中的列向量为基的低维空间向量中，即词语向量。以上两个低维空间合称为潜在语义空间。其次，进行关联分析，对于文本 - 词语矩阵 X，利用 XX^T 的矩阵运算得出关键词之间的关系矩阵，检测关联的传递性。在二维文本空间投影文本向量，在相同主题内部文本距离较近，相反，不同主题下距离较远，进而检测词汇语义关系。将词汇向量投影到二维词语向量空间，如果描述的是同一主题，词汇就会比较近，相反，则较远，可以用以检测文本词义关系。最后，得出最优化的文本分割。

2. 基于语言特征的文本分割技术

基于语言特征的文本分割技术主要是通过某种方法从文本中提取某种词汇特征或韵律特征等，以便依据这些特征来确定文本片段之间的主题分割点。基于语言特征的文本分割技术的基本假设是：在一个文本中，通常含有多个主题，在不同主题之间一般会使用一些语言特征的信息来预示主题的转移。因此，很多学者设计了一些算法，通过对人工标注的训练语料进行学习，挖掘文本中的语言特征，并利用这些特征计算概率来实现对文档进行分割。现阶段，由于信息技术的发展以及网络信息资源的快速膨胀，人工进行文本分割已经不再实用，因此为了能够让文本分割系统实现对文本的处理，Grosz & Sider[19]在研究时讨论了一些在文本中出现的语词，其本身不表达任何信息，只是作为文本结构变化的一个标记信息。这些语词的出现可以视为文本的主题分割点。

基于语言特征的分割技术通过研究词汇特征或者韵律特征与主题片段首尾的关系确定文本片段边界，这种方法用于特定的文本类或者语音流的处理中。① 这种方法可以借助隐马尔可夫模型对主题片段中的开始、中间以及结束的句子进行建模，除了使用上述所说的标志词，还包括句子长度、连续聚类倾向以及词汇两次出现之间的距离等，通过训练，估计观察和状态之间的条件概率，计算最大概率的主题序列。同时，也可以借助决策树对语料库进行分析，发现主题变换与韵律之间的关系，可完全自动编码。文献[20]对汉语语音流的分割进行研究，实验表明，音调、强度、持续时间和暂停的增加有利于对主题边界的识别，并且该文档中构建一个决策树分类器，基于单词和上下文韵律信息，而不用参考词类相似性，并在大型标准测试集上实现了89%~95.8%的边界分类精度。

3. 基于统计方法的文本分割技术

基于统计的文本分割技术主要是利用概率统计模型建立词或文本片段之间的关系。概率统计模型可以为文本片段边界的识别提供较为可靠的依据，从而采用数学的方法找出文本片段之间的分割边界。接下来，本书将详细论述在文本分割中比较常用的经典概率统计模型。

（1）指数模型

对于上述基于词汇聚集的文本分割方法，使用一些统计方法可以计算词汇在文本中的权重，Beeferman、Lafferty 等人建立了一个指数模型，用此来标注主题边界以及提取主题边界的特征，即主题性特征和提示词特征[21]，建立文本分割器，主要任务有：首先，依据式(1-13)建立模型

$$q(b \mid X) = \frac{1}{Z_\lambda(X)} e^{\lambda \cdot f(X, b)} \tag{1-13}$$

其中 b 表示 X 对应的上下文中是否出现分割点的逻辑变量（$b \in (\text{yes}, \text{no})$），$\lambda \cdot f(X, b)$ 是参数为 λ_i 的指示特征函数 $f_i(X, b) \in (0, 1)$ 的线性组合，如式(1-14)所示。$Z_\lambda(X)$ 的计算方法如式(1-15)所示。

① 石晶. 文本分割综述[J]. 计算机工程与应用，2006，42(35)：155-159.

$$\lambda \cdot (X, b) = \lambda_1 \cdot f_1(X, b) + \lambda_2 \cdot f_2(X, b) + \cdots + \lambda_n \cdot f_n(X, b)$$

$$(1\text{-}14)$$

$$Z_\lambda(X) = e^{\lambda \cdot f(X, yes)} + e^{\lambda \cdot f(X, no)} \qquad (1\text{-}15)$$

接着，将上述建立的模型应用到训练语料中，得出 $q(yes \mid X)$ 的值，然后再运用算法来生成一个分割边界列表。[22]

(2)隐马尔可夫模型

隐马尔可夫模型(HMM)[23]主要是由四部分组成：状态集合、转移概率、可见符号和产生可见符号的概率。模型从初始状态出发，根据状态的转移概率，随机地发生状态转移，当出现最终状态时，模型终止。在这个过程中，会产生一系列可见符号，这些符号在模型发生状态转移时，由每个状态按照给定的概率分布发出，然而观察者只能看到符号系列，状态转移的过程是不可见的，因此称为隐马尔可夫模型(HMM)。①

假设文档集合中包含若干个不同的文档，基于这些文档，构建一个离散的隐马尔可夫模型，其中包含一篇文档和文档集合两个状态。对于任何一个隐马尔可夫模型，都是由四个集合组成：文档集合与其本身组成的状态集合、状态间的转移概率集合 $T = \{a_1, a_2, \cdots, a_i\}$ 和状态转移时产生的可见符号集合。通过最大似然估计可以求出每个可见符号集合，其形式如式(1-16)和式(1-17)所示：

$$P(\text{term} \mid D_k) = \frac{tf_{\text{term}}}{|D_k|} \qquad (1\text{-}16)$$

$$P(\text{term} \mid GE) = \frac{\sum_k tf_{\text{term}}}{\sum_k |D_k|} \qquad (1\text{-}17)$$

其中，D_k 表示一篇文档，GE 表示可见符号，term 表示文档中的词汇，tf_{term} 表示 term 在文档 D_k 中出现的频数，$|D_k|$ 表示文档 D_k 中包含的单词的数量。

对于上述产生的 N 个可见的符号序列，隐马尔可夫模型将其作为已知的条件参数。计算已知条件与文档，可以看成隐马尔可夫模型发生状态转移时生成可见符号序列的概率问题，概率越大，说明文档与已知条件的相关度越高。因此，两者相关度表示如式(1-18)所示：

$$P(Q \mid D_k) = \prod_{q \in Q} [a_0 P(q \mid GE) + a_1 P(q \mid D_k)] \qquad (1\text{-}18)$$

隐马尔可夫模型从不同的理论角度探讨文本片段的相似度问题，是一

---

① 徐超. 基于语言模型的文本分割研究[D]. 杭州：杭州电子科技大学, 2015.

种拥有很好的检索能力的模型。[24]

(3)基于多元判断分析(multiple discriminant analysis, MDA)的文本分割技术

该技术在进行文本分割时,主要考虑了分割单元内距离、分割单元间距离和分割单元的长度信息三个因素,并采用多元判断分析方法定义 4 种分割全局评价函数,实现对文本分割的全局评价,分割单元内距离越小(强凝聚性)、分割单元间距离越大(强发散性)的分割模式是全局最佳的。最后根据分割评价结果,选择具有最高评价值的分割模式,进而自动判定主题边界和确定语义段落的最佳数目。①

1)统计模型

首先,将一个文本定义为词序列 $W = w_1 w_2 \cdots w_t$,其中,t 表示文本 W 所包含的词的个数;将文本 W 的分割模式定义为 $S = s_1 s_2 \cdots s_c$,其中,c 表示分割单元的个数。因此,在分割文本 W 时,计算最大概率分割模式的方法如式(1-19)所示:

$$\hat{S} = \arg \max_s P(S \mid W) \qquad (1-19)$$

但是,由于文本中句子或段落的长度各不相同,文本的这一特征在分割过程中可能会影响分割结果,造成分割不平衡现象。因此,利用前述 TextTiling 算法引入块的方法可以解决分割不平衡现象。定义文本 W 为块序列 $B = b_1 b_2 \cdots b_k$,其中,k 表示块的个数。所以对式(1-19)修正后的最大概率文本分割模式的计算方法如式(1-20)所示:

$$\hat{S} = \arg \max_s P(S \mid B) \qquad (1-20)$$

对于算法的实现过程,Utiyama 和 Isahara[25] 引入分割单元的描述长度来计算 $P(S)$,采用 Laplace 法则计算 $P(W \mid S)$,最后再采用动态规划方法来解决文本分割问题。

2)评价函数

评价函数主要用于对文本分割效果的好坏进行评价。具体来说,对于文本分割方式的优劣,可利用基于 MDA 方法的分割评价函数的值的大小来表示,因此,对于式(1-20)求解最大概率文本分割模式的过程转换成求解最大评价值的文本分割模式的过程②,其计算方法如式(1-21)所示:

① Zhu J B, Ye N, Luo H T. Text Segmentation Model Based on Multiple Discriminant Analysis[J]. Journal of Software, 2007, 18(3):555-564.
② 叶娜. 文本分割关键技术及其在多文档摘要中的应用研究[D]. 沈阳:东北大学.

$$\hat{S} = \arg\max_{s} P(S \mid B) \stackrel{der}{=} \arg\max_{s} J(B, S) \qquad (1\text{-}21)$$

即 MDA 评价函数 J（MDA criterion function），该评价值越大，说明分割方式越好。该评价函数主要考虑到三个因素：分割单元内部的距离 WSD、分割单元之间的距离 BSD 和分割单元的长度 SUL。

3）三因素计算方式

对于 WSD 和 BSD，可以分别采用分割单元内散布矩阵 $\boldsymbol{S}_W$ 和分割单元间散布矩阵 $\boldsymbol{S}_B$ 来计算。具体来说，分割单元内散布矩阵如式（1-22）所示：

$$\boldsymbol{S}_W = \sum_{i=1}^{c} P_i \frac{1}{n_i} \sum_{bes_i} (b - m_i)(b - m_i)^t \qquad (1\text{-}22)$$

其中，P_i 用来表示分割单元 S_i 的先验概率，即 S_i 的块个数与文本 B 中所有块个数的比值，n_i 用来表示 S_i 中块的个数，m_i 用来表示 S_i 的 d 维中心向量，其计算方法如式（1-23）所示：

$$m_i = \frac{1}{n} \sum_{bes_i} b \qquad (1\text{-}23)$$

分割单元间散布矩阵如式（1-24）所示：

$$\boldsymbol{S}_B = \sum_{i=1}^{c} P_i (m_i - m)(m_i - m)^t \qquad (1\text{-}24)$$

对于分割单元的长度分布问题，可以定义一个长度因子 S_L 来解决，即当长度因子 S_L 的值较小时，会起到惩罚作用。定义 L 为文本的总长度，L_i 为分割单元 S_i 的长度，长度因子 S_L 的计算方法如式（1-25）所示：

$$S_L = \prod_{i=1}^{c} \frac{L_i}{L} \qquad (1\text{-}25)$$

4）MDA 评价函数 J

为了评价文本的分割模式，基于上述分析可以定义 4 种 MDA 评价函数。

a. 考虑 WSD 和 BSD，可以定义评价函数为 J_1、J_2，分别如式（1-26）和式（1-27）所示。

$$J_1(B, S) = \frac{\mathrm{tr}(\boldsymbol{S}_B)}{\mathrm{tr}(\boldsymbol{S}_W)} \qquad (1\text{-}26)$$

$$J_2(B, S) = \mathrm{tr}(\boldsymbol{S}_B) \times \mathrm{tr}(\boldsymbol{S}_W) \qquad (1\text{-}27)$$

b. 考虑 WSD、BSD 和 SUL，可以定义评价函数为 J_3、J_4，分别如式（1-28）和式（1-29）所示。

$$J_3(B, S) = S_L \times \frac{\mathrm{tr}(\boldsymbol{S}_B)}{\mathrm{tr}(\boldsymbol{S}_W)} \qquad (1\text{-}28)$$

$$J_4(B,\ S) = S_L \times \mathrm{tr}(\boldsymbol{S}_B) \times \mathrm{tr}(\boldsymbol{S}_W) \tag{1-29}$$

其中，$\mathrm{tr}(\cdot)$ 用来表示的是矩阵的迹。J_3 和 J_4 评价函数的组合性能是最好的。对于 J_1 和 J_3 可以在分割过程中自动识别主体边界，J_2 和 J_4 可以在分割过程中自动确定分割单元数。

1.2.1.2　层级分割

目前的文本分割系统主要是基于内聚性的线性分割，他们主要依赖单词重复来测量两个文本区域之间的相似性。但是这样的方法不适合用于具有层次结构的连贯的文本，Hearst[26]、Ji 和 zha[27] 观察到，文献中的主题转换是微妙的并且难以检测。目前，研究文本层级分割的文献相对较少，Yaari(1997) 采用一种聚集聚类技术来实现文本分层主题分割[28]，比如在 TextTiling 中，使用余弦相似度测量内聚力，并使用聚集聚类来诱导段落上的树状图，然后使用启发式算法将树状图转换为分层分割。随后，Eisenstein(2009) 提出了一种新型无监督的方法来执行文本层级分割，其整合了贝叶斯概率框架，利用多尺度凝聚力来提取分层分割。[29] 因此，将文档访问结构和词汇内聚技术结合起来，对这些具有层次结构的连贯文本进行层次分割，使得用户可以直接获取相关信息，提高检索性能，减少信息超载。接下来，本书将详细论述文本层级分割的相关研究现状。

1. 基于凝聚层次聚类(Hierarchical Agglomerative Clustering，HAC) 的文本层级分割技术

Yaari 于 1997 年提出基于凝聚层次聚类的文本层级分割方法，该方法将段落作为文本中识别层次结构的最小单元，通过某些相似性度量方法计算段落之间的词汇内聚度，如可以用术语向量之间的余弦距离是否低于某个阈值来检测两段之间是否存在分割边界。具体来说，基于凝聚层次聚类的文本层级分割的过程主要包括三个基本的环节：形态分析、文本块的凝聚层次聚类和边界识别。

(1)形态分析

形态分析的主要目的是识别用于文本块的凝聚层次聚类中的实义词，该阶段包括以下几个步骤。

a. 分词(Tokenization)。将原始文本处理成为由单词、数字、短语以及特殊符号构成的序列。

b. 词性标注[30]。这个步骤的主要功能是对词语的词性进行标注，以便通过词性标注过滤出开放类词，如形容词、动词、副词和名词等。

c. 确定每个单词 i 的重要性权重，也即 Gsig_i。作者使用 IDF 作为单

词重要性程度的度量，其计算方法如式（1-30）所示：

$$Gsig_i = IDF_i = \log \frac{N}{N_i} \qquad (1-30)$$

其中，N是BNC语料库中的文件总数，在BNC语料库中N_i是包含单词i的文件数。

d. 取词干。用词干r_i来替换每个单词，词干r_i重要性程度$Gsig_i$的取值是所有以r_i为词干的单词$Gsig$值中的最小值，也即$Gsig$：$Gsig_i = \min_{j,\ r_j=r_i} Gsig_i$. 这样做的好处在于可以将每个词干作为一个单独的概念来看待。[31]

（2）文本块的凝聚层次聚类

文本块的凝聚层次聚类的主要目的是发现文本中的结构。自下而上的凝聚层次聚类算法是在信息检索、心理学和语言学等领域广泛使用的聚类方法。当在文本分割中使用HAC时，该算法可以有效识别文本的主题分割点，从而生成文本结构。HAC曾被成功用于对一组文献进行层级分类。基于HAC的以段落作为基本分割单元的文本分割算法流程如下：

While 有尚未被处理的段落存在时；

Do 查找两个最相似的连续段落s_i，s_{i+1}；

合并s_i，s_{i+1}为一个文本分割；

End。

该算法通过不断地向文本分割片段中添加相关段落或通过合并相关的文本分割片段来生成更大的文本分割片段。其结果为层次结构，被称为树状图，表示文本片段的内部层次结构，其中文本段对应其子树。因在借助HAC进行文本分割时需要保持段落在文献中的线性顺序，所以该算法仅仅计算两个相邻段落的邻近度。相邻段落的相似度计算主要是基于词汇的重复。具体来说，两个相邻段落的邻近度的计算方法如式（1-31）所示：

$$Proximity(s_i,\ s_{i+1}) = \sum_{k=1}^{n} \frac{w_{k,\ i} \cdot w_{k,\ i+1}}{\| s_i \| \cdot \| s_{i+1} \|} \qquad (1-31)$$

其中，s_i表示段i的词向量，$\| s_i \|$表示它的长度，$\sqrt{\sum_{k=1}^{n} w_{k,\ i}^2}$和$w_{k,\ i}$表示词$k$在文本分割片段$i$中的权重。词的权重$w_{k,\ i}$是三个因子的乘积，计算方法如式（1-32）所示：

$$w_{k,\ i} = f_{k,\ i} \cdot \frac{f_i}{f_{max}} \cdot Gsig_i \qquad (1-32)$$

其中，$f_{k,\ i}$表示词i在文本分割片段k中出现的频率，$\frac{f_i}{f_{max}}$表示文本中第i个词的相对频率，Gsig$_i$ 表示词 i 的权重。

（3）边界识别

在树状图中识别文本分割片段边界时，可以依据文本分割片段的规模（也即包含的段落的个数）和深度（也即文本分割片段对应的子树的深度）两个属性。

基于文本分割片段规模的文本分割片段边界识别，如图 1-2 所示。在该图中一个文本分割片段对应于树状图中的一棵子树。树状图中的叶子节点为段落。

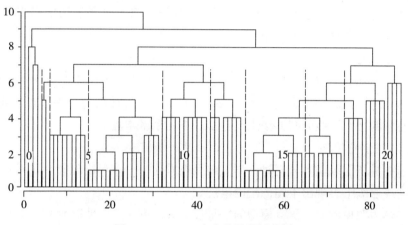

图 1-2 targazers 文本的段落树状图

基于文本分割片段深度的文本分割片段边界识别，如图 1-3 所示。

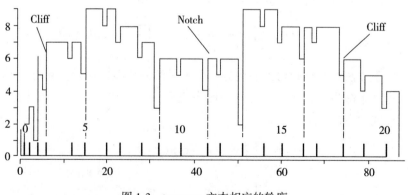

图 1-3 targazers 文本相应的轮廓

图 1-3 绘制了树状图中段落的嵌套深度，即从段落节点到树状图根的

路径长度。凹口表示的是合并点的深度。灰色垂直虚线是段边界，段落标记显示在 X 标尺之上，句子标记在其下方。

因此，边界检测算法为：对于树状图 T 中的每个节点，首先令 s_1 和 s_2 为两个段，使得 $\text{size}(s_1) \geqslant \text{size}(s_2)$，在两个段之间找一个边界，如果符合以下两个规则中的一个，则结束。其中，缺口规则（the notch rule）为：$\text{size}(s_1) > n \wedge \text{size}(s_2) > n$，悬崖规则（the cliff rule）为：$\text{size}(s_1) > n > \text{size}(s_2) \leqslant n \wedge \text{depth}(s_1) - \text{depth}(s_2) > m$。缺口规则约束跨越边界的段具有相当大的尺寸，它允许一个段与其相邻的段落进行合并，不产生它们之间的边界。悬崖规则放宽缺口规则，如果他们的深度之间的差大于阈值 m，则允许其中一个片段小于 n，这种边界表示远程相关的段，并且在轮廓图中视为高悬崖，其中 m 的最小值设为 $\text{depth}(T)/5$。

2. 无监督的文本层级分割方法

Eisenstein 于 2009 年提出了一种新型的无监督的方法来执行文本层级分割。在该方法中，词汇内聚（lexical cohesion）被看作一个多尺度现象。无监督的文本层级分割方法主要包括以下几个基本环节。

（1）主题建模

在进行层级文本分割时，词汇内聚被看作一个多尺度现象。在不同的尺度或层级上表现出不同词汇内聚现象。

在主题模型中，语言模型的数量设为 K，单词的数量记为 W，文献的长度为 T，层级的深度为 L。对于层级分割，向量 y_t 表示在主题层次结构中每个层次的第 t 个分割，主题层次结构中某特定层次对单词 w_t 的贡献度由潜在变量 z_t 给出，因此，$y_t^{(z_t)}$ 即为生成 w_t 的语言模型。通过这些部分，可以写出观测置信度的计算方法，如式（1-33）所示：

$$p(w|y, z, \theta) = \prod_t^T p(w_t | \theta_{y_t}(z_t)) = \prod_j^K \prod_{\substack{(z_t) \\ |t: y_t = j|}} p(w_t | \theta_j) \quad (1\text{-}33)$$

由于方法的目标是得到层级分割而不是语言模型，搜索空间可以通过边缘化 θ 来减少，x_j 表示一组词，代表集合 $\{w_t : y_t^{(z_t)} = j\}$ 引起的词汇数量，如式（1-34）所示。

$$\begin{aligned} p(w|y, z, \alpha) &= \prod_j^K \int d\theta_j p(\theta_j | \alpha) p(x_j | \theta_j) \\ &= \prod_j^K p_{\text{dcm}}(x_j; \alpha) \\ &= \prod_j^K \frac{\Gamma(w_\alpha)}{\Gamma(\sum_i^w x_{ij} + \alpha)} \prod_i^w \frac{\Gamma(x_{ij} + \alpha)}{\Gamma(\alpha)} \quad (1\text{-}34) \end{aligned}$$

其中，p_{dcm} 表示 Dirichlet 复合多项式分布，它是对语言模型积分的封闭形式解，也被称为 Polya 分布[32]，概率密度函数可以精确地计算出伽马函数的比例，可以使用一个对称的 Dirichlet 先验 α。

到目前为止，潜在变量 z 一直被认为是可见的。事实上，需要计算近似边际概率 $Q_{z_t}(z_t)$，即 $\gamma_{t\lambda} \equiv Q_{zt}(zt = \lambda)$。$Q_z$ 分布下 x 的期望记作 $\langle x \rangle_{Q_z}$，其估计值可以通过式(1-35)来计算。

$$\langle p_{dcm}(x_j,\ \alpha)\rangle \approx p_{dcm}(\langle x_j\rangle_{Q_z};\ \alpha)$$

$$\langle x_j(i)\rangle_{Q_z} = \sum_{\{t:\ j\in y_t\}} \sum_{\lambda}^{L} \delta(w_t = i)\delta(y_t^{(\lambda)} = j)\gamma_{t\lambda} \tag{1-35}$$

其中，$x_j(i)$ 表示文本分割片段 j 生成词类型 i 的计数，在外部总和中，考虑所有可能从文本分割片段 j 生成的全部 t，内部总和来自主题层次结构中的所有层次。如果包含的布尔表达式为真，则 delta 函数取值为 1，否则为 0，所以只有当 $w_t = i$ 和 $y_t^{(\lambda)} = j$ 时，才添加分数计数 $\gamma_{t\lambda}$。

文本分割的先验信息主要包括以下几个方面。最大化联合概率 $p(w, y) = p(w \mid y)p(y)$ 将 $p(y)$ 文本分割的先验信息。这个先验信息可以支持特定粒度的文本分割。考虑到 $p(y) = \prod_{\lambda=1}^{L} p(y^{(\lambda)} \mid y^{(\lambda-1)})$ 的先验信息，为了方便起见，引入一个基层，也即 $y_t^{(0)} = t$，其中每个单词都是一个分割点。在每个层次 $\lambda > 0$，这一先验信息是一个马尔科夫过程，即 $p(y^{(\lambda)} \mid y^{(\lambda-1)}) = \prod_t^T p(y_t^{(\lambda)} \mid y_{t-1}^{(\lambda)},\ y^{(\lambda-1)})$。约束 $y_t^{(\lambda)} \in \{y_{t-1}^{(\lambda)},\ y_{t-1}^{(\lambda)} + 1\}$ 是为了确保每个层次的线性分割，为了保证线性文本分割的一致性，只有当 t 也是较低层次 $\lambda-1$ 的分割点时，每个 $y_t^{(\lambda)}$ 才可以视为分割点，零概率被分配给违反这些约束的文本分割。

为了量化合理分割的先验概率，假设一组参数 d_λ，用来表示每个层级的期望分割的持续时间。如果 t 在层级 λ 上是一个有效的潜在分割点，则一个文本分割转换的先验概率为 $r_\lambda = d_{\lambda-1}/d_\lambda$，其中 $d_0 = 1$。如果在层级 λ 上有 N 个文本分割片段，以及在层级 $\lambda - 1$ 中有 M 个文本分割片段，并且 $M \geqslant N$，那么只要遵守了层级分割约束，则先前概率为 $p(y^{(\lambda)} \mid y^{(\lambda-1)}) = r_\lambda^N (1 - r_\lambda)^{M-N}$。为了推理，最好将先验信息在不同层级和分割中进行分解。尤其不希望在识别层级 $\lambda + 1$ 的分割之前去识别层级 λ 上的文本分割。因此，可以通过期望值 $\langle M \rangle_{d_{\lambda-1}} = T/d_{\lambda-1}$ 代替 M 来近似计算上述的先验信息，然后从 w_u 到 w_v 的单个文本分割将贡献 $\log r_\lambda + \dfrac{v - u}{d_{\lambda-1}}\log(1 - r_\lambda)$ 给之前的对数先验信息。

(2) 推理

这部分将详细描述文本分割 y、近似边际 Q_z 和超参数 α 的推理过程。

1) 层级分割中的动态规划

令 $B^{(\lambda)}[u, v]$ 表示在层次结构中层级 λ 上的所有连续词 $w_u \cdots w_{v-1}$ 的似然函数，使用 x_t 表示一个向量，在该向量中在 w_t 位置上取 1，其余均为 0，$B^{(\lambda)}[u, v]$ 是对所有 u，$v > u$ 和 λ 计算。为此，可以将 B 形式化表示为如式(1-36) 所示：

$$B^{(\lambda)}[u, v] = \log p_{\text{dcm}}\left(\sum_{t=u}^{v} x_t \gamma_{t\lambda} \right) + \log r_\lambda + \frac{v - u - 1}{d_\lambda - 1} \log(1 - r_\lambda)$$

$$(1\text{-}36)$$

接下来，计算最佳分割的对数似然值，记作 $A^{(L)}[0, T]$。该矩阵可以递归地填充，计算方法如式(1-37) 所示：

$$A^{(\lambda)}[U, V] = \max_{u \leq t < v} B^{(\lambda)}[t, v] + A^{(\lambda-1)}[t, v] + A^{(\lambda)}[u, t] \quad (1\text{-}37)$$

2) 计算复杂度

令 A 和 B 的大小为 $O(LT^2)$，矩阵 A 可以通过在不同层级之间迭代进行构建：u 从 1 到 T，v 从 $u+1$ 到 T，t 从 u 到 $v+1$。因此，填充 A 的时间消耗是 $O(LT^3)$。为了计算 B 的观察似然值，时间复杂度为 $O(LT^2W)$，其中，W 为词汇量的大小，通过保留累计词法计数，可以不从 u 迭代到 v 就可以计算 $B[u, v]$。Eisenstein 和 Barzilay(2008) 描述了具有空间复杂度 $O(T)$ 和时间复杂度 $O(T^2)$ 的线性分割的动态规划方法，计算矩阵 A 和 $O(TW)$ 来填充矩阵 B。[①]因此，转移到层级文本分割将会引入 TL 因子到推理的复杂性。

3) 层级边际

潜在变量 z_t 表示生成单词 w_t 的文本分割层次结构中的层级。给定语言模型 θ，每个 w_t 可以被认为是从贝叶斯混合模型中抽取的，z_t 是生成 w_t 的组分的索引。然而，当边际化语言模型时，标准混合模型推理技术则不适用。Teh 等人[②]分别提出了一个具有吸引力的替代方案：坍缩变分贝叶

① Eisenstein J, Barzilay R. Bayesian Unsupervised Topic Segmentation[C]//Proceedings of the Conference on Empirical Methods in Natural Language Processing. Association for Computational Linguistics, 2008: 334-343.

② Teh Y W, D Newman, Welling M. A Collapsed Variational Bayesian Inference Algorithm for Latent Dirichlet Allocation[C]//Proceedings of the Conference on Neural Information Processing Systems, 2007: 1353-1360.

斯推断。坍缩变分贝叶斯推断集合了语言模型涉及的参数，并计算了潜在变量 Q_z 的边际分布。然而，由于期望计算的困难，这些边际概率仅以近似值来替代。更正式地来说，更希望计算近似分布 $Q_z(z) = \prod_t^T Q_{z_t}(z_t)$，分解所有潜在变量。由于是典型的变分方法，他们通过优化一个数据边际似然 $p(w, z \mid y)$ 的下限来适应这种分布——取决于分割 y，因为他们在这一部分推理中将其视为固定的。下限可以通过迭代设置：$Q_{z_t}(z_t) \propto \exp\{\langle \log p(x, z \mid y)\rangle_{\sim Q_{z_t}}\}$，表示对于所有 $t' \neq t$ 的 $Q_{z'}$ 下的期望。由于与 z 的耦合，不可能直接计算该期望值，因此他们使用一阶近似进行描述。在这个近似中，$Q_{z_t}(z_t = \lambda)$（缩写为 $\gamma_{t\lambda}$）的值才用优化的混合模型 w_t 的似然值，混合模型的参数基于先验信息，对于所有 $t' \neq t$ 的 w 和 γ 的计数如式 (1-38) 所示：

$$\gamma_{t\lambda} \propto \beta_\lambda \frac{\tilde{x}_\lambda^{\neg t}(w_t)}{\sum_i^W \tilde{x}_\lambda^{\neg t}(i)} \tag{1-38}$$

其中，在式 (1-38) 中的第一项是成分权重 β_λ 的集合，它们是对所有 λ 固定为 $1/L$。该分式表示语言模型的后验估计：标准的 Dirichlet 多项共轭给出一个计数和 Dirichlet 先验信息（如式 (1-39) 所示）。

$$\tilde{x}_\lambda^{\neg t}(i) = \alpha_\lambda(i) + \sum_{t' \neq t} \gamma_{t'\lambda} \delta(w_t' = i) \tag{1-39}$$

4) 超参数估计

这里定义的推理过程包括两个参数：α 和 d。α 参数控制诱发的语言模型的期望稀疏度，它的值将被自动设置。给定分割 y 和潜在变量边际值 γ，可以通过梯度下降来得到 $p(\alpha, w \mid y, \gamma) = p_{dcm}(w \mid y, \gamma, \alpha)p(\alpha)$ 最大值。Dirichlet 复合多项式具有易处理梯度，可以通过公式 $\tilde{x}_j = \sum_{t:\, y\{z_t\}=j} \gamma_{tj} X_t$[33] 进行计算。似然 $p(\tilde{X} \mid \alpha)$ 具有与式 (1-34) 相同的形式，只需要将 x_{ji} 项由 $\tilde{x}_{ji}$ 代替。对数似然度的梯度跨段的总和的计算方法，如式 (1-40) 所示。

$$d\lambda / d\alpha = \sum_j^K W(\psi(W\alpha) - \psi(\alpha)) + \sum_i^W \psi(\tilde{x}_{ji} + \alpha) - \psi(W\alpha + \sum_i^W \tilde{x}_{ji}) \tag{1-40}$$

其中，ψ 表示双伽马函数，即对数伽马函数的导数。先验 $p(\alpha)$ 采用具有参数的 $G(1, 1)$ 的伽马分布的形式，其具有阻止 α 值变大的效果。给定这些参数，相对于 α 的伽马分布的梯度值为 -1。为了优化 α，可以在最大化 γ 后插入 L-BFGS[34] 优化。

5)联合推理

最终推理过程在更新边际 γ、 Dirichlet 先验 α 和 MAP 分割 $\hat{y}$ 之间交替。由于该推理过程很难确定 α 和分割 y，所以可以认为是维特比期望最大化(EM)的一种形式。当遇到重复分割时，过程终止。初始化包括基于期望的 d_λ 值构建一个在各层级中均是分割的 $\hat{y}$。潜在变量边际 γ 被随机初始化。虽然不能保证发现全局最大值，但在初步实验中观察到对 γ 的随机初始化的敏感性很小。

1.2.2　文本分割技术国内外研究现状评述

本书通过对国内外文本分割技术进行梳理发现，国外有关文本分割的研究广泛涉及文本分割的各个方面，不仅包括文本分割相关理论与方法的研究，而且包括文本分割评价理论与方法的研究；并且文本分割已被广泛应用于自动摘要、片段信息检索、主题分析、问答系统等多个领域。从深度上看，国外有关文本分割的研究已经形成了较为完备的理论与方法体系，并从线性文本分割深入层级文本分割的层面。然而，在层级文本分割中尚存在一些不足，相关理论欠缺、方法不成熟，有待进一步研究。当前国内有关文本分割的研究，从广度上来看，主要集中在文本分割的相关理论、方法、应用等的介绍和分析上，理论研究不足，实践应用研究相对较少；从深度上看，基本上停留在对线性文本分割的探讨，几乎没有对层级文本分割进行较为深入的研究。由此可见，关于文本分割的研究，我国无论是在研究的广度还是深度上都远远落后于国外，基本处于起步阶段。

综观国内外研究现状，文本分割有了长足发展，文本分割技术已经在很多方面得到了提升，但总体上来说还处于起步发展阶段，已有的面向文本主题分割的研究大多集中在线性主题分割领域，而有关文本层级分割的研究较少。然而，数字图书馆存储的科技文献资源(如期刊论文、学位论文、专利、电子书等)论述的主题通常体现出层级体系结构，为此，若将当前的分割技术直接应用到数字图书馆的层级文本分割，则会遇到以下几个方面的问题。①线性文本分割理论与方法虽然较为成熟，但线性文本分割方法自身也存在一定的局限性，很多问题有待进一步优化。如基于语篇结构的分割大多依赖手动标注的语料库或者人为总结的规则，一般难以完全自动化；基于词汇集聚理论的文本分割由于很多文本的词汇集聚不太明显，因此其准确性较低；基于语义理论的文本分割虽然准确率较高，但灵活性较低，缺乏弹性；基于学习理论的文本分割，算法通常比较复杂，效率较低。②层级文本分割的理论与技术研究相对薄弱，还没有形成较为完

善的理论和方法体系，更没有达到使用水平。并且当前已有的层级文本分
割方法大多以段落为最小分割单元，然而，由于在段落中很有可能又论述
多个主题，因此以段落为最小分割单元会使得层级主题分割的粒度过粗，
急需要深入更细粒度的文本片段。由此可见，目前国内外关于文本层级分
割的研究相对较少，相对于数字图书馆中具有层次结构的连贯文献的大量
涌现，以及用户对知识提取的关注，则急需研究者在该领域投入精力进行
研究。为此，当前层级文本分割正成为国内外的研究热点。尤其对于数字
图书馆的馆藏资源来说，由于其文档资源更多地体现出层级结构，为此，
数字图书馆更应该抓住机遇，实现数字馆藏资源的多粒度层级组织，提高
知识服务的质量，以改变图书馆在整个社会信息基础结构中的地位，使其
在一定程度上成为整个人类社会的知识中枢。

1.3　研究问题

随着新经济的发展，知识成为社会发展的重要资源，人们对知识的需
求越来越迫切。并且随着网络技术的进步与应用的普及，在当前 Web2.0
时代，网络已经逐渐成为人们快速获取所需知识的重要媒介。网络为人们
提供了多种知识发布、交流、传递与获取的途径和方式，如人们经常使用
的百度文库、百度知道、维基百科、博客、微博等。在大数据环境下，数
字图书馆存储科技文献资源量呈指数增长，为人们提供了宝贵的知识资
源。然而，尽管科技文献中的知识与人们常用的百度文库、百度知道、维
基百科等网络知识相比，更可靠、权威、专业，但却未得到人们的普遍使
用。[35] 为分析其背后的原因，本书首先对数字图书馆在知识组织和服务方
面存在的现实问题进行分析，而后，基于对现实问题的理解和把握，指出
数字图书馆在知识组织和服务方面存在的科研问题，从而明确本书的研究
问题和研究目标。

1.3.1　现实问题

本书就数字图书馆在知识组织和服务方面存在的问题，对数字图书馆
用户进行了问卷和访谈调查，通过对调查结果的分析、归纳，本书概括出
了当前数字图书馆知识组织和服务存在的主要现实问题。

（1）开放程度不高

数字图书馆的科技文献资源被人们常用的网络搜索引擎索引的程度较

低，馆藏科技文献资源很难被用户访问到；即便能够被网络搜索引擎访问到，馆藏科技文献资源的开放程度又会严格受到著作权保护的影响，服务收费标准较高，辐射范围有限，对外访问都有所限制，更加不允许数字资源在互联网中开放使用。因此，急需打破以文献为单位的知识组织和服务方式，提取出科技文献中的知识内容，以各种粒度大小的知识单元为单位进行知识组织和提供知识服务，以知识产权的方式保护科技文献中作者的原创知识单元内容，将科技文献中更多的已经公开了的科普性知识单元开放出来，从而提高科技文献知识内容的开放程度。为此，就需要对科技文献进行多粒度的分割，识别出科技文献中各种粒度大小的知识单元。

(2) 个性化程度低

数字图书馆由于缺乏对用户个性化知识需求的深入挖掘，导致其提供的知识服务很难达到真正的个性化程度，知识服务缺乏针对性、动态变化性。从认知心理学的角度来看，数字图书馆用户的个性化需求是由其认知结构决定的。数字图书馆用户的认知结构也即知识结构是由知识点以及知识点之间的关联构成的，用户认知的过程就是将新的知识点不断地与自身已有的知识点建立关联的过程，也即用户认知的过程是将粗粒度的显性知识(科技文献)内化为与自己认知结构相符的细粒度的隐性知识(知识点)的过程。由此可见，数字图书馆若要提高知识服务的个性化程度，就需要将科技文献分解为易于被数字图书馆用户理解的知识点，也即各种粒度大小的知识单元，只有这样才能更好地满足数字图书馆用户的个性化知识需求，提高个性化知识服务的水平。为此，就要求对数字图书馆的馆藏科技文献资源进行多粒度的层级分割。

(3) 服务粒度过大

数字图书馆的知识服务较传统图书馆虽然有了较大的提升，可以不受时间和空间的限制，随时随地向用户提供知识服务，知识服务的速度和效率也有了较大的提高，但是数字图书馆的知识服务方式在本质上没有太大的改进，仍然延续着传统图书馆的知识服务方式，也即通常以一篇文章、一本书等为知识单元向用户提供知识服务，缺少基于知识内容本身的细粒度的知识服务，知识服务的粒度过大，在很多情况下，用户不得不进一步从这些文献中过滤和查找自己所需的知识，从而增加了用户的认知负担和时间成本，使得数字图书馆提供的知识服务方式的易用性大大降低。由此可见，为降低数字图书馆用户的认知负担，急需将数字图书馆中的科技文献进行多粒度分割，从而有针对性地提供按需知识服务，既不过多提供知识资源，增加用户的使用负担，也不过少提供知识资源，无法满足用户知识需求，做到真正的所得即所需的精准知识服务。

(4) 关联度不高

当前，数字图书馆在提供知识服务时，通常只是简单地将与用户需求相关的文章、期刊、图书等科技文献资源按照某种次序（如时间、相关度等）进行罗列，或者按照学科主题对这些文献资源进行分类，或者依据文献作者、作者所在机构以及文献之间的引用参见关系对科技文献资源进行简单聚合等。通过比较分析不难发现，这些知识服务方式仅仅是对传统图书馆提供的知识服务方式的数字化，仍然停留在对科技文献整体的外部形势特征或主题特征进行揭示和组织之上，并没有实质性的进展与变化，未能充分发挥数字图书馆在技术上的优势，数字图书馆科技文献资源之间并没有建立知识层次上的语义关联，科技文献资源仍然是以孤立的形式存在，未能深入揭示科技文献所载荷的知识之间的内在逻辑联系，进而导致当前数字图书馆提供的知识服务关联程度不高，使得知识饥渴的人们淹没在知识的"海洋"里，却不知从哪里及时获得解渴的知识。通过上述分析不难看出，数字图书馆知识服务关联度不高的根本原因在于知识组织的粒度过粗，以科技文献为单位很难揭示科技文献中知识内容之间的内在关联，很难将科技文献中相关的知识内容有机关联起来，提供关联性知识服务。因此，这就需要对科技文献中包含的知识内容进行多粒度的层级分割，识别出科技文献中各种粒度大小的知识单元。以各种粒度大小的知识单元为单位建立科技文献中知识内容之间的关联，能更加深入地揭示知识之间的联系，从而提高数字图书馆知识服务的能力和水平。

1.3.2 科研问题

可见，数字图书馆若想改变现状，为用户提供开放、个性化、一站式的多粒度精准知识服务，就需要对数字图书馆中存储的海量的科技文献进行多粒度层级知识分割，识别出科技文献中多种粒度大小的知识单元，对科技文献中的知识内容进行多粒度的组织和关联。而知识元概念的提出使得数字图书馆对科技文献进行多粒度层级知识分割变得更为可行，为此本书拟借助知识元的相关理论、方法和技术对数字图书馆中存储的海量科技文献资源的多粒度层级知识分割进行研究，进而提出研究的科研问题：基于知识元的科技文献多粒度层级知识分割。具体来说，本书需要回答和探索的科研问题如下。

(1) 科技文献应该以什么为单元进行多粒度层级知识分割

要对科技文献进行多粒度层级知识分割，就要首先明确进行分割时的基本单元是什么。从科技文献的物理结构来看，科技文献通常由篇、章、节、段、句、词、字等从粗粒度到细粒度的各种物理单元构成。从科技文献的逻辑结构来看，科技文献通常由具有层次结构的多级主题构成，复杂的大主题通常包含多个较为简单的子主题，子主题还可以划分为更细粒度的主题，直到人们比较容易理解和操作为止。依据科技文献的物理结构和逻辑结构，当前文本分割方法所采用的分割单位也主要有两类：以文献物理结构的段、句和词为单位进行文本分割和以逻辑结构中的主题为单位进行文本分割。然而，由于自然语言的复杂性，无论是依据文献的物理结构，还是依据文献的逻辑结构对科技文献进行分割，都无法避免将本来属于一个知识单元的文本分割为两个部分，或者将本不属于同一知识单元的文本分割在一起。通过分析发现，造成上述问题的根本原因在于，人们在进行文本分割时所使用的分割单元本身存在不足，这些分割单元无法保障自身在逻辑上是一个完整的知识单元，要么粒度过细割裂了知识之间的内在联系，要么粒度过粗模糊了知识之间的界限，这些现象都将导致文本分割的错误率较高。由此可见，无论是科技文献物理结构的篇、章、节、段、句、词、字，还是科技文献逻辑结构中的主题，都无法从根本上保证知识单元的独立性和完整性，它们都不是理想的文本分割的基元，因此，以它们作为文本分割的基本单元对科技文献进行文本分割势必会造成很多错误分割。为此，究竟以什么知识单元为单位对科技文献进行多粒度层级知识分割成为本书需要回答的首要关键科研问题。

（2）科技文献中包含的最细粒度的知识元有哪些类型

若以知识单元为单位对科技文献进行多粒度层级知识分割，就要明确什么是最细粒度的知识单元。而知识元作为最细粒度的知识单元，可以为科技文献多粒度层级知识分割提供理想的单位。然而，目前针对知识元的分类，不同学者有着不同的见解。有的学者认为，知识元的类型主要分成两大类：描述型和过程型。前者包括信息型、名词解释型、数值型、问题描述型和引证型，后者包括步骤型、方法型、定义型、原理型和经验型。有的学者将知识元分为概念型、原理型、方法型、事实型和陈述型。有的学者根据知识元表达的内容将知识元分为理论与方法型、事实型和数值型。此外，还有学者将知识元划分为陈述型和程序型，前者包括事实知识元、定义知识元和结论知识元等陈述型内容，后者包含方法知识元和关系知识元等具有内在结构的内容。由此可见，当前关于知识元的类型划分还没有形成统一的观点，有些学者对知识元的分类过细，不同类型知识元之间存在交叉，有些学者对知识元分类过粗，未能包含所有的知识元类型。

而明确知识元的类型，又是基于知识元对科技文献进行多粒度层级知识分割的关键，为此，成为本书需要回答的又一关键科研问题。

（3）如何抽取科技文献中各种类型的最细粒度知识元

知识元抽取主要有统计和规则两条技术路线。基于统计模型的抽取方法中，常采用词频统计法、加权统计法等来进行识别。基于规则与模式的抽取方法，也即借助框架、模型或符号等对知识元进行揭示，使得知识元形式化、模型化。知识元抽取的两类方法各有优缺点。从知识元抽取的准确率来看，基于规则的抽取方法取得了更好的识别精度，但与基于统计的知识元抽取方法相比，基于规则的知识元抽取方法无法回避人工的过多干预问题。然而，随着认知理论的不断发展以及自然语言处理能力的提高，基于规则与模式的知识元抽取方法逐渐盛行于统计学习方法。但经过梳理发现，目前的研究还存在以下不足。① 虽然不同学者给出了不同的描述方法，但平面的线性 N 元组形式是知识元的主要表示方法。这些方法大都是静态的描述，表现为平面的线性形式，缺乏层次性，其维度描述也并不完整。② 知识元本身是一个独立的相对完整的内容单元，现有的知识元模型大多遵循元数据标准，仅仅针对标题、出处、作者、语种等外部特征，对知识元的内容进行细分描述，但对定义、分类、属性、结果等内部构成的研究很少，这种方式有利于对已知知识元的管理，但是不利于对未知知识元的识别。由此可见，知识元的准确识别，是基于知识元对科技文献进行多粒度层级知识分割的关键所在，然而，当前知识元的识别方法还存在一定的问题和不足，因此，如何识别科技文献中各种类型的最细粒度的知识元成为本书需要解决的一个重要科研问题。

（4）如何基于知识元对科技文献进行多粒度层级知识分割

数字图书馆存储的知识资源大多以科技文献（如电子书、期刊论文、学位论文、专利等）为单位进行组织与提供服务，粒度较大，若要实现多粒度尤其是细粒度知识组织和集成知识服务，就需要在对科技文献中包含的知识进行分析的基础上，依据特定的知识单元划分与组合原则和策略对科技文献进行多粒度层级知识分割。然而，由于知识的谱系特征，不同主题的知识内容之间总是存在或多或少的联系，进而导致不同粒度的知识单元之间的界限并不清晰可见，因此，在以知识元为单位对科技文献进行多粒度层级知识分割时，不可避免会出现知识单元边界模糊问题，有时很难决定将某个较细粒度的知识单元归为哪一个更粗粒度的知识单元，为此，如何基于知识元对科技文献中的知识进行多粒度层级知识分割，并构建起知识的多粒度层级结构体系成为本书需要解决的又一关键科研问题。

1.4　研究意义

　　针对数字图书馆知识组织和服务中存在的上述现实问题和科研问题，本书提出了基于知识元的科技文献多粒度层级知识分割的研究课题。本书的研究目的在于：通过深入分析数字图书馆知识组织和知识服务目前存在的开放程度不高、个性化程度低、服务粒度过大、集成度不高等问题以及产生这些问题的根本原因，围绕关键科研问题，基于知识元的相关理论、方法和技术搭建解决上述问题的理论架构、方法体系和技术路线，以期实现数字图书馆科技文献的多粒度层级知识分割，进而为数字图书馆提供开放、个性化、一站式的多粒度精准知识服务提供支撑。具体来说，本书的研究意义主要表现在以下几个方面。

1.4.1　学术价值和意义

　　本书研究的学术价值主要体现在以下几个方面。

　　(1)完善了数字图书馆科技文献多粒度层级知识分割的理论体系

　　本书系统深入地探索了网络环境下数字图书馆科技文献的多粒度层级知识分割的哲学思想(如还原论、系统论)、认知学基础和相关理论(如知识元、知识构建、知识基因、意义构建等)，上述这些研究成果有利于建立数字图书馆科技文献的多粒度层级知识分割的理论架构，因此，本书的研究成果对于完善数字图书馆科技文献知识分割的理论体系来说具有重要的意义。

　　(2)深化了数字图书馆科技文献多粒度层级知识分割的方法体系

　　本书系统深入地分析了数字图书馆科技文献多粒度层级知识分割的基本概念、基本原则和基本策略，研究了知识元在数字图书馆科技文献知识资源的多粒度揭示、识别、关联等方面的应用方法，其研究成果对于建立和深化网络环境下数字图书馆科技文献多粒度层级知识分割的方法体系来说具有重要的意义。

　　(3)发展了数字图书馆科技文献多粒度层级知识分割的技术应用

　　本书系统深入地分析了序列模式挖掘、知识抽取、知识聚类等相关技术和方法在解决数字图书馆科技文献的多粒度层级知识分割中的应用问题，针对数字图书馆科技文献资源的特性，对这些方法进行了优化。

其研究成果对于促进自然语言处理、知识抽取、知识聚类等相关技术和方法在数字图书馆多粒度层级知识分割中的应用与发展具有重要的推动作用。

1.4.2　理论价值和意义

本书研究的理论价值和意义主要体现在以下几个方面。

(1)揭示了人们对多粒度知识需求的现象

本书在对 Web2.0 时代碎片化阅读、微阅读等新的用户知识消费习惯产生的原因进行系统深入分析的基础上，揭示了由此导致的多粒度知识需求现象。这种现象是社会快速发展的必然结果，标志着碎片化时代的来临。在该时代，人们开始从对文献的需求转向对文献中所载荷的知识内容本身的需求，如某一概念、公式、方法、事实等，使得知识需求呈现微观化、精准化的趋势。

(2)归纳了科技文献多粒度层级知识分割的规律

本书在对知识载体(科技文献)的结构特征与内容特征进行深入分析的基础上，指出科技文献中知识的多粒度层级结构特征，归纳了基于科技文献物理结构特征的多粒度层级知识分割和基于逻辑上的主题特征的多粒度层次分割的一般规律，以为科技文献的多粒度层级知识分割提供指导，进而为多粒度精准知识服务提供支撑。

(3)指出了科技文献多粒度层级知识分割的本质

本书对人的认知过程进行深入研究发现，无论是人的认知实践过程，还是人的认知实践结果(也即认知结构)，以及基于人的认知结构生成的科技文献都表现出多粒度层级结构的特征。这也就意味着科技文献以及人在认知过程中的知识需求也必然是多粒度的。由此可见，多粒度层级知识分割的本质在于遵循人的认知实践规律，对科技文献中的知识资源进行多粒度层级组织，使得知识组织的方式符合人的认知特点，基于人的认知结构，向人们提供认知过程中多粒度的知识单元，以满足人们多粒度的知识需求。

1.4.3　实际应用价值和意义

本书研究的实际应用价值和意义主要体现在以下几个方面。

(1)提高知识服务的效率

基于知识元的科技文献多粒度层级知识分割，可以适应当前自媒体环境下人类真正需要的知识阅读和利用方式的转变(如碎片化阅读、跳跃式阅读等），这对于改进数字图书馆知识组织和知识服务模式，拉近与网络用户的距离，提高数字图书馆在社会信息基础结构中的地位来说，具有重要的意义。数字图书馆科技文献的多粒度层级知识分割有利于进一步拓展数字图书馆知识服务的广度和深度，大大推进人类对知识的自由获取和利用，提高知识服务的效率。

（2）提高问题求解的效率

人类对现实世界的认知总是由浅至深、由表及里地不断深入的，从另一个角度来看，人类的认知也永远是不精确的和模糊的，但从某一个层次上看又是精确的和清晰的，也即是说，人类的认知往往是在一个分层递阶知识空间的某一层次上展开的，若要对事物有个完整的认知，则需要在不同的粒度层次上来认识和分析问题，通过基于知识元的科技文献多粒度层级知识分割，最终构建一个多粒度知识空间的层次结构。该层次结构使得用户能够在不同知识粒度空间中自由往返，能够较好地满足用户多角度、全方位的知识需求，从而帮助用户在不同知识粒度层次上分析问题和处理问题，提高用户问题求解的效率。

（3）加速知识创新的过程

当前以科技文献为单位的知识组织方式大多揭示的是科技文献之间的知识关联，未能揭示科技文献中包含的知识内容之间的关联。然而，与文献层次的知识关联相比，知识内容层次存在更多隐性知识关联。具体来说，在以科技文献为单位的知识组织方式中，人们为了获取相关的知识内容，发现知识内容之间的关联，创造新知识，需要首先依据主题获取所需科技文献，而后，通过阅读定位查找科技文献中包含的自己所需要的知识内容，建立知识之间的联系，实现知识的创新。由此可见，若要从科技文献中获取相关的知识内容，不得不阅读大量科技文献，才能找出分布在不同科技文献中的相关知识，及知识之间的关联，这将浪费数字图书馆用户大量的时间和精力。然而，通过对科技文献中包含的知识进行多粒度层级知识分割与关联组织，可以实现对科技文献中包含的知识内容本身的知识关联，从而有利于人们发现不同粒度大小的知识单元之间的语义联系，这不但有利于人们快速找到自己所需的相关知识内容，节省大量的科研时间，而且有利于人们从知识内容中发现新的隐性知识关联，促进不同粒度的知识单元的重新组合，实现新知识的发现，加速创造出更多新的知识。

1.5　研究目标与内容

1.5.1　研究目标

针对当前数字图书馆知识服务存在的现实问题，本书设置了如下总体研究目标：通过对科技文献进行多粒度层级知识分割，实现科技文献中各粒度大小知识单元识别和多粒度层级知识结构揭示，为数字图书馆实现开放、个性化、一站式精准知识服务提供支撑。针对总体研究目标，本书提出四个具体研究目标：①实现科技文献多粒度层级知识分割理论体系与技术基础构建；②实现科技文献中知识元抽取；③实现科技文献多粒度层级知识分割；④实现基于知识元的科技文献多粒度层级知识分割方法评价。

(1)实现科技文献多粒度层级知识分割理论体系与技术基础构建

科技文献多粒度层级知识分割理论体系与技术基础构建的主要目的是揭示科技文献多粒度层级知识分割的规律和技术基础，以为本书提出的基于知识元的科技文献多粒度层级知识分割方法提供理论指导与技术支撑。其中理论体系的构建主要是从科技文献多粒度层级知识分割的哲学理论基础和一般理论基础两个层次展开，以为基于知识元的科技文献多粒度层级知识分割方法提供世界观、一般原理上的指导。而科技文献多粒度层级知识分割的技术基础构建则指出了进行科技文献多粒度层级知识分割的支撑技术。

(2)实现科技文献中知识元抽取

科技文献中知识元抽取的目的是从科技文献中提取出进行多粒度层级知识分割的基元(也即基本分割单位)，以为基于知识元的科技文献多粒度层级知识分割奠定基础。具体来说，知识元抽取涉及知识元类型划分、各类型知识元描述规则识别、各类型知识元序列模式生成以及基于序列模式的知识元抽取等内容。其中知识元类型划分主要是依据知识属性对科技文献中包含的知识元类型进行划分，使其在外延上包含所有的知识元类型。各类型知识元描述规则识别主要是识别出描述各种类型的知识元的句法结构，从而为科技文献中各类型知识元的抽取奠定基础。各类型知识元序列模式生成则将与知识元描述规则存在依存关系的句子成分融入知识元描述规则，以揭示知识元的整体语义信息，生成融入语义的知识元序列模式。基于序列模式的各类型知识元抽取主要是基于知识元序列模式，借助模式匹配算法从科技文献中识别并抽取出描述各种类型知识元的语句块，最终实现知识元的抽取。

（3）实现科技文献多粒度层级知识分割

科技文献多粒度层级知识分割的主要目的是以最细粒度的知识元为单位，通过 fisher 最优分割方法，识别出科技文献中各种粒度大小的知识单元，揭示出科技文献各种粒度大小的知识单元之间的层级关系，识别出科技文献多粒度层级知识结构，从而实现数字图书馆科技文献的多粒度层级知识分割，以为数字图书馆实现多粒度知识组织与精准知识服务奠定基础。

（4）实现基于知识元的科技文献多粒度层级知识分割方法评价

基于知识元的科技文献多粒度层级知识分割方法评价的主要目的是对基于知识元的科技文献多粒度层级知识分割方法进行实证检验，以分析它们的科学性、可行性。从而为基于知识元的科技文献多粒度层级知识分割方法的实践应用提供参考。具体来说，基于知识元的科技文献多粒度层级知识分割方法评价涉及多粒度层级知识分割精准性评价和多粒度层级知识分割接近性评价两个方面。其中多粒度层级知识分割精准性评价主要是对基于知识元的科技文献多粒度层级知识分割的准确性、召回率以及 F 值进行分析；而多粒度层级知识分割接近性评价主要是对基于知识元的科技文献多粒度层级知识分割的 WindowDiff 值进行分析，从而揭示其接近正确分割的程度。

1.5.2　研究内容

依据上述研究目标，本书设计了总体研究内容框架，如图 1-4 所示，包括 6 个方面的研究内容，分别对应本书第 2~7 章的核心内容："科技文献多粒度层级知识分割的相关理论、方法与技术基础""科技文献多粒度层级知识分割框架研究""科技文献中知识元序列模式生成""基于序列模式的科技文献中知识元抽取""基于知识元的科技文献多粒度层级知识分割"和"基于知识元的科技文献多粒度层级知识分割实证"。其中前两个部分的研究针对第 1 个子研究目标，分别指出在开展科技文献多粒度层级知识分割时应该遵循的世界观、原理、方法论和支撑技术。第 3~5 部分的研究则针对中间两个子研究目标，分别指出科技文献多粒度层级知识分割过程中知识元类型划分、知识元描述规则识别、知识元抽取和基于知识元的科技文献多粒度层级知识分割等方法。第 6 部分的研究则针对第 4 个研究目标，是对前五个部分研究成果的综合检验。

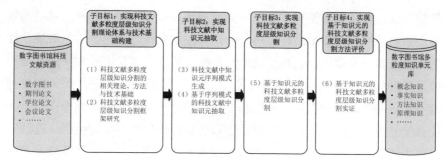

图 1-4 研究内容框架

总的来说，"科技文献多粒度层级知识分割的相关理论、方法与技术基础"指出了数字图书馆进行科技文献多粒度层级知识分割的世界观、一般规律和支撑技术等；"科技文献多粒度层级知识分割框架研究"指出了科技文献多粒度层级知识分割的基本概念、原则、策略和分割框架；"科技文献中知识元序列模式生成"指出了数字图书馆科技文献中知识元的类型划分和各类型知识元序列模式的生成方法，是数字图书馆进行科技文献知识元抽取的前提基础；"基于序列模式的科技文献中知识元抽取"指出了数字图书馆科技文献中各类型知识元的抽取方法，是数字图书馆进行科技文献多粒度层级知识分割的桥梁；"基于知识元的科技文献多粒度层级知识分割"指出了基于知识元的科技文献多粒度层级知识分割的流程，是数字图书馆进行科技文献多粒度层级知识分割的最终目的；"基于知识元的科技文献多粒度层级知识分割实证"则是对数字图书馆开展科技文献多粒度层级知识分割的检验。接下来，将详细论述各部分的具体研究内容。

(1)科技文献多粒度层级知识分割的相关理论、方法与技术基础

科技文献多粒度层级知识分割的理论基础包括哲学理论基础和一般理论基础两个部分。其中哲学理论基础为开展多粒度层级知识分割提供了世界观上的指导。本书在对哲学理论进行深入分析的基础上，指出了数字图书馆科技文献多粒度层级知识分割的还原论与系统论的哲学基础。具体来说，数字图书馆在进行科技文献多粒度层级知识分割时，一方面为避免数字图书馆用户对知识整体认知的模糊性或笼统性，提高知识的易用性，要在还原论哲学思想的指导下将复杂知识逐级还原分解成为不同层次的易于理解的简单知识单元，直到不能再被还原为止；另一方面，为避免数字图书馆用户对知识的零散认知，在对复杂知识进行还原的同时，还需借助系

统论的哲学思想，在该思想的指导下从整体上把握知识各组成部分之间的逻辑关联。数字图书馆科技文献多粒度层级知识分割的一般理论基础为数字图书馆开展科技文献多粒度层级知识分割的实践活动提供了一般规律性的指导。通过对知识分割相关基础理论的分析，本书指出了数字图书馆科技文献多粒度层级知识分割的理论基础，包括认知学理论、意义构建理论、知识元理论、知识基因理论和知识构建理论等。认知学理论指出了人类认知过程的一般规律，也即统一于多层次、多粒度的结构模型，这就要求作为辅助人类认知的数字图书馆知识服务也要遵循这一规律开展多粒度精准知识服务，进而产生对数字图书馆科技文献多粒度层级知识分割的需求；意义构建理论指出了数字图书馆对科技文献进行多粒度层级知识分割的根本原因，也即满足人们在特定情境下为跨越知识鸿沟所产生的对科技文献中各种粒度大小的知识单元需求；知识元理论和知识基因理论分别从不同的角度指出了数字图书馆科技文献多粒度层级知识分割的基元——知识元(或知识基因)；知识构建理论(也即知识元→知识单元→知识结构→知识空间)和知识基因理论(知识 DNA→知识细胞→知识器官)为数字图书馆科技文献的多粒度层级知识分割的递阶层次结构识别提供了理论依据。数字图书馆科技文献多粒度层级知识分割的技术基础研究为数字图书馆科技文献多粒度层级知识分割提供了一般技术上的支撑，主要包括序列模式挖掘技术、知识抽取技术、聚类分析技术等。其中序列模式挖掘技术为识别出科技文献中知识元的语义描述规则提供了技术支持；知识抽取技术为数字图书馆科技文献多粒度层级知识分割提供了知识元抽取的技术支持；聚类分析技术为数字图书馆科技文献多粒度层级知识分割提供了知识多粒度划分的技术支持。

(2)科技文献多粒度层级知识分割框架研究

科技文献多粒度层级知识分割框架研究为实现数字图书馆科技文献的多粒度层级知识分割提供了一般方法上的指导。本书在对数字图书馆科技文献多粒度层级知识分割的一般规律进行分析的基础上，指出了数字图书馆科技文献多粒度层级知识分割的方法论，主要包括科技文献多粒度层级知识分割的基本概念、科技文献多粒度层级知识分割的一般原则、科技文献多粒度层级知识分割的策略和基于知识元的科技文献多粒度层级知识分割框架构建等。其中科技文献多粒度层级知识分割的基本概念界定了科技文献多粒度层级知识分割方法的作用范畴；科技文献多粒度层级知识分割的一般原则明确了科技文献多粒度层级知识分割需要遵循的准则；科技文献多粒度层级知识分割的策略为科技文献多粒度层级知识分割提供了整体宏观方案；基于知识元的科技文献多粒度层级知识分割框架的构建为实现科技文献的多粒度层级知识分割提供了具体实施方案。

(3)科技文献中知识元序列模式生成

基于知识元对科技文献进行多粒度层级知识分割，首先要抽取出科技文献中包含的各种类型的知识元。然而，数字图书馆科技文献中载荷的知识内容是一种用自然语言描述的非结构化的文本，自然语言具有模糊性、表述的多样性等特点，科技文献的这些特征使得各类型知识元的抽取难度很大。为解决该问题，本书对科技文献中知识元序列模式生成进行了研究，以为科技文献中知识元的抽取奠定基础。首先，在对已有知识元类型划分进行梳理的基础上，对科技文献中知识元的类型划分进行了研究，提出了本书的知识元类型划分方式，依据相关标准将科技文献中的知识元划分为概念知识元、事实知识元、数据知识元、方法知识元和原理知识元等五个类别。而后，基于对科技文献中知识元类型的划分，分别对概念知识元、事实知识元、数据知识元、方法知识元和原理知识元的描述规则的识别进行了研究，提出了各种类型的知识元描述规则的识别方法。接着，依据知识元描述规则的识别方法，从科技文献中识别出各种类型的知识元描述规则。最后，基于知识元描述规则，本书借助依存句法分析将与知识元描述规则存在依存关系的句子成分融入知识元描述规则，以揭示知识元的整体语义信息，生成融入语义的知识元序列模式，从而为科技文献中各种类型的知识元的抽取奠定基础。

(4)基于序列模式的科技文献中知识元抽取

序列模式为从科技文献中抽取各类型的知识元奠定了基础。为依据序列模式实现科技文献中知识元的抽取，本书对基于序列模式的科技文献中知识元的抽取进行研究。具体包括两个方面的研究内容：首先，基于知识元序列模式，借助模式匹配算法实现从科技文献中抽取出各种类型的知识元的目的；而后，借助 Prefixspan 算法，从新抽取的知识元中挖掘出新的描述知识元的序列模式，以实现知识元序列模式的不断动态更新与扩展，进而依据知识元序列模式从科技文献中识别出更多新的知识元。

(5)基于知识元的科技文献多粒度层级知识分割

知识元作为最细粒度的知识单元，是实现科技文献多粒度层级知识分割的基础，然而，基于知识元对科技文献进行多粒度层级知识分割，仍需要依据知识元之间的相关性对知识元进行聚类分析，并且在聚类时要保证知识元之间的序关系。为解决这一问题，本书对基于知识元的科技文献多粒度层级聚类分析进行了研究，以实现科技文献的多粒度层级知识分割。其研究任务主要包括：解决科技文献中知识元的语义向量构建问题、解决科技文献中知识元的相似度计算问题、解决科技文献中最优分割数量的选择问题等。

（6）基于知识元的科技文献多粒度层级知识分割实证

为检验基于知识元的数字图书馆科技文献多粒度层级知识分割方法的科学性，本书以数字图书馆科技文献资源为应用背景，基于知识元实现对数字图书馆科技文献的多粒度层级知识分割，并对分割结果进行实验检验和实验结果分析。通过实验，在一定程度上论证基于知识元的数字图书馆科技文献多粒度层级知识分割方法的科学性和有效性。

1.6　研究方法和技术路线

总体上本书沿着"研究对象→现实问题→科研问题→研究目标→理论研究→方法研究→实证研究"的技术路线展开（如图 1-5 所示）。具体来说，首先，明确研究对象：数字图书馆科技文献资源。然后，借助问卷调查、专家及用户访谈等研究方法对网络环境下数字图书馆知识服务存在的现实问题进行研究，以明确本书的研究问题：基于知识元的科技文献多粒度层级知识分割研究。接着，采用文献调研和案例分析对基于知识元的数字图书馆科技文献多粒度层级知识分割的现状进行分析。而后，利用分析法和综合法对本书要达到的目标进行研究，确定总研究体目标和具体研究目标。紧接着，依据研究目标确定课题研究内容包括理论研究和方法研究，其中理论研究主要是借助归纳法、演绎法和跨学科研究的方法对数字图书馆科技文献多粒度层级知识分割的哲学理论基础、一般理论基础、支撑技术进行了研究，而方法研究则主要是借助频繁规则挖掘、知识抽取、文本聚类等方法分别对数字图书馆科技文献中知识元描述规则识别、序列模式生成、数字图书馆科技文献中知识元抽取、基于知识元的数字图书馆科技文献多粒度层级知识分割方法等进行了研究。最后，采用面向对象的建模和系统开发方法分别对基于知识元的数字图书馆科技文献多粒度层级知识分割系统的模型构建和系统实现进行研究，并采用综合分析、数据统计等方法依据评价指标体系分别对知识分割的准确性和知识分割的接近性程度进行评价。

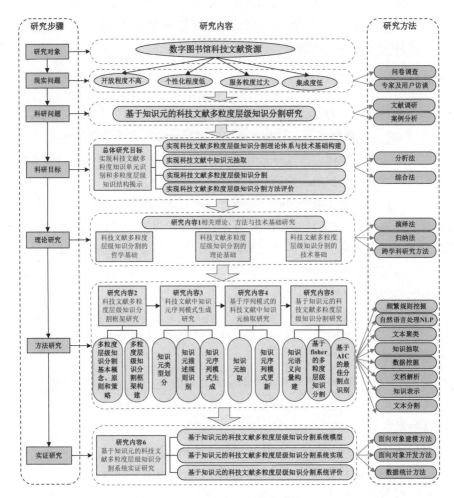

图 1-5 研究方法与技术路线

1.7 主要创新之处

为解决数字图书馆科技文献的多粒度层级知识分割问题，本书在理论和方法上等多个方面进行了创新。在理论上的创新主要体现在：指出了数字图书馆科技文献多粒度层级知识分割的哲学基础、分析了数字图书馆科技文献多粒度层级知识分割的认知学基础、提出了数字图书馆科技文献多粒度层级知识分割的方法论。在方法上的创新体现在：提出了数字图书馆科技文献中知识元类型划分方法、提出了数字图书馆科技文献中各类型知识元描述规则的识别方法、提出了基于序列模式的科技文献中知识元的抽取方法、提出了基于知识元的科技文献多粒度层级知识分割的方法。接下来，将详细论述本书的创新之处。

1.7.1　理论上的创新

本书在理论上的创新主要体现在以下几个方面。

（1）指出了数字图书馆科技文献多粒度层级知识分割的哲学基础

本书在对哲学理论进行深入分析的基础上指出了数字图书馆科技文献多粒度层级知识分割的还原论与系统论的哲学基础。具体来说，在进行科技文献多粒度层级知识分割时，一方面为避免人们对知识整体认知的模糊性或笼统性，提高知识的易用性，要借助还原论将复杂知识逐级还原分解成为不同层次的易于理解的简单知识单元，直到不能再被还原为止；另一方面，为避免人们对知识的零散认知，在对复杂知识进行还原时，还需借助系统论的思想从整体上把握各组成部分之间的逻辑关联。也即科学解决数字图书馆科技文献多粒度层级知识分割的哲学依据就是将还原论与系统论相结合，借助还原论与系统论对科技文献进行多粒度的层级分割、关联和揭示。

（2）分析了数字图书馆科技文献多粒度层级知识分割的认知学基础

本书通过对人类认知的深入分析指出了科技文献多粒度层级知识分割的认知学基础。研究发现，无论是作为人类认知工具的概念、揭示人类认知过程的认知模型、描述人类认知结果的认知结构，还是人类认知的传承（也即知识传承）均表现出多层次、多粒度的结构模型特征，这也就决定了数字图书馆在对科技文献进行多粒度层级知识分割时必须遵循人类认知的这一特征，在对数字图书馆科技文献的多粒度层级结构进行分析的基础上，实现对科技文献的多粒度层级知识分割。

（3）提出了数字图书馆科技文献多粒度层级知识分割的方法论

本书在对数字图书馆科技文献多粒度层级知识分割的一般规律进行研究的基础上，提出了数字图书馆科技文献多粒度层级知识分割的方法论，以为科技文献的多粒度层级知识分割提供一般方法上的指导。方法论中具体指出了数字图书馆科技文献多粒度层级知识分割的基本概念、一般原则、基本策略和框架。其中数字图书馆科技文献多粒度层级知识分割的基本概念界定了科技文献多粒度层级知识分割方法的作用范畴；数字图书馆科技文献多粒度层级知识分割的一般原则明确了科技文献多粒度层级知识分割需要遵循的准则；数字图书馆科技文献多粒度层级知识分割的策略为科技文献多粒度层级知识分割提供了总体宏观方案。基于知识元的科技文献多粒度层级知识分割框架的构建为实现科技文献的多粒度层级知识分割提供了具体实施方案。

1.7.2 方法上的创新

本书在方法上的创新主要体现在以下几个方面。

(1)提出了数字图书馆科技文献中知识元类型划分方法

为实现数字图书馆科技文献中知识元类型的科学划分,本书对科技文献中知识元的类型划分进行了研究,提出了科技文献中知识元类型划分的方法:首先,将知识元划分为陈述型知识元和过程型知识元两大类型;而后,依据知识元描述内容的不同,将陈述型知识元划分为概念知识元、事实知识元、数值知识元三种类型,将过程型知识元划分为方法知识元和原理知识元两种类型。在五种类型的知识元中,概念知识元、事实知识元、数值知识元属于静态的陈述型知识范畴,能够回答"When、Who、What、Where"等问题;而方法知识元和原理知识元属于描述事物逻辑的动态的程序型知识范畴,可以回答"Why、How"等问题。静态的陈述型知识需要动态的程序知识依据逻辑加以运用,反过来,静态的陈述型知识又可以为动态的程序型知识提供必要的基本事实资料,因此,两者相辅相成共同构成了整个知识体系。

(2)提出了数字图书馆科技文献中各类型知识元序列模式生成方法

为实现数字图书馆科技文献中知识元序列模式生成,本书对数字图书馆科技文献中知识元序列模式生成方法进行了研究。结合专家和机器各自的优势,提出了针对各类型知识元序列模式的半自动化生成方法。具体来说,首先,从数字图书馆科技文献中抽取出用作训练的语料库,对语料库中的科技文献进行知识元描述规则的识别、归类;而后,基于知识元描述规则,借助依存句法分析将与知识元描述规则存在依存关系的句子成分融入知识元描述规则,以揭示知识元的整体语义信息,生成融入语义的知识元序列模式。

(3)提出基于序列模式的科技文献中知识元的抽取方法

科技文献作为知识的载体,包含大量的各种类型的知识元。科技文献中知识元序列模式生成,实现了对各种类型知识元的语义建模。接下来,为从科技文献中抽取出各种类型的知识元,以作为科技文献多粒度层级知识分割的基元,就需要依据知识元序列模式从科技文献中匹配查找出各种类型的知识元,从而实现从科技文献中抽取各种类型的知识元的目的。为此，本书提出了基于序列模式的科技文献中知识元的抽取方法。该方法主要包括：文本分句、文本分词、依存句法分析、模式匹配、基于Prefixspan的知识元序列模式更新等步骤。其中模式匹配的主要功能是将描述知识元的序列模式与科技文献语句的依存句法树进行匹配，从而抽取出科技文献中与知识元序列模式相匹配的知识元。而基于Prefixspan的知识元序列模式更新的主要功能是以新识别出的知识元为训练集，借助Prefixspan算法识别出新的描述知识元的序列模式，以实现知识元序列模式的不断更新和扩展，提高知识元序列模式识别的自动化程度。

（4）提出了基于知识元的科技文献多粒度层级知识分割的方法

科技文献在本质上是由知识元构成，知识元通过逻辑关系，链接成各种不同粒度大小的知识单元，呈现出一个多粒度的层级知识结构体系。基于上述分析，本书以知识元为最小单位，借助文本分割的基本理论与方法，依据数字图书馆馆藏资源的上述特点，提出一种基于知识元的科技文献多粒度层级知识分割方法。该方法主要包含三个核心功能模块：语义向量构建、基于最优分割的科技文献预分割和基于 AIC 的最佳分割点识别。语义向量构建的主要功能就是将高维的语句词向量映射到低维的语义空间，实现知识元和非知识元语句的语义表达，从而解决知识元和非知识元语句的数据稀疏问题。基于最优分割的科技文献预分割的主要功能是识别出科技文献中所有可能的分割点，具体来说，首先，依据分割函数计算每种分割方法的误差；而后，通过绘制最小误差函数随分割个数变化的趋势图识别出科技文献中的候选知识分割点，从而为识别出最佳分割点奠定基础。基于 AIC 的最佳分割点识别的主要功能是依据 AIC 准则，从科技文献预分割所生成的所有候选分割点中，识别出最科学的科技文献知识分割点，确定科技文献的最佳知识分割方案，生成一棵有机的包含多种粒度大小的知识单元的科技文献层级知识分割树，最终实现数字图书馆科技文献多粒度层级知识分割。基于知识元的科技文献多粒度层级知识分割方法的优势在于，该方法以知识元为单位，知识元作为逻辑上高度相关的一个知识点，可以有效避免基于语句、段落等的文本分割中存在的问题。这是因为，无论是以语句还是以段落为段位对科技文献进行分割，都无法避免将本来是一个知识内容的文本分割为两个部分，或者将本来是同一知识内容的文本分割在一起等问题。而本书提出的基于知识元的科技文献多粒度层级知识分割方法，由于是以最细粒度的知识元为单位进行文本分割，可以在根本上解决上述问题。

1.8　本章小结

本章首先介绍了本书的研究背景。其次，本书对文本分割的研究现状进行了梳理，指出当前文本分割还处于起步发展阶段，已有的面向文本主题分割的研究大多集中在线性主题分割领域，而有关文本层级分割的研究较少。然而，数字图书馆存储的知识资源(如论文、电子书等)论述的主题通常体现出层级体系结构，为此，急需对文本分割方法展开进一步深入探索。接着，本书对数字图书馆在知识组织和服务方面存在的现实问题进行分析，基于对现实问题的理解和把握，指出数字图书馆在知识组织和服务方面存在的科研问题。而后，针对数字图书馆知识组织和服务中存在的上述现实问题和科研问题，本章提出了基于知识元的科技文献多粒度层级知识分割的研究课题，并指出本书研究的学术、理论和实际应用价值和意义。紧接着，针对当前数字图书馆知识服务存在的现实问题设置了本书的研究目标，以及实现研究目标的 6 个方面的具体研究内容。随后，为使得研究目标能够顺利实现，本书提出了"研究对象→现实问题→科研问题→研究目标→理论研究→方法研究→实证研究"的技术路线。最后，概括了本书研究在理论上和方法上等多个方面的创新之处。

第 2 章　科技文献多粒度层级知识分割的相关理论、方法与技术基础

2.1　科技文献多粒度层级知识分割的哲学理论基础

若要把握科技文献中"整体"与"部分"之间的关系，我们必须从哲学辩证法的角度去考察。从辩证的角度来看，科技文献的"整体"与"部分"之间是对立统一的关系。

科技文献"整体"与"部分"之间的对立关系。首先，科技文献中"整体"与"部分"的属性有所不同。科技文献在"整体"上具有的属性，有时"部分"不具备，如科技文献在整体上的内容属性——主题词、中心思想等都是"部分"所不具备的一些属性。反之亦然。其次，科技文献中"整体"与"部分"的地位或作用不同。一般来说，科技文献"整体"决定了科技文献本身，科技文献的"整体"变化了，科技文献就不再存在，而变成了另一科技文献了；然而，科技文献"部分"对科技文献存在形式的影响却较小，有时即便科技文献中某个"部分"发生了变化，只要科技文献的"整体"没有发生根本性的变化，科技文献本身仍然存在。最后，科技文献的"整体"不等于各"部分"之和，而是大于各"部分"之和。科技文献的"部分"往往只是揭示文献的一个子主题，科技文献所有"部分"揭示的子主题简单相加是无法形成科技文献"整体"所揭示的全局主题的。也即是说，科技文献"整体"具备"部分"所不具备的功能。

科技文献"整体"与"部分"之间的统一关系。首先，科技文献的"整体"与"部分"也具有一些共同的属性。如科技文献的作者、写作时间、出版社等属性都是科技文献"整体"与"部分"都具有的属性。其次，科技文献的"整体"与"部分"不可分割开来看待。科技文献是由各个章节段落构成的，科技文献"整体"不能脱离其章节"部分"而存在，没有章节等"部

分"的存在也就无所谓"整体"。章节等"部分"是科技文献"整体"的一个环节，离开了"整体"，章节等"部分"就失去了其原来的意义，"整体"与"部分"不可分割来看待。接着，科技文献中"整体"与"部分"之间相互影响。科技文献的"整体"思想决定着章节等"部分"应该论述的主题，反之，章节等"部分"的主题及其之间的逻辑关系又反过来影响科技文献"整体"思想的表达。最后，科技文献的"整体"与"部分"之间的关系是相对的。例如作为科技文献"整体"的章节等"部分"在某种情况下又可以作为"整体"包含更小的"部分"，如段落、语句、词等。

科技文献"整体"与"部分"之间对立统一的辩证关系为本书找出科技文献多粒度层级知识分割的哲学基础指明了方向。首先，系统论正是从整体出发来分析问题和解决问题的，从而在整体上把握事物的整体特征和功能；其次，还原论则是从部分出发去认识事物整体，通过部分去分析整体。基于上述分析不难发现，哲学中的系统论与还原论与科技文献"整体"与"部分"之间对立统一的辩证关系不谋而合，成为科技文献多粒度层级知识分割的哲学基础。接下来，本书将详细论述还原论和系统论的思想，以为科技文献多粒度层级知识分割奠定坚实的哲学基础。

2.1.1　科技文献多粒度层级知识分割中的还原论

还原论(Reductionism)，是经典科学研究方法的核心，该理论将复杂的高层对象分解为低层的简单对象来理解和处理。还原论揭示了世界的"组合"规律和可分解特性，其作为一种哲学思想古已有之，还原论的思维方式是自 16 世纪以来在欧洲逐渐形成和发展起来的，而"还原论"一词直到著名哲学家蒯因(W. V. O. Quine)在其著作《经验的两个教条》中才首次被提出。[36] 还原论是还原观、还原方法的统一体，其思想基础是原子论。

当前，还原论的思想已经被广泛应用到多个学科领域，例如物理学把无机的物质世界还原为各种基本的粒子以及这些基本粒子之间的相互作用；生物学将有机的生命体还原为分子，在分子水平上揭示生命的奥妙。而关于世界万物的知识也随之被分解为各种不同的、分类庞杂的学科、领域、方向，科技文献作为各学科领域的知识载体，同样可以被还原，直至最细粒度无法进一步被还原(或分解)的知识点，也即知识元。由此可见，从还原论的视角来看，科技文献中知识内容的本原是知识元，因此，追求科技文献中知识内容本原的目标就是识别科技文献中的知识元，只有这样才能对科技文献的本质加以揭示和说明。通过上述分析可知，还原论的对象可以是现实世界的存在物，也可以是由人创造出来的知识体系。因此，依据还原对象的不同还原论又被进一步划分为本体论上的还原论(以现实世界的存在物为还原对象)和认识论上的还原论(以人创造出来的知识体系为还原对象)。[37]

综上，认识论上的还原论为数字图书馆科技文献的多粒度层级知识分割提供了基本的哲学思想。科技文献多粒度层级知识分割的还原论是针对科学知识体系而言的，主要是指对科学知识的还原，也即划分。在认识论上的还原论的指导下，数字图书馆为帮助人们对科技文献中包含的复杂知识内容进行理解与认知，需要将科技文献中的复杂知识内容逐层进行还原，直至被还原成能够自主存在的、不可进一步被分割的基本知识单元(也即知识元)，在此基础上，数字图书馆用户可以通过对科技文献中简单的低层次的知识单元的把握，达到对复杂的高层知识内容的理解。鉴于此，为满足数字图书馆用户多粒度的知识需求，数字图书需要将科技文献中包含的知识内容依据认识论上还原论的简化原则，对文献中的知识内容进行简化，去除文献中包含的非本质的知识内容，还原成为基本的知识单元，使得所有的复杂知识都分解为由不同粒度大小的知识单元构成的层次结构，每一个层次上的知识单元都由其下一层次的更细粒度的知识单元构成，最终生成有关科技文献中复杂知识的还原结构体系。

2.1.2　科技文献多粒度层级知识分割中的系统论

系统是一个既古老又新颖的概念，系统一词虽然最早出现在古希腊语中，其意思为由部分组成的整体，然而系统真正走进人们的视野是在当代系统科学产生之后。系统论作为一个研究系统的结构模式、性能、行为以及相关规律的科学，是由美籍奥地利生物学家贝塔朗菲(L. Von. Bertalanffy)在《关于一般系统论》中首次创立[38]，后经过许多科学家的发展而逐渐形成。系统论的核心思想是系统的整体观，也即将研究对象视为一个有机的整体来加以研究，重点研究系统的整体与部分之间的相互关联和相互制约关系，从而发现系统的最佳效果。系统论主张将实践对象看作由众多子系统构成的动态复杂系统。与还原论不同，系统论的基本假设是系统整体功能大于部分功能的总和。系统在整体上的性质不可以归结到部分的性质，对部分的理解也不能综合为对系统整体的认知，系统整体往往具有部分所不具备的某些特性，系统整体的性质不仅与部分的性质存在某种相关性，而且还由部分之间的相互联系所决定。系统中的部分也不是孤立地存在的，每个部分在系统中都有一定的地位，并发挥一定的作用，部分之间相互关联、相互制约，构成一个不可分割的有机整体。

　　系统论为科技文献多粒度层级知识分割的"知识结构识别"提供了最基本的哲学思想。系统论认为，系统作为一个整体由多种元素构成，并且这些元素之间不是孤立的，而是由各组成部分之间相互有机关联而成的。也即是说，组成系统的各个元素之间存在各种关联，一个元素的变化必然会影响到另一个元素。并且，系统中元素之间的各种联系通常具有自身独特的组合方式，这种组合方式通常遵循一定规律，这便是系统的结构，系统结构决定了系统整体上的性质和功能。系统的结构具有多层次性和相对稳定性，科技文献作为一个相对复杂的知识系统，也具有相对稳定的层次结构，科技文献的这一性质为对其进行多粒度层级知识分割提供了哲学依据。依据上述分析可知，科技文献中复杂知识作为一个系统也由不同的知识单元要素构成，知识单元之间存在着各种语义关联，知识单元依据这些语义关联生成递阶层次性的知识结构，该知识结构在整体上决定了科技文献中复杂知识的性质和功能，构成粗粒度的知识单元，而不同层级的知识结构也具有各自相对完整的性质，构成各种细粒度的知识单元。由此可见，若要实现数字图书馆科技文献多粒度层级知识分割，不仅要借助还原论将科技文献中的复杂知识进行逐级划分，直到无法再被还原的知识单元为止，更重要的是要借助系统论，识别出科技文献中复杂知识的层级结构，只有这样才能从整体到局部全方位地揭示复杂知识之间的关联，才能帮助用户较为准确地理解和把握科技文献中复杂知识内容的本质，避免知识划分时知识丢失，从而降低用户的认知成本。

　　综上所述，还原论与系统论是两个既相互区别又相互补充的哲学思想。从两种理论的产生过程来看，系统论是在还原论的基础上发展起来的，吸收了还原论的合理内核。具体来说，还原论与系统论的区别在于：还原论通过部分来认知总体，重点放在部分，系统论则将一个对象看作一个复杂的系统，重点放在整体，将部分放到系统整体之中研究系统中各个部分的相互关联、相互作用。与还原论强调分离不同，系统论则强调整合，重点研究的是从部分不能说明的由部分相互作用所形成的机制和内容。两种哲学思想的共同特点是：它们都涉及整体和部分，都采用了多层次结构描述整体和部分之间的关系。还原论基于事物不同层次之间的联系，试图从低层次入手探索高层次的规律，这种努力是可贵的。但是高低层次之间毕竟存在着本质区别，如果不考虑科技文献中知识内容本身的特点，简单地用低层次的知识内容去代替高层次的知识内容，就会犯机械论的错误，这是因为还原论忽略了科技文献中知识内容的整体性联系，忽略了由整体向部分的还原所导致的知识的丢失。

为此，在进行科技文献多粒度层级知识分割时，一方面，要借助还原论将科技文献中的复杂知识逐级还原分解成为不同层次的易于理解的简单知识单元，直到不能再被还原为止，这是因为这种还原不但易于人们理解复杂知识，而且倘若不将复杂知识进行还原，不了解局部的精细知识，人们对科技文献中复杂知识整体的认识只能是比较直观笼统的，甚至是猜测的，缺乏科学性；另一方面，在对科技文献中复杂知识进行还原时，还需借助系统论的思想从整体上把握各知识单元之间的逻辑关联，这是因为没有对复杂知识整体上的认识，人们对知识单元的认知只能是零散的，只见树木，不见森林，不能从整体上把握科技文献中所有的知识，进而无法借助该知识内容很好地解决实践中遇到的问题。通过上述分析不难发现，科学地解决数字图书馆科技文献多粒度层级知识分割的办法就是将还原论与系统论相结合，借助还原论与系统论对科技文献中的知识进行多粒度的分割、揭示、组织与提供服务。

2.2　科技文献多粒度层级知识分割的一般理论基础

2.2.1　科技文献多粒度层级知识分割的认知理论

现实世界的社会系统和自然系统中充满了层次和结构，人类无论是在知识创造，还是在知识获取、理解和使用时，一般也是采用从部分到整体（即先从各个部分对某一知识进行不同侧面的认知，然后再进行综合把握）或者从整体到部分（即先从整体上进行把握，然后再逐步深入研究各个部分）的思维方法。数字图书馆中存储的科技文献作为人类实践活动的知识结晶，也应遵循人类思维的上述特征。因此，为实现数字图书馆知识组织与服务的多粒度性和集成性，就需要对数字图书馆中的科技文献进行多粒度层级知识分割，以满足人们不同层次的知识需求。

数字图书馆的重要职能是帮助数字图书馆用户获取他们所需要的知识。为此，数字图书馆在提供知识服务时需要遵循人们知识获取与学习等人类认知活动的规律，只有这样才能更好地满足用户的个性化知识需求。因此，认知心理学的许多研究成果可以为数字图书馆科技文献多粒度层级知识分割提供重要的依据和支撑。下面将从与人类知识获取与学习密切相关的认知工具、认知模型、知识结构和知识传承等几个方面论述数字图书馆科技文献多粒度层级知识分割的认知学基础。

2.2.1.1　认知理论概述

认知是人们借助感觉、知觉、听觉、注意、记忆、想想、思维和语言等对外部信息进行吸收、加工、存储和提取，在人脑中形成反映知识以及知识间关系，并揭示其规律的心理活动过程。由此可见，认知是一个将信息加工为知识的过程。[39]具体来说，认知理论包括以下几个方面的内容：认知工具、认知模型、认知结构和认知传承等。

（1）认知工具

由认知理论可知，人的认知分为感性认知和理性认知。所谓感性认知，是指人的感觉器官接收外界事物的刺激产生感觉或意象的过程。由此可见，感性认知形成了对事物的意象，但它们还不是概念，只是形成概念的基础，若要形成概念，需要将感性认知上升为理性认知。理性认知就是将感性认知所形成的有关某事物的意象进行概括、归纳，形成对事物共同本质特点的抽象认知，也即概念。由此可见，概念是人类认知的结果，同时，也是人们进一步深入认知的工具。人类认知的过程从本质上来讲就是一个不断形成新概念、优化旧概念的过程。依据概念的抽象程度不同，可以将其分为上位概念和下位概念。上位概念将相关的事物看作一个整体，合并为一个大类，不相关的事物被细分为几个小类，形成下位概念，从而不至于将自己迷失在大量的细节之中。[40]概念由内涵和外延两个部分组成。概念的内涵是对事物是什么的规定，也即对事物本质特征的揭示，通常由概念的属性构成；概念的外延是对事物外延的界定，也即概念所能描述和揭示的所有对象，由一系列实例构成。概念名(也即概念标识)、概念内涵和概念外延共同构成一个语义三角形。[41]概念的上下位关系是相对的，一个概念可以作为下位概念与其他相关的概念共同构成一个更抽象的上位概念。反之，该概念也可以作为一个较为抽象的上位概念，包含更多意义更为具体的下位概念。概念之间的这种上下位关系就构成了概念之间的层次结构，也即是说，概念是依据某种偏序关系组织起来的，这种偏序关系可以表现为多种类型，如抽象与具体、范例与特例等。

通过感性认知和理性认知形成的概念可以作为人类进一步认知的工具，帮助人们抽象地思考、表达现实世界中的事物，也帮助人们向其他人传输自己的知识。概念越抽象，其内涵越广，概念外延的指向越宽泛，因此包含的知识内容就越多，属于粗粒度的知识单元，反之，概念越具体，其内涵越窄，概念外延的指向越狭小，因此包含的知识内容越少，属于细粒度的知识单元。也即是说，知识单元在本质上体现出多粒度的特征，并依据概念的上下位关系组织为一个概念层次结构。概念的这种层次结构在知识表示和知识推理中发挥着非常重要的作用，概念层次结构的构建可以通过对概念属性的划分来实现，也即依据属性值将概念进行聚类，生成更粗粒度的知识，概念的聚类过程从本质上来说就是形成知识结构的过程。

（2）认知模型

研究发现，无论是自然界、人类社会，还是思维领域都普遍存在层次的划分。认知模型作为人类对现实世界进行认知的过程模型，也必然存在各种类型的层次序列，不同层次的认知对应不同的概念层次。人类认知的过程通常是一个由浅入深的过程，而且很难达到完全深入的层次。也即是说，人们对事物的认知在某种程度上来说都是不精确的和模糊的，但是，如果我们从某一个层次上看，它却可以是精确的和清晰的。人们在由浅入深的认知过程中，随着认知的不断深入，逐渐构建起一个多层递进的层级结构。在该分层递阶知识空间的每一个层次上，人们对事物的认知是清晰的、明确的，因此，人们可以站在不同的层次，借助这些层次上不同粒度的知识来分析问题和解决问题。也即是说，人们从不同层次分析和处理问题，只是从不同的知识粒度来理解和分析这些问题而已。

如果人们要形成对事物的完整认知，则需要将这些不同层次上的不同粒度大小的知识单元进行整合，进而形成对整个事物全面而系统的认知[42]，构建有关该事物的知识体系。由此可见，人类的认识过程是一个在分层递阶知识空间中不同层次之间往返交互，在不同粒度大小的知识单元之间反复感知知识，进而达到对事物的全面认知的过程。人类的认知模型，如图 2-1 所示。

从图 2-1 中可以看出，人类认知的重要作用在于不仅可以从不同的知识粒度上分析问题和解决问题，而且可以借助"知识粒化"和"知识组织"等认知能力[43]，快速地从一个知识粒度层次跳到另一个知识粒度层次，在整个知识粒度空间中自由往返。具体来说，在人类认知过程中，一方面人们通过对不同粒度层次上的知识的组织，可以将低层次的细粒度的知识单元转化为更高层次的粗粒度的知识单元，表现为一个较为特殊的下位概念到一个较为一般的上位概念的映射；另一方面，人们通过对不同粒度层次上的知识的粒化，可以将高层次的粗粒度的知识单元转化为低层次的细粒度的知识单元，高层次的粗粒度的知识单元揭示了事物的宏观结构体系，而低层次的细粒度的知识单元则从不同角度揭示了事物更详细的信

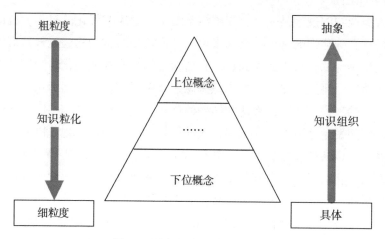

图 2-1　认知过程的多粒度模型

息。[44]人们通过这种多层次多粒度的认知，可以不断地从一个知识单元层次跳到另一个知识单元层次，从而达到多粒度、多角度地对事物进行完整理解的目的。

（3）认知结构

人类实践认知的实质在于认知结构的主动构建。所谓认知结构，是指人们在认知的基础上形成的存储于人脑中的知识结构，它是人们头脑中已有观念的全部内容及其组织，是对习得知识内容的一种内部表征。认知结构具有内容和组织结构两个方面的特征。[45]从认知结构的内容来看，主要是由人们已掌握的事实、概念、命题、理论等构成。从认知结构的组织来看，著名科学家钱学森先生指出：任何一个复杂系统都是一个具有层次结构的系统[46]，诸如复杂细胞网络、蛋白质相互作用网络[47]、复杂社会网络[48]等都广泛存在多层次特性，这里的层次就是粒的概念，人类的认知结构来自对自然或人工系统的观测、记录、归纳等认知行为，这就意味着反映复杂系统形态及运动规律的认知结构在组织上也必然隐含着由这些系统所决定的多层次或多粒度的特征。具体来说，人的认知结构具有以下几个方面的特点。

1）个性化

所谓认知结构的个性化，是指人们认知结构的差异性。由于每个人已有知识基础、所处环境、学习方式、心理状态等的差异，导致人们形成的认知结构以及认知结构的表征方式也不尽相同，从而使得人们的认知结构表现出极大的差异性，也即具有个性化的特点。

2）构建性

人类认知的过程是一个认知结构不断重新组织和优化的过程，也即认知结构具有构建性的特征。具体来说，人们认知结构的构建过程是借助概念同化来实现的，首先，人们在已有认知结构中查找能同化新知识的相关概念，而后，将这些概念与新知识概念建立关联，从而达到消化和吸收新知识的目的，进而实现已有认知结构的优化。按照认知结构中已有概念与新概念之间发生联系的方式不同，人的认知结构的构建过程可以划分为三种模式：下位认知模式、上位认知模式和组合认知模式。所谓下位认知，是指新概念相对于人的已有认知结构的相关概念来说，内涵比较专指，属于下位概念，如果在认知的过程中，人们依据认知结构中的上位概念去认知新的下位概念，则被称为下位认知。反之，所谓上位认知，是指人们依据认知结构中已有的下位概念去理解和把握新的上位概念。而所谓组合认知，则是指人们依据认知结构中的已有概念去理解和吸收同位概念的方式。由上述分析可知，人们在实践认知的过程中，通常采取的是多层次阶梯的理解与组织模式。

3）层次性

人们通过对现实世界的下位认知、上位认知和组合认知，通常会构建起一个从底层的内涵比较专指的具体概念到高层的内涵比较泛指的抽象概念的多层次的塔状结构，也即认知结构。层次也即粒度，不同层次的知识粒度也不同。也即是说，人们的认知结构在一定程度上反映了人们对世界不同粒度层次上的认知。具体来说，最底层的基本概念内涵通常比较专指，与人们的感知直接相关，高层的抽象概念内涵通常比较泛指，不仅来源并依赖于低层次上的具体概念，而且其内涵也需要通过低层次上的概念进行解释。由此可见，人们如果想有效地解决实践问题，就需要掌握知识的多粒度层级结构，并能够依据问题的特性有针对性地筛选和灵活使用某一粒度层次上的知识单元，从而提高问题解决的效率。

4）情境性

认知结构的情境性体现在其过程依赖的特征。从本质来讲，认知结构不应仅仅是对现实世界的认知结果，而应该是与情景紧密结合的知识内容。这是因为无论是知识的形成过程还是知识的应用过程，都只有在特定情景下才有意义，脱离情景的知识是不存在的。

5）良构性

认知结构的良构性表现在其知识层次分明、知识结构完善、知识形式独特而且极富启发性上。如果人们的认知结构是模糊的，知识之间缺乏联系，那么人们对事物的认知将是混乱不清的，只是对知识的简单堆砌，无法帮助人们对知识进行总体把握，也不利于人们对知识的记忆和灵活应用。因此，形成结构优良的认知结构是人们实践认知的核心任务。一般说来，结构良好的认知结构通常具备帮助人们认知和理解新知的功能、知识的整合与迁移功能、知识的检索与预测功能、知识的推演与扩展功能和知识的指导与策划功能等。

（4）认知传承

认知的结果是形成对事物本质和规律的认知，也即知识，因此，人类认知的传承从本质上来说可以被视为知识的传承。在知识传承过程中，知识生产者首先通过自身的实践认知，形成对事物本质和规律的认知，创造出新的知识，而后，知识生产者借助某种编码化方法（如符号、文字、公式等）将认知过程中形成的新知外化出来，并按照知识之间的语义关系把通过科学研究获得的新知按照某种篇章（标题、作者、结构、章节、段落、语句、语词）和逻辑结构（文献主题、章节主题、段落主题、句子主题等）组织起来，形成更为粗粒度的知识单元，也即科技文献。由此可见，知识生产者的知识生产过程是一个通过知识组织使知识粒度不断变大的过程。科技文献的写作是一个在不同粒度、不同角度上逐步展开的过程，无论是其篇章结构，还是其逻辑结构，常都表现出多粒度的层级结构。知识消费者的知识学习过程，则是依据已有的认知结构，在科技文献中有选择性地从不同角度去阅读和理解科技文献中的知识内容，通过对科技文献的阅读获取科技文献中包含的各种粒度大小的知识单元，并将科技文献中的知识单元不断与自身的已有认知结构相融合，从而产生新的知识单元。由此可见，知识消费者的知识学习过程是一个将粗粒度的知识单元（科技文献）逐渐细化为与自身知识结构相匹配的细粒度的知识单元（知识点）的过程。从很大程度上来讲，科技文章在知识交流上的有效性取决于人们对知识粒度的掌握与灵活应用。[49]知识传承的基本流程，如图 2-2 所示。

从图 2-2 中可以看出，人类的认知传承以科技文献为媒介，通过知识粒化、吸收、关联和组织达到认知结构优化及知识传承的目的。具体来说，认知传承的整个过程可以划分为两个阶段："知识内化"和"知识外化"。在知识内化的过程中，知识消费者通过知识粒化将粗粒度的科技文献知识单元细化为细粒度的与自身已有认知结构相匹配的知识单元，进而有助于知识消费者通过同化和顺从实现新知识单元与自身认知结构的融合，从而实现认知结构优化。由此可见，知识内化的过程是一个知识粒度

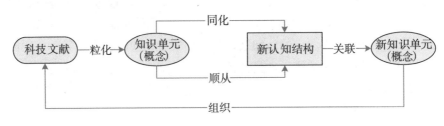

图 2-2   知识传承

变小、语用增强的过程。反之，在知识外化的过程中，知识生产者将通过实践认知获得的新知识单元，通过关联、组织生成粗粒度的知识单元（科技文献），实现知识的序化和显性化，从而便于知识消费者的系统消化和理解。由此可见，知识外化的过程是一个知识粒度逐渐变大、语义逐渐增强的过程。通过上述分析可知，人类认知传承的过程是一个伴随着知识粒度由小到大和由大变小的螺旋循环上升的过程，体现出多粒度的特征。

2.2.1.2   基于认知理论的多粒度层级知识分割的一般规律探析

综上对认知工具（概念）、认知过程（认知模型）、认知结果（认知结构）、认知传承（知识传承）等的分析，不难发现它们均体现出多层次、多粒度的结构模型特征。数字图书馆作为知识服务的提供者，其知识组织和知识服务方式只有符合人类认知的多层次、多粒度的结构模型，才能更好地满足人们的知识需求，为人们提供更有效的知识服务。为此，就需要对数字图书馆存储的海量科技文献资源进行多粒度层级知识分割。由此可见，认知理论为数字图书馆科技文献多粒度层级知识分割提供了强有力的支撑，具体表现在以下几个方面。

①作为人类认知工具的"概念"，具有多层次、多粒度的结构特征。概念作为对事物本质内涵的界定，往往可以作为知识单元的标识来看待。因此，可以依据"概念"的多粒度特征，通过对作为知识单元标识的"概念"的分析，来识别出多种粒度大小的知识单元，从而帮助数字图书馆实现对科技文献的多粒度层级知识分割。

②由人类多层次、多粒度的认知过程模型可知，人们往往从不同层次的知识粒度上分析问题和解决问题，通过对知识的粒化实现从粗粒度的知识单元层次向细粒度的知识单元层次递进，通过对知识的组织实现从细粒度的知识单元层次向粗粒度的知识单元层次跃迁，实现在多粒度知识空间的自由往返，从而实现对知识的全面认知。数字图书馆作为辅助人们认知

的平台，若要更好地满足人们认知过程中产生的多粒度知识需求，就需要通过知识划分和知识组织，实现对数字图书馆科技文献资源多粒度层级知识空间的构建。通过知识划分，将科技文献分割为细粒度的知识单元，降低科技文献中复杂知识内容的难度，实现知识的简化，以易于人们对知识的获取、理解、消化和吸收。通过知识组织，识别细粒度知识单元之间的语义关联，实现细粒度知识单元的关联化，以合并成粗粒度的知识单元，构建知识架构，从而帮助人们在总体上对知识进行认知，把握知识的全貌。

③多粒度、多层次的认知结构作为人头脑中的知识结构，不仅是人类认知的产物，而且是人类进一步认知的基础。人类的知识需求通常是由人的认知结构异常状态导致的[50]，认知结构的这种异常状态由内因和外因两个方面所决定。内因也即人的已有认知结构，对人的知识需求起决定作用，外因也即人的问题空间，对人的知识需求起刺激和诱发作用。人们知识需求的主题内容和知识粒度的大小从本质上来说就取决于人们已有认知结构与解决当前问题所需要的知识之间的差异性。有鉴于此，数字图书馆若要真正实现知识服务的个性化，就需要对科技文献进行多粒度层级知识分割，以满足人们多粒度的知识需求。

④由认知传承的过程可知，数字图书馆中的科技文献作为知识传承的媒介，载荷着大量的知识内容。科技文献作为知识的载体，包含的知识内容较多，通常被视为粗粒度的知识单元，然而人们在学习、理解和吸收科技文献中的这些知识内容时，却是以细粒度的知识单元（知识点）为单位的。由此可见，数字图书馆要想降低人们的认知负担，帮助人们准确获取所需要的知识内容，提高科技文献中知识内容的易用性，就需要将科技文献进多粒度层级知识分割。

2.2.2　科技文献多粒度层级知识分割的意义构建理论

2.2.2.1　意义构建理论概述

意义构建理论（Sense-Making Theory）始于 20 世纪 60 年代，是由美国学者布伦达·德尔文通过对人的主体性、信息的本质以及传递过程进行深入思考的基础上提出来的，是一种以传播学、构建主义等理论为基础的理论方法。意义构建理论的基本假设包括：首先，个体处于运动状态；其次，个体所处的世界是不完善的；接着，个体需要通过认知跨越认知差距；而后，意义构建与情境密切相关；最后，意义构建伴随着信息查询。

该理论的核心内容是信息具有不连续性以及情境对具有主体性的人在信息渠道与内容选择时的影响性。经过多年的发展，意义构建理论在很多领域得到广泛的应用，并使得其内涵不断丰富。其中比较有代表性的便是以用户为中心的意义构建理论，该理论是 Brenda Dervin 在 Dewey[51]、Taylor[52]、Artandi[53] 等的研究基础上于 1972 年提出的。[54]所谓意义，是指知识之间存在的非任意的本质上的联系，意义在本质上来看就是联系。因此，意义构建也就是建立联系。意义构建理论认为人类的认知学习实质上是人类通过与外部环境不断交互，主动构建内部认知结果的过程。意义构建包括横向的意义构建和纵向的意义构建。

(1)横向意义构建

横向的意义构建主要是指人的认知结构与知识之间联系的建立。横向的意义构建需要一定的条件。只有当人已有的认知结构与要吸收的知识之间存在一定的交叉，横向的意义构建才可能发生。交叉的程度越大，人们进行横向意义构建越容易，速度也越快；反之，交叉的程度越小，人们进行横向意义构建越难，速度也越慢。

(2)纵向意义构建

纵向的意义构建则是指人的认知结构中联系的自顶向下细化与自下而上的抽象。[55]自顶向下细化的意义构建是对自身认知结构中已有联系的细化和分析，是联系的自顶向下的构建过程；自下而上的意义构建是指由多个具体的联系概括抽象为一个新联系的过程，在这个过程中涉及联系自底向上的抽象。

通过上述分析，不难发现知识是人们通过意义的构建来获得的。意义构建的本质就是建立联系。这种联系发生在横向的知识客体与人的已有认知结构之间。因此，意义构建的目的就是将人的已有认知结构与知识之间建立联系，从而实现知识的消化和吸收，转化为认知主体的能力。具体来说，意义构建包含以下基本属性。

(1)自主构建

意义构建理论强调个体的主观能动性，认为个体的认知学习过程并不是被动地接受知识的过程，而是主动完成意义构建的过程。在该过程中，个体根据自身所处的情境，依据自身已有的认知结构对外部知识进行意义构建，也就是说，个体的意义构建是建立在自己原有认知结构基础之上的，对新的知识进行编码，构建与已有认知结构的关联，从而形成自己的认知结构。[56]通过上述分析不难发现，自主构建作为意义构建对主体的规定，是意义构建理论最核心的规定。

（2）情境创设

个体的意义构建行为是在特定的时空中发生的，影响着个体的意义构建行为，由此可见，情境对于人的认知来说具有重要的价值。意义构建理论也将情境放在非常重要的位置，情境对意义构建的影响主要体现在以下几个方面：首先，对于同一个体来说，当其处在不同的情境中时，相同的知识内容往往具有不同的意义；其次，在相同的情境中，不同的个体由于已有认知不同，对相同的知识内容可能会产生不同的理解；最后，知识的接受者与知识的生产者由于处于不同的情境之中，因此知识接受者所理解的知识内涵与知识生产者的本意很难达到一致。通过上述分析不难发现，意义构建受到情境的深刻影响，脱离特定的情境意义构建也就成为没有根基的"空中楼阁"[57]，因此，为帮助个体进行有效的意义构建，就需要为其创设良好的情境。

（3）协作会话

协作会话贯穿意义构建过程的始终，协作会话在知识的搜集、分析、假设的提出与验证、评价等环节都具有非常重要的意义。协作会话使得每个个体的认知结果能够在整个群体中进行有效共享，由此可见，协作会话是实现意义构建的重要途径。[58]

意义构建理论发展至今，主要有四种模型表达方式：三角模型、四要素模型、隐喻模型和情境中的意义构建模型。

（1）三角模型

意义构建理论的三角模型认为，意义构建的过程主要由情境、鸿沟和使用构成（如图 2-3 所示）。其中"情境"是指个体在认知过程中遇到的问题背景，具体来说是指问题发生的时间和空间；"鸿沟"是指个体在解决认知过程中遇到问题时产生的知识缺口，该知识缺口是由个体已有认知结构与解决问题时所需要的知识之间的差距导致的，通常表现为解决问题时的不确定性，这种不确定导致个体的不安心理，进而也就决定了个体产生对知识的需求，需要进一步补充相关知识，也即由于个体知识的不完备性所形成的理解差距；"使用"是意义构建的结果，具体是指在特定的情境下个体通过将客体知识与自身已有认知结构建立关联所形成的新的意义。

（2）四要素模型

随着意义构建理论的发展，人们逐渐认识到意义构建的三角模型并不完善，并未将意义构建的基本流程解析清楚。这是因为事实上在情境和使用之间存在一个为解决特定情境下的实践问题个体必须跨越的知识鸿沟。个体为了跨越该知识鸿沟，解决知识欠缺的问题，就需要一个能够满足个

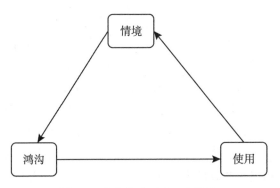

图 2-3   意义构建理论三角模型

体知识需求的桥梁或中介，以帮助个体获取所需要的知识。据此，在意义构建理论的三角模型的基础上也就形成了由情境、鸿沟、桥梁和使用构成的意义构建理论的四要素模型（如图 2-4 所示）。在该模型中，将帮助个体解决知识欠缺问题的桥梁引入进来。

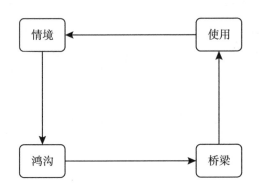

图 2-4   意义构建理论四要素模型

（3）意义构建的隐喻模型

为帮助人们理解意义构建的内涵，德尔文（Dervin）借助人文社会科学的隐喻方法提出了意义构建的隐喻模型（如图 2-5 所示）。从图 2-5 中可以看出，个体的意义构成过程正如个体在认知的道路上前行，个体处在某一特定的情境之中不断前行，在行进的过程中，个体不断地进行意义构建，当由于自身的认知缺乏，遇到非连续性时，就形成了不可跨越的认知鸿沟，使得其行进的步伐不得不停顿下来，如果不能构建出新的意义，个体将很难前进，为此，就需要借助一个桥梁来跨越认知鸿沟，找出解决问题的办法，使得个体产生了对知识的需求，进而借助新获得的知识完善或改进自身的认知结构，从而达到问题解决的目的，使自己能够继续前行。

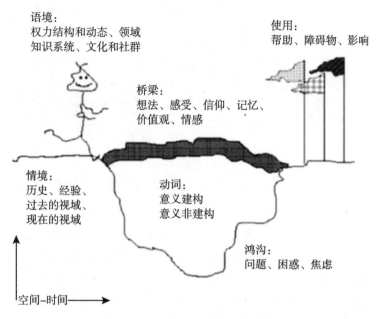

语境：
权力结构和动态、领域知识系统、文化和社群

使用：
帮助、障碍物、影响

桥梁：
想法、感受、信仰、记忆、价值观、情感

情境：
历史、经验、过去的视域、现在的视域

动词：
意义建构
意义非建构

鸿沟：
问题、困惑、焦虑

空间–时间

图 2-5　意义构建理论隐喻模型[59]

(4)情境中的意义构建模型

Kari[60]认为，无论是三角模型、四要素模型还是隐喻模型，在逻辑上具有一定的缺陷，这是因为这些模型都没有区分知识构建过程中各元素的相对重要性权重。这些模型都认为，每个元素在意义构建模型中具有相同的重要性，这显然是不科学的。例如，情境相对于桥梁、鸿沟、使用三个要素来说，重要性是不完全相同的，情境作为个体认知发生的时间和空间，对个体整个认知过程都产生着重要的影响，这是因为整个意义构建过程都发生在情境之中。在上述分析的基础上，Kari 提出了情境中的意义构建模型(如图 2-6 所示)。该模型将意义构建过程中的桥梁、鸿沟、使用三个要素置于情境之中，能够更加准确地揭示个体认知的过程。

2.2.2.2　基于意义构建理论的多粒度层级知识分割的一般规律探析

从意义构建理论的基本内容可以看出，个体的认知行为发生在特定的情境之中，个体在解决认知实践过程中遇到的问题、跨越知识鸿沟时，首先是依据自己已有的认知结构，对客观知识内容进行查找，也即查找与自

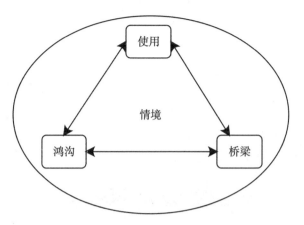

图 2-6　情境中的意义构建模型

身所掌握的知识相关的有意义的知识；而后，进行自主构建，将查找到的客观知识内容与自身已有认知结构相关联，通过意义构建，建立个体新的认知结构；最后，在该认知结构的帮助下，个体解决自己在认知过程中所遇到的问题，跨越知识鸿沟。上述过程可能是多次螺旋上升的过程，在该过程中个体的认知结构得到不断优化。意义构建的上述理论为基于知识元的科技文献多粒度层级知识分割提供了重要的理论支撑，具体体现在以下几个方面。

　　首先，意义构建理论指出，个体的知识查询和使用行为在本质上是一个自主构建的过程，而不是被动接受的过程。自主构建事实上就是个体将自身的认知结构与客观知识内容相互融合的过程。由于个体的认知结构具有多粒度、多层次的特征，为了易于个体对客观知识内容进行查询、吸收和使用，就需要对客观知识内容，如科技文献进行多粒度的层级分割，构建科技文献多粒度的层级知识结构，只有这样才能更好地建立客观知识内容与个体主观知识结构的融合，解决认知过程中遇到的知识鸿沟问题，获取新的认知，实现个体认知结构的优化。

　　其次，意义构建理论指出，个体的知识查询和使用行为是一个高度情景化的行为，个体知识需求的产生依赖于个体在特定时间和空间中遇到的实践问题，决定了知识需求的内容，而知识需求量的多少，也即知识粒度的大小，取决于在特定的问题情境中个体已有认知结构与解决问题所需的客观知识内容的差距，也即知识鸿沟的大小。问题情境越复杂，知识鸿沟越大，导致个体已有认知结构与问题情境之间的差距越大，个体所需要补充的知识内容越多，便会产生对粗粒度知识的需求，反之，问题情境越简单，知识鸿沟越小，个体已有认知结构与问题情境之间的差距也会越小，个体所需要补充的知识内容越少，知识需求的粒度也越小。由此可见，情境在一定程度上决定着知识鸿沟的大小与类型，也即决定着用户所需知识内容的类型和知识粒度的大小。因此，为满足人们多粒度的知识需求，数字图书馆就需要对科技文献资源进行多粒度层级知识分割，根据个体所处的情境不同，提供最适合的知识粒度，而不只是提供以科技文献为单位的粗粒度的知识服务，造成知识服务的过载或冗余。

2.2.3　科技文献多粒度层级知识分割的知识元理论

2.2.3.1　知识元理论概述

美国学者弗拉基米尔·斯拉麦卡于 20 世纪 70 年代提出知识元的概念。他指出，人们急需将知识的控制单位从文献单元深化到文献中载荷的数据、公式、事实等最小的且独立的"知识元"。[61]国内著名学者马费成教授也指出，知识的描述与组织需要从以文献为单位的物理层次向以知识单元或情报单元为单位的认知层次发展。[62]徐如镜也指出，当前知识组织的方式仍停留在以文献为单元的层次上，而人们对文献中知识的认知和学习则需要深入文献细粒度的知识元层面[63]，为此急需将数字图书馆知识组织的方式从文献单元深入到细粒度的知识内容单元。当前人们已经对知识元进行了广泛而深入的研究，形成了知识元理论。接下来，本书将详细论述知识元内涵、知识元抽取、知识元表示和知识元链接的相关内容。

（1）知识元内涵

所谓知识元，是指构成知识结构的不可再分割的具有完备知识描述能力，能够进行独立知识表示、知识识别、知识处理与组织的基本知识单位[64-68]，可以是概念、方法、数值等知识单元。科技文献作为知识的载体，其知识结构包括大量知识元。知识元是科技文献知识结构的最基本单位和结构要素。从知识元的内涵可以看出，知识元具有以下特征。

1）独立性

独立性是指知识元在内容上可以独立表达一个完整的知识内容，使得知识元可以成为一个相对独立的知识单位。例如知识元能够完整描述一个概念、方法、事实等。

2）稳定性

知识元作为最细粒度的知识单元，是组合成新的知识单元的要素，与粗粒度的知识单元相比，具有相对稳定性。具体来说，知识元的稳定性是指知识元一旦产生，就可以持久地存在且很少发生变化。

3）拓扑性

拓扑性是指知识元之间通过各种语义链接形成的纵向、横向的层次和交叉关系，构建较为完整的结构体系，具备完整的结构，可以用来表达完整的知识内容。

4）链接性

知识元作为最细粒度的知识单元，可以借助知识元链接自由组合，从而生成新的知识单元。知识元的链接性就是对知识元这一特性的揭示，具体是指知识元之间通过特定的逻辑关系建立直接或间接的链接之后，可以形成更粗粒度的知识单元，从而实现知识价值的提升和知识创新步伐的加快。

5）完整性

完整性是指知识元可以完整地表达一个知识内容，不可继续进行拆分，知识元中的任何部分被割裂都无法表示一个知识内容，其是"原子"层次的知识单元，是科技文献中可以被使用和管理的最小知识单位。一般来说，一个完整的知识元包括知识单元的外部属性、内部属性和情境属性三个部分。

（2）知识元抽取

知识元的抽取是知识元理论体系中最为关键的内容，这是因为知识元抽取的准确性、覆盖率等直接关系到基于知识元的知识分割的有效性。当前，相关学者对知识元抽取的方法进行了广泛而深入的研究。概括起来，当前有关知识元抽取的方法在总体上可以划分为两类：基于文本结构的知识元抽取方法和基于规则的知识元抽取方法。基于文本结构的知识元抽取方法的核心思想是：通过对文献物理结构（即文献的章、节、段、句等构成的结构）的分析，识别文本的逻辑结构（即文献的主题结构），从中抽取出识别知识元的向导信息；而后依据知识元的向导信息从文献中识别描述知识元的文本内容，最终达到知识元抽取的目的。基于规则的知识元抽取方法的核心思想是：首先，依据向导信息提取主题句；接着，通过句法结构分析构建知识元提取规则；而后，依据主题词和知识元提取规则识别出描述知识元的候选句集合；紧接着，人工从候选知识元语句集合中挑选出描述知识元的语句；最后，将主题词及属性词作为知识元名称，将提取的主题句作为知识元描述，从而实现从科技文献中抽取知识元的目的。

（3）知识元表示

知识元表示是实现基于知识元的高层应用的基础。知识元表示的目的是实现知识元在计算机中的符号化和形式化表示，也即借助各种计算机能够处理的形式，如框架、模型或符号等对知识元进行描述，使得非结构化的知识元形式化、模型化、结构化。为解决知识元的表示问题，当前人们提出了多种知识元表示方法，如树结构知识元表示方法、框架表示方法、N 元组（如二元组、三元组、五元组、六元组、七元组等）知识元表示方法、谓词逻辑的知识元表示方法、产生式知识元表示方法等。其中比较典型的知识元表示方法是：基于框架的知识元表示方法和基于本体的知识元表示方法。其中基于框架的知识元表示方法主要是借助框架体系来对知识元进行描述。框架通常由多个槽组成，而槽又可进一步划分为多个侧面，每个侧面又可以具有多个值，从而构建起一个从不同角度对知识元进行描述的框架体系。基于本体的知识元表示方法主要是借助本体中的概念、概念之间的语义关系来实现对知识元的描述。上述知识元表示方法为知识元表示提供了很好的思路。

（4）知识元链接

从粗粒度的知识单元的角度来看，通过科技文献之间的引用所形成的链接关系属于文献层次的链接。这种链接依赖于知识的载体（文献）。从细粒度的知识元的角度来看，当前有关知识元链接的理解有以下两种方式。一种是将知识元链接视作知识元之间的语义关系，将知识元链接定义为揭示知识元之间语义关系的各种链接，是形成知识结构和知识系统的纽带。另一种将知识元链接作为某种跳转功能，将知识元链接定义为在对知识元之间语义关联关系进行分析的基础上，通过构建知识元之间的链接来实现从一个知识元链接跳转到另一个知识元的功能。为满足数字图书馆用户多粒度的知识需求，需要充分发挥知识元链接上述两个方面的特性；一方面将细粒度的知识元通过知识元链接组合起来，形成更粗粒度的知识单元；另一方面，提供知识元之间的跳转功能，帮助数字图书馆用户从一个知识元跳转到另一个知识元，实现细粒度的知识元导航。

2.2.3.2　基于知识元理论的多粒度层级知识分割的一般规律探析

随着知识经济的发展，知识成为重要的资源，人们对知识的需求比以往任何时刻都迫切。在当前大数据环境下，随着网络技术的发展，人们的知识消费习惯发生了变化，微阅读成为人们重要的阅读方式。在这种背景下，数字图书馆急需改变自身知识组织的方法，将知识控制的单位由物理层次的文献单位深入认知层次的知识内容单元，为此，就需要对数字图书馆科技文献资源进行多粒度知识分割，以满足人们迫切的细粒度知识的需求，提供精准知识服务。知识元理论为数字图书馆多粒度层级知识分割提供了重要支撑。

首先，知识元作为科技文献中最细粒度的基本知识单元，是完整表述一个知识内容的最小单位，具有相对稳定性，为科技文献多粒度层级知识分割提供了最基本的单位。以知识元为单位对科技文献进行多粒度层级知识分割可以有效降低知识单元的错误分割问题，提高多粒度层级知识分割的准确性。

其次，知识元作为构成科技文献知识结构体系的基元具有较高的组配特性，不同的知识元可以依据知识元之间的语义关系，借助知识元链接灵活地与其他知识元进行组配，融合成更粗粒度的知识单元，不同粒度大小的知识单元借助知识元链接又可以构成各种知识网络，可见，知识元链接可以为科技文献多粒度层级知识分割提供重要的语义信息，依据这些语义信息可以在知识元的基础上识别出更粗粒度的知识单元，进而提高对科技文献进行多粒度层级知识分割的精度和准确性。

2.2.4 科技文献多粒度层级知识分割的知识基因理论

2.2.4.1 知识基因理论概述

知识基因理论起源于英国著名遗传学家道金斯（R. Dawkins）提出的思想基因理论。该理论认为，人类的思想不是一成不变的，会随着时间和空间的变化而不断地演化，具有与生物体一样的演化过程，思想基因具有稳定性和变异性两大特征。思想基因理论从遗传学的角度分析了人类思想的演化规律，这为知识组织提供了重要的借鉴。知识组织也应该能够识别知识的基元，并从知识基元出发，解析知识的构成、相互关联机制、进化机制等，从而为知识组织提供理论、方法与技术的支撑。事实上，从本质上来看，知识的产生、发展与老化过程同生物体的进化有着惊人的相似之处[69]，为此，知识基因理论被人们提出来，为我们提供了新的研究逻辑起点和视角。

1. 知识基因的内涵

知识基因理论的基本思想认为，知识的发展过程以知识基因的遗传和变异运动为主要特征。知识基因是知识进化（知识集成与发展）的最小功能单元。[70]知识基因具有稳定性、遗传性、变异性和定向控制知识进化的功能，知识基因的这些功能特性之间是相互联系、相互影响和相互作用的，它们共同构成一个完整的不可分割的体系。接下来，本书将详细论述知识基因的上述功能特征。

（1）稳定性

知识基因的稳定性是知识遗传的必要保障。具体来说，知识基因主要表现为知识内容不易变化、知识的含义与本质能够持久地保持稳定的状态。知识基因的稳定性反映了人们对事物的认知在一段时间内保持不变的特性。需要指出的是，并不是所有的知识都具有稳定性，只有那些能够经受住考验、实践检验为正确的、为大家所公认的知识才具有相对的稳定性，才可以被视作为知识基因，被传承下来。此外，知识基因的稳定性是相对的，其稳定程度在很大程度上取决于其对规律揭示的完整性和彻底性，但知识基因不可能永远不发生变化。

（2）遗传性

知识基因的遗传性是知识基因持久存在的根本。所谓知识基因的遗传性，是指知识在知识生产者、知识传授者、知识接受者等之间传播继承的性质，反映了知识形态之间的继承关系。

（3）变异性

知识基因的变异性则是知识基因衍生的来源。所谓知识基因的变异性，是指知识在遗传的过程中发生的知识基因基本内容的变化。知识基因的这些变化可以是被同化、被改进、被否定等。知识基因的变异性则反映了知识形态之间的发展关系。

（4）定向控制知识进化

知识基因定向控制知识进化的能力体现其统摄知识走向的能力方面。知识基因作为学科知识的奠基石，往往决定着学科知识的走向。但是需要指出的是，知识基因只能影响学科知识发展的大致方向，而不能预测学科知识进化的具体路径。这是因为学科知识发展的具体方向还受到一些随机因素的影响。

2. 知识基因的类型

知识基因包含多种类型，依据知识基因的功能，知识基因可以分为客体基因、关系基因、方法基因、范式基因和学科基因等五大类。① 其中客

①　刘值惠. 知识基因探索(二)：第二讲 知识基因的类型[J]. 情报理论与实践，1998，21 (2)：126-128.

体基因、关系基因和方法基因属于单基因，而范式基因和学科基因则属于复合基因。

(1)客体基因

客体基因大多表现为科学概念的形式，是认知主体对事物对象本质规律的反映。客体基因可以划分为六个范畴：物质范畴、运动范畴、能量范畴、信息范畴、空间范畴和时间范畴。它们是对所有学科知识中基础概念的揭示。其中物质范畴主要是指自然界和人类社会中存在的客观事物，如对象、事件等。运动范畴主要是指客体对象发生的变化，如物理运动、化学运动等。能量范畴主要是指客体运动的动力，如机械能、电能等。信息范畴主要是指客体在属性上的差异性。空间范畴是指客体所处的空间。时间范畴主要是指客体运动的持续性。

(2)关系基因

所谓关系基因，是指能够揭示客体之间关系的知识。客体之间存在多种关系基因，概括起来，可以划分为四大类别：因果关系、整部关系、共性关系和相似关系。因果关系是客体之间存在的原因和结果的关系。整部关系是指客体之间的包含与被包含关系。共性关系是指客体之间存在的一些相同之处。相似关系是指客体之间存在的一些相类似之处。

(3)方法基因

方法基因是指人们在认识客体的过程中所使用的具有稳定性和持久性的一些基本方法，包括手段、程序、途径等。依据抽象程度的不同，方法基因可以划分为哲学方法、普适的科学方法和特殊的专门方法三个类别。哲学方法是最抽象的方法基因，位于方法基因的最高层，对其他方法起到一定的引导作用。普适的科学方法具有一般性，被广泛应用到多个学科领域。特殊的专门方法往往仅适用于某个特定学科的专门方法。

(4)范式基因

范式基因是指那些较为成熟的为学科专家所共同遵守的能够指导知识走向的规范，包括认知图示和思维范式。认知图式是指为科研人员所共同遵守的认知准则和认知形式结构。思维范式是指科研人员共同遵循的稳定的具有普遍性的思维习惯。范式基因作为复合基因是由客体基因、关系基因、方法基因凝聚起来的，是复合基因。

(5)学科基因

学科基因是指是以范式基因为基础，由客体基因、关系基因、方法基因有机聚合而成的知识基因，因此，学科基因也是一种复合基因。学科基因包括13个一级学科。

3. 知识基因的演化

知识基因的演化主要是通过知识基因的遗传与变异来实现的。知识基因理论也主要是从知识基因遗传与变异的角度来探索知识的演化过程的。知识基因理论有效地揭示了知识继承和发展的基本过程，揭示了知识生产、知识传播与知识交流的流程，对于人们有效地利用知识单元来说具有重要的指导意义。具体来说，知识基因的遗传功能主要是通过人们对知识的学习来实现的，而知识的变异则主要是通过知识的实践应用来达到的。人们在应用知识解决实践过程中遇到的问题时，伴随着知识基因的创新过程，从而导致知识基因的变异。人们通过实践活动对知识基因进行删减、增补、优化和改进等加工改造之后，便生成了知识基因的变异体。这些新生成的知识基因变异体是否可以作为新的知识基因的形式存在，取决于知识优胜劣汰的自然选择法则的考验，如果经受住考验，为人们广泛认可，则该知识基因变异体便成为新的知识基因，完成知识的进化。

然而，需要指出的是，知识基因的上述功能必须依附于更大的知识机体才能实现。这些知识机体主要是由多个知识基因通过相互关联组合而成，这些知识有机体被称为"知识 DNA"，如公式、法则、定理等知识大分子。[71]这些大分子的知识 DNA 与其适用的范围、环境和条件等又共同构成了揭示相关原理的更大的知识单元，也即"知识细胞"，具体包括理论、学说、主义等。在每个知识细胞中，知识 DNA 可以被视为细胞核，是知识细胞最核心的基本组成部分；而任何知识细胞都有其特定的适用范围和特定的限制条件等，知识细胞离开了这些条件，其作用和价值也就无效了，因此，知识细胞的外部适用范围、环境和限制条件是细胞质，它是知识细胞的辅助部分。最后，若干个知识细胞通过相互作用，有机结合形成知识网络，也即某个学科的知识体系，通常被形象地称为知识器官。

2.2.4.2　基于知识基因理论的多粒度层级知识分割的一般规律探析

知识基因理论从知识继承和变异的角度描述了知识演化的过程，揭示了知识基因、知识 DNA、知识细胞、知识器官等知识多粒度演化的特征，这给基于知识元的科技文献多粒度层级知识分割提供了重要的理论支撑。

首先，知识基因作为最小功能单位，从知识进化的功能角度来看，不能再进行分割，是一个相对独立的知识单元。与知识元相比，知识基因除了具备完整表达某个特定知识内容以外，还需具备遗传和变异的能力。由此可见，只有那些具有稳定性、遗传性、变异性、统摄性的知识元才可以成为知识基因。其实质是最小的能够控制知识完整表达的结构和功能的基本知识单位。知识基因的上述功能特征给基于知识元的科技文献多粒度层级知识分割过程中知识元的识别带来很大的启示。可以将学科领域所有科技文献中那些具备相对稳定性的知识元作为知识基因加以识别和抽取，由于知识基因的相对稳定性和遗传性，在对该学科领域中新的科技文献进行基于知识元的知识分割时，就可以依据这些知识基因进行，不至于重复进行知识元的识别和抽取，降低工作量。

其次，基于知识基因理论，人们就可以从知识基因开始，按照知识基因、知识 DNA、知识细胞、知识器官的进化图谱重新构建各种粒度大小的知识单元组织体系。这给基于知识元的科技文献多粒度层级知识分割中知识结构体系的构建带来很大的启示。具体来说，在对科技文献进行多粒度层级知识分割时，可以首先识别出科技文献中的知识基因，而后，依据知识进化方式进行聚类，生成各种更粗粒度的知识单元，构建知识单元的多粒度层级知识结构，实现对科技文献知识内容的多粒度层级知识组织。

2.2.5　科技文献多粒度层级知识分割的知识构建理论

2.2.5.1　知识构建理论概述

知识构建(Knowledge Architecture，KA)是吸收了信息构建(Information Architecture，IA)理论的相关思想，基于知识管理的相关理论提出来的。信息构建是知识构建的基础，而知识构建则是对信息构建的进一步发展。与信息构建相比，知识构建是一种更高层次的资源构建形式，更重视信息向知识的转化，具有知识的组织、知识的标识、知识的导航与知识的检索功能，是一种对知识资源进行优化组织与整合的结构体系，可以为用户提供更加和谐的知识生态环境，以便于用户对知识的理解和吸收。由知识构建的内涵可以看出，知识构建的目标是实现知识的清晰化和可理解化，通过知识结构的展示与知识空间的优化最终实现知识、用户、情景的高度融合。

知识构建的过程伴随着知识粒度的转变，在该过程中知识将沿着知识元→知识单元→知识结构→知识空间的过程转化。知识构建使得知识向着日益清晰化和可利用化递进。依据知识状态的上述转化过程，本书将知识构建的基本流程概括为如下几个步骤。

(1)知识元的识别与抽取

知识元作为最细粒度的独立知识单元是知识构建的基元。因此，从科技文献中识别和抽取出知识是实现对科技文献知识构建的首要环节。知识元可以被视为知识构建的知识之砖，基于知识元可以合成跟粗粒度知识单元，进而构建知识"大厦"。因此，知识元识别和抽取的准确性在本质上就决定了知识构建的效果。知识元的识别与抽取有多种方法，如基于规则的方法、基于机器学习的方法等。这些方法各有优缺点。

(2)知识单元的生成

知识元链接是实现知识构建的枢纽。科技文献作为知识的载体，在逻辑上可以被视为最粗粒度的知识单元。在科技文献和知识元之间还包含着各种粒度大小的知识单元。知识元链接为识别出科技文献中这些不同粒度大小的知识单元奠定了基础，借助知识元链接可以将逻辑上相关的知识单元关联起来，组合成更粗粒度的知识单元。知识元连同这些知识单元是构建知识空间也即知识结构体系的关键，可以为知识构建的知识组织系统提供基本对象，因此，知识单元的生成可以为知识构建提供重要的基础，从而将知识管理的对象从物理层次的文献单元深入认知层次的知识内容单元。

(3)知识结构识别

完成了知识构建基本对象的抽取和生成，就为知识构建提供了基本的对象。接下来，为实现知识的构建，就需要识别知识的体系结构。具体来说，就是识别出知识元与知识元之间、知识元与知识单元之间、各种粒度大小的知识单元之间的语义关联，构建有序的知识结构体系。

(4)知识空间构建

识别了知识构建的基本对象和知识结构体系之后，接下来，为对知识进行合理布局，提高知识的易用性，就需要进行知识空间的构建。具体来说，知识空间构建就是采用科学的方式将知识结构、知识单元、知识元等进行合理的空间布局与展示，建立有序的知识空间，从而促进人们对知识的有效获取。

2.2.5.2　基于知识构建理论的多粒度层级知识分割的一般规律探析

知识构建的基本理论和流程，为数字图书馆知识组织和管理提供了重要的思路。很多学者提出要借助知识构建的理论对数字图书馆知识资源进行知识构建，进而使得数字图书馆的知识服务从文献层次深入知识内容层次，提高数字图书馆知识资源的易用性。为此，就需要对数字图书馆的科技文献资源进行多粒度层级知识分割，以识别出知识构建的基本单元，构建基于知识元的知识结构体系。具体来说，知识构建为数字图书馆科技文献多粒度层级知识分割提供了以下几个方面的理论支撑。

　　首先，知识构建的基元是不可再分割的最小独立知识单元——知识元。这为科技文献的多粒度层级知识分割中知识分割单位的选择提供了重要的借鉴。这是因为传统的知识分割方法都是以段落、语句、语句块为单位的，而不是以知识为单位，由于自然语言的复杂性，就不可避免会导致知识的错误分割，将本属于一个知识单元的内容分割开来，而不属于一个知识单元的内容又聚合在了一起。而知识元为科技文献多粒度层级知识分割提供了理想的最小单元，可以有效解决知识分割中遇到的上述问题，提高知识分割的准确性。

　　其次，知识构建借助知识元链接，将知识元关联组合为粗粒度的知识单元。这为科技文献多粒度层级知识分割中知识结构体系的识别提供了重要的借鉴。这是因为科技文献通常表现为层级结构，从科技文献到知识元之间还包含着大量粗粒度的知识单元，而知识元链接为基于知识元构建粗粒度的知识单元提供了重要途径，这为科技文献中层级知识结构的识别奠定了基础。

　　最后，知识构建理论强调知识组织的单位由文献向知识元转化，重视基于知识元链接构建更粗粒度的知识单元，重视知识结构体系的构建。由此可见，以知识元为单位对科技文献进行分割，并识别科技文献的多粒度层级知识结构，既遵循人类认知的基本规律，又符合知识构建的基本要求。知识构建为基于知识元的科技文献多粒度层级知识分割提供了重要的理论支撑。

2.3　频繁规则挖掘方法与技术

2.3.1　Apriori 算法

　　Apriori 算法是一种发现频繁项集的基本方法，即采用迭代的方法，通过项目集元素数目不断增长来逐步完成频繁项目集发现的，其核心是连接步骤和剪枝删除，其中连接步骤是指频繁 $(k-1)$ 项集 L_{k-1} 通过自身连接产生候选 k 项集 C_k，如果 L_{k-1} 中某两个项集的前 $k-2$ 个项是相同的，这两个项集则可连接。剪枝是在 L_k 自我连接后，要遵循任一频繁项集的所有非空子集也必须是频繁的，反之，如果某个候选的非空子集不是频繁的，那么该候选肯定不是频繁地进行修剪。[72]删除则是通过支持度与最小支持度阈值的比较，筛选以构成频繁项集 L_k。

　　设 itemset = {item_1, item_2, …, item_n} 是所有项的集合，其中，item_k(k = 1, 2, …, n) 表示项，项的集合称为项集(itemset)，包含 k 个项的项集称为 k-项集(k-itemset)。一个事务 T 是一个项集，它是 itemset 的一个子集，即 T⊆itemset，使用事务时间作为事务标识符 Tid，每个事务均与一个唯一标识符 Tid 相联系。项集的相对支持度满足最小支持度的阈值为频繁项集，其中，支持度是指数据在数据集中出现的次数占总数据集的比重，最小支持度就是要求事务必须满足的最小支持阈值。因此，基于 Apriori 算法的频繁项集的挖掘步骤，见表 2-1。

表 2-1　基于 Apriori 算法的频繁项集的挖掘步骤

输入：数据项集 D；最小支持度计数阈值 Minsup 输出：频繁项集 L_k
①扫描数据项集 D，构建所有候选项集的集合 C_1，并计算每个项的支持度，去除支持度低于阈值的数据集，得到 1-频繁项集 L_1； ②由 L_1 通过自身连接生成的集合执行剪枝策略产生 C_2，然后扫描所有事务，对 C_2 进行计数，从 C_2 中删除不满足最小支持度的项，生成 2-频繁项集 L_2； ③由 L_2 通过自身连接生成的集合执行剪枝策略产生 C_3，然后扫描所有事务，对 C_3 进行计数，从 C_3 中删除不满足最小支持度的项，生成 3-频繁项集 L_3； ④以此类推，由 L_{k-1} 通过自身连接生成的集合执行剪枝策略产生 C_k，然后扫描所有事务，对 C_k 进行计数，从 C_k 中删除不满足最小支持度的项，生成 k-频繁项集 L_k；若 $L_k = \varnothing$，算法结束

　　基于 Apriori 算法挖掘频繁项集采用了逐层搜索迭代的方法，算法简单易懂，易于实现。但是，它可能仍然需要产生大量候选项集，对于大型交易事务需要多次扫描事务数据库，造成很大的 I/O 负载，存在一定的局限性。[73]并且输出的频繁项集忽略了数据的序列信息。

2.3.2　GSP 算法

　　通常输入的数据一般是一组序列，称为数据序列。每个数据序列都是一个事务列表，每个事务都有一个事务时间，基于此，Srikant 等人提出了 GSP 算法。[74] GSP 算法是对 Apriori 算法的拓展算法，其相关项集 D 以及事物 T 的概念定义与 Apriori 算法相一致，该算法相对于 Apriori 算法的特殊之处在于 GSP 算法引入时间约束、滑动时间窗口和分类层次技术，输出的频繁项集保持着原有的时间序列，以及引用哈希树（Hash Tree）存储数据。该算法首先根据 Apriori 算法生成候选序列，然后扫描数据库计算候选序列的支持度以产生频繁序列。其中，序列（Sequence）表示有序的项集列表，我们将序列 s 表示为 $\langle a_1, a_2, \cdots, a_t \rangle$，其中 a_i 表示一个项，即 $a_i = \{x_1, x_2, \cdots, x_k\}$，$x_j \in I$，$a_i$ 中的元素是按字典序列排序的。基于 GSP 算法的频繁序列模式的挖掘步骤，见表 2-2。

表 2-2　基于 GSP 算法的频繁序列模式的挖掘步骤

输入：数据项集 D；最小支持度计数阈值 Minsup，用户指定的最小间隙和最大间隙时间约束，用户指定的滑动窗口大小

输出：频繁序列 L_k

①扫描数据库，构建长度为 1 的候选序列模式，选取满足条件的项作为初始的种子集 L_1；

②根据长度为 k 的种子集 L_k（k≥1），通过连接操作和剪枝操作生成长度为 k+1 的候选序列模式 C_{k+1}，并利用哈希树存储候选序列，接着扫描数据库，计算支持度，计算每个候选序列模式的支持度，以生成长度为 k+1 的序列模式 L_{k+1}，并作为新的种子集；

③重复第二步，直至没有新的候选序列模式产生，算法终止

Srikant R 等指出，GSP 算法在 Apriori 算法的基础上引入时间约束、滑动时间窗和分类层次技术，增加了扫描的约束条件，限制了包含序列的连续元素的事务集之间的时间间隔，同时还克服了基本序列模型的局限性。另外 GSP 算法利用哈希树存储候选序列，减少了需要扫描的候选序列数量。但是该算法本身仍然存在挖掘效率的问题，如果序列数据库 D 的规模比较大，则可能产生大量的候选序列模式，而且对序列数据库进行循环扫描易产生大量数据，使运算系统消耗增加。

2.3.3　SPADE 算法

为克服 GSP 算法在挖掘过程中的不足，2001 年 Zaki 提出了 SPADE 算法[75]，SPADE 算法的主要思想是基于传统的 Apriori 算法的连接步+剪枝步的经典结合，并利用格技术对频繁序列进行挖掘。即使用垂直 cid-list 数据库格式，将每个顺序与其出现的对象列表以及时间戳相关联，使用格理论方法将原始搜索空间分解为可以在主存储器中独立处理的较小的片段，并且提出了广度优先和深度优先搜索策略来枚举每个格子的频繁序

列。SPADE 算法的主要步骤包括频繁 1 序列和频繁 2 序列的计算。其详细步骤见表 2-3。

表 2-3　基于 SPADE 算法的频繁序列挖掘步骤

输入：序列数据库 D，最小支持度阈值 minsup

输出：频繁序列模式 L_k

①给定垂直 CID 列表数据库，扫描 CID 表一次，生成 1-频繁序列模式集 L_1；

②以 L_1 为基础，将垂直表 CID-list 转换成水平的基于格算法的向量数据库；

③通过枚举的方式在步骤②生成的基于格算法的向量数据库中挖掘 2-频繁序列模式集 L_2；

④以 $L_k(k \geqslant 2)$ 为种子集，将具有相同用户标识符且序列的前(k-1)项相同的两个 k 频繁序列模式按事务发生事件的先后顺序进行连接，生成候选序列模式集 C_{k+1}，扫描 CID 表，确定其频繁性；

⑤重复步骤④，直至没有新的频繁序列产生为止

该算法的最大优点就是整个挖掘过程仅需扫描 3 次或者 1 次序列数据库来最小化 I/O 成本，并通过使用有效的搜索方法(广度优先搜索和深度优先搜索)最小化计算成本。在对序列支持度进行计数时，仅需找到待计数序列在 CID-list 中不同用户标识符 CID 的个数，减少了序列支持度技术的计算时间。[①] 实验证明，SPADE 算法的挖掘效率优于 GSP 算法两倍。但是 SPADE 算法也存在不足之处，当设定的 minsup 较低时，SPADE 算法在挖掘过程中仍会产生大量的候选序列，因此在 GSP 算法中存在的问题也会在 SPADE 算法中出现。

2.3.4　SPAM 算法

为解决常见挖掘算法需要对原始数据库进行多次扫描而花费大量的时间，以及支持度计算影响挖掘效率等问题，Ayres 等人提出了一种基于位图的序列模式挖掘算法 SPAM(Sequential Pattern Mining using A Bitmap Representation)[76]。在序列数据库 D 中，位图是指由 m 行 n 列构成并用二进制数字 0/1 表示的一张二维表，m 是序列数据库 D 中序列项集个数，n 是序列数据库 D 中频繁 1 序列的个数。将序列树中的每个序列看作按照

---

① 杨涛. 基于 PrefixSpan 的序列模式挖掘改进算法研究[D]. 成都：四川师范大学, 2017.

字典顺序经过序列扩展或项集扩展而形成的。一次序列扩展是在原有序列树中纵向加入新事务的一个项，一次项集扩展是在原有序列树的节点中横向加入本事务的一个项。对于得到序列长度逐渐增加的候选序列，利用位图运算，采用并行支持计数，直至挖掘出所有的频繁序列。因此，基于 SPAM 算法的频繁序列挖掘步骤，见表 2-4。

表 2-4　基于 SPAM 算法的频繁序列挖掘步骤

输入：序列数据库 D，最小支持度阈值 minsup

输出：频繁序列模式

①扫描序列数据库，构建所有的 1-频繁序列模式；

②基于第一步中的 1-频繁序列模式生成相应的序列模式为图表；

③采用深度优先搜索策略，通过枚举的方式递归地进行序列的项和项集扩展运算，通过计算进行扩展后的序列在序列模式位图表中的非 0 个数来获得该序列的支持度计数

其中，当首次扫描数据库时，为数据库中的每一个项建立一个纵向的位图，按照 CID 进行排序，当子序列的相应位置出现该项时则置为 1，否则置为 0（序列的大小代表序列中的项集的数）。

SPAM 算法相对于上述算法，在序列模式挖掘过程中只需扫描数据库 2 次，第一次是构建所有频繁 1-序列模式，第二次是生成频繁 1-序列的位图表。该算法将数据库中的序列信息用二进制 0/1 表示并以位图形式存储，节省了存储空间。该算法将并行支持计数应用到序列的模式增长和支持度计算过程中，使得序列的支持度计算高效。但是 SPAM 算法在进行挖掘过程也存在不足。由于该算法是以位图的形式表示，因此只有序列数据库中的序列信息才能够存入内存，挖掘效率才会较高，否则挖掘效率较低。并且由于该算法采用位并行技术，当序列的位图长度超过计算机的字长时，则需要多机器字长来表示一个序列，使得并行技术在计算过程中受到影响，降低其效率。

2.3.5　MEMISP 算法

2002 年，Lin 和 Lee 提出了一种快速序列模式挖掘的内存索引方法 MEMISP（Memory Indexing for Sequential Pattern Mining）[77]，其核心思想是在挖掘过程中利用内存来寻出数据序列和索引，使用递归查找然后利用索引策略从内存数据序列中发现所有顺序模式。其算法挖掘的步骤，

见表 2-5。

表 2-5　基于 MEMISP 算法的频繁序列挖掘步骤

输入：序列数据库 D，最小支持度阈值 minsup

输出：频繁序列模式

①首先遍历扫描数据库，将能够存储在内存的数据以 MDB(Memory Database)的形式存入内存，并查找频繁 1-序列模式 L_1；

②基于频繁 1-序列模式 L_1，采用内存索引的方法得到序列模式；

③系统利用索引、Memory Database 以及给定的最小支持度发现频繁序列模式 C_k。与上述 GSP 算法相似，不断循环往复，直至不再有新的序列模式产生，算法结束

该算法在挖掘过程中只需遍历数据库 1 次，若扫描过程中有不能存入内存的数据，算法执行中会自动将数据库分解为多个部分存入数据库，对每个部分采用 MEMISP 算法找出频繁模式，进而将各部分的序列集合为整个数据库的序列集，最后根据支持度遍历数据库以确定候选集中的频繁序列，这个过程仅需遍历数据库 2 次。因此，该算法在挖掘频繁项集过程中可以有效地挖掘任意大小的序列数据库，不需要多次扫描原始数据库，最多 2 次，而且无需构造投影数据库，并有效地规避了产生大量的候选序列。[78]该算法还具有良好的线性可扩展性，即使最小支持度非常低。

2.3.6　Prefixspan 算法

Prefixspan 算法的主要功能是实现序列模式的挖掘。为借助 Prefixspan 算法实现知识元序列模式的挖掘，本书先对 Prefixspan 算法的一些基本概念进行解释，然后对 Prefixspan 算法的思想和基本流程进行分析，以为基于 Prefixspan 算法的知识元序列模式生成奠定基础。

(1)Prefixspan 相关概念

为较为形象地解释 Prefixspan 算法中涉及的相关概念，本书引出一个实例来加以介绍(见表 2-6)。由表 2-6 可知，总共包含四个序列：<a(abc)(ac)d(cf)>、<(ad)c(bc)(ae)>、<(ef)(ab)(df)cb>和<eg(af)cbc>，它们共同构成一个序列集合，也就是我们要处理的数据集合。每一个序列由若干项集数据构成。如序列<eg(af)cbc>由 e、g、af、c、b、c 六个项集数据构成，且这些项集具有时间上的先后顺序关系。每个项集数据又由若干个数据项构成，如项集数据(af)就由数据项 a、f 构成，数据项

之间没有时间上的顺序关系。序列长度是指序列中包含的数据项的个数。如序列<eg(af)cbc>由于包含 7 个数据项，因此，该序列的长度为 7。

表 2-6　序　列

序列 ID	序列
1	<a(abc)(ac)d(cf)>
2	<(ad)c(bc)(ae)>
3	<(ef)(ab)(df)cb>
4	<eg(af)cbc>

在解释了序列、序列集合、项集数据、数据等基本概念之后，接下来，将指出与 Prefixspan 算法密切相关的几个概念：子序列、超序列、频繁序列、前缀、前缀投影等。

子序列和超序列：如果一个序列中所有的项集在另一个序列中都可以找到，就称该序列为子序列，另一个序列则被称为超序列。这与数学上的子集和超集的概念非常类似。为较为准确地给出子序列和超序列的定义，本书给出子序列和超序列的数学描述：设序列 $a = \langle a_1, a_2, \cdots, a_n \rangle$，$b = \langle b_1, b_2, \cdots, b_m \rangle$，序列 a 是序列 b 的子序列，或者序列 b 为序列 a 的超序列，当且仅当 $1 <= j_1 < j_2 < \cdots < j_n <= m$，使得 $a_1 \subseteq b_{j_1}$，$a_2 \subseteq b_{j_2}$，$\cdots$，$a_n \subseteq b_{j_n}$。

频繁序列：是指在序列集合中频繁出现的子序列，也即支持度大于一定的阈值。这里所说的支持度是指序列集合中某子序列在集合中出现的次数所占的比例。例如在表 2-6 中，子序列<(ab)c>在序列集合中出现两次（也即在序列 1 和序列 2 中出现），则该子序列的支持度为 $2/4 = 0.5$。如果定义支持度的阈值为 0.3，则该子序列为频繁序列。

前缀：是指在序列中出现在序列数据前面部分的子序列。为较为准确地给出前缀的定义，本书给出前缀的数学描述：设序列 $a = \langle a_1, a_2, \cdots, a_n \rangle$，$b = \langle b_1, b_2, \cdots, b_m \rangle (m <= n)$，序列 a 是序列 b 的前缀，当且仅当 $a_i = b_i (1 <= i <= n - 1)$ 并且 $a_n \subseteq b_n$ 时，对于序列 B：<a(abc)(ac)d(cf)>，子序列 A：<a(abc)a>是序列 B 的前缀。需要指出的是，一个序列的前缀不止一个，例如在序列 B 中，子序列<a>、<aa>、<a(ab)>等都是序列 B 的前缀。值得注意的是，假如前缀的末尾并不是一个完整的项集的话，则需要使用一个"–"作为占位符。

前缀投影：前缀投影从本质上来说就是相对于前缀的后缀。前缀和前缀投影共同构成一个序列。下面以序列<a(abc)(ac)d(cf)>为例来解释前缀投影，也即后缀(见表 2-7)。

表 2-7　前缀-后缀

前缀	后缀(前缀投影)
<a>	<(abc)(ac)d(cf)>
<aa>	<(_bc)(ac)d(cf)>
<a(abc)>	<(ac)d(cf)>
<a(abc)a>	<(_c)d(cf)>

（2）Prefixspan 算法思想

为方便理解 Prefixspan 的算法思想，同样，本书将以一个具体的实例来加以解释。仍以表 2-6 所示的序列为例解释 Prefixspan 算法的思想。为便于说明，现假设支持度阈值为 0.5。则借助 Prefixspan 算法求满足最小支持度的频繁序列的思想如下：首先，找出表 2-6 中长度为 1 的前缀，包括<a>、<b>、<c>、<d>、<e>、<f>、<g>；接着，计算每个前缀的支持度，计算结果依次为 1、1、1、0.75、0.75、0.75、0.25，依据支持度阈值提取出长度为 1 的频繁序列<a>、<b>、<c>、<d>、<e>、<f>；其次，去除掉表 2-6 中所有序列的 g，也即第 4 个序列修改为<e(af)cbc>；而后，依据上述流程寻找前缀长度为 2 的频繁序列（现以<d>为例来解释该递归挖掘过程，其他节点的递归挖掘过程与<d>相同），前缀长度为 2 的序列有<da>、<db>、<dc>、<dd>、<de>、<df>、<d_f>，计算它们的支持度，得到 0.25，0.5，0.75，0，0.25，0.25，0.25，由支持度的阈值可知，长度为 2 的频繁序列为<db>、<dc>；接着，分别识别子序列<db>、<dc>的后缀，其中<db>的后缀只有一个<_c(ae)>，在该情况下，<_c>、<a>、<e>均达不到支持度阈值，因此无法招待以<db>为前缀的频发序列，以<dc>为前缀的后缀序列有<_f>、<(bc)(ae)>、<b>，依据该后缀序列集合计算<b>、<a>、<c>、<e>、<_f>的支持度，得到它们的支持度依次为 0.67，0.33，0.33，0.33，0.33，可知只有<b>满足支持度阈值，因此，我们可以得到长度为 3 的频繁序列<dcb>；接下来，急需找前缀为<dcb>的频繁序列，发现以<dcb>为前缀的后缀只有<(_c)ae>支持度全部小于阈值，因此就不能在<dcb>的基础上产生长度为 4 的频繁序列。到此，以<d>

为前缀的所有频繁序列挖掘完毕，产生了 4 个频繁序列。长度为 1 的频繁序列为<d>，长度为 2 的频繁序列有<db>和<dc>，以及长度为 3 的频繁序列<dcb>。

（3）Prefixspan 算法流程

依据 Prefixspan 算法思想，本书对 Prefixspan 算法的流程进行了归纳，概括出了 Prefixspan 算法。具体来说，Prefixspan 算法的流程，见表 2-8。该算法流程为知识元序列模式的生成奠定了基础。

表 2-8   Prefixspan 算法

输入：序列数据集 S 和支持度阈值 γ

输出：所有满足支持度要求的频繁序列集

①找出所有长度为 1 的前缀和对应的后缀序列数据集合；

②计算长度为 1 的前缀的支持度值，将支持度低于阈值 γ 的前缀对应的项从序列数据集 S 中删除掉，同时得到所有长度为 1 的频繁序列，此时设 $i=1$；

③对于每个长度为 i 的支持度大于阈值 γ 的前缀进行递归挖掘：

a. 找出前缀对应的所有后缀序列数据集合，如果后缀序列数据集合为空，则递归返回；

b. 计算对应后缀序列数据集合中各项的支持度值，如果所有项的支持度值都低于阈值 γ，则递归返回；

c. 将支持度值大于阈值 γ 的各个单项和当前的前缀进行合并，得到若干新的前缀。

d. 令 $i=i+1$，前缀为合并单项后的各个前缀，分别递归执行第③步

2.3.7   频繁规则挖掘技术述评

通过对上述几种经典算法的梳理，本书从以下几个方面对上述的算法进行比较。

Apriori 算法和 GSP 算法在挖掘过程中没有对数据库 D 进行分割，并且会产生大量的候选序列，当候选序列长度+1 时，就需要访问数据库一次，占用大量的运行时间。另外，当支持度阈值设定较低时，这两种算法所产生的候选序列会大量增长，使得在扫描数据库时所花费的时间增加，算法的挖掘效率大大降低。虽然 GSP 算法在 Apriori 算法的基础上增加时间、滑动时间窗和层次分类等约束条件，较 Apriori 算法的挖掘效率提高，但是约束条件的加入，使得算法复杂化，增加了相应的成本。

SPADE 算法、SPAM 算法以及 MEMISP 算法在序列模式挖掘过程中，分别需要对数据库 D 扫描 3 次、2 次和 1 次，与 Apriori 算法和 GSP 算法相比，规避了多次对数据库 D 进行扫描的问题。其中，SPADE 算法和 SPAM 算法分别采用垂直 CID-list 和位图的方式存储数据库中的序列信息，在计算候选序列的支持度时，只需要统计非 0 个数即可，节约了扫描数据的时间，与 Apriori 算法和 GSP 算法相比，提高了候选序列支持度计算的时间。

Prefixspan 算法在序列模式挖掘过程中，只需对原始数据库 D 扫描 2 次。并且在挖掘过程中，较其他序列模式挖掘算法，该算法不产生任何候选集，在产生投影数据库的时候，其规模不断减小，内存消耗稳定，以挖掘出满足阈值的所有序列模式，有效地提高了序列模式挖掘算法的效率。目前，在对大型数据库做序列模式挖掘时，Prefixspan 算法以其稳定的性能和效率成为序列模式挖掘的首选算法。

2.4　知识抽取方法与技术

随着互联网和计算机技术的进步，信息资源生产速度越来越快且数量日益庞大，信息资源的价值密度降低，但同时在低密度的海量信息资源中也蕴含着丰富的研究价值高的可用知识。为了能够准确、快速地识别、理解、筛选信息资源中用户所需要的知识，知识抽取技术作为其中的关键环节随之快速发展。

知识抽取(knowledge extraction)是指从现有的数字资源中经过对信息内容的识别、理解、筛选、归纳等步骤抽取出用户所需要的知识，并以一定的格式存入知识库。目前，知识抽取的定义有广义和狭义之分。广义的知识抽取对于信息资源的数据类型界定更广泛，包含从数字信号[79]、视频、音频、图像[80-81]、数据集[82]等多种类型数据中去抽取出知识。而狭义的知识抽取则是把处理的数据对象界定为非结构化的自由文本，旨在从自由文本中识别与挖掘文本中的知识片段，转化非结构化的自由文本为结构化的知识，自由文本的类型包括纯文本、科技文献、网页、邮件等。[83]由于用户使用的信息资源 90%以上都是非结构化的自由文本[84]，本书也将狭义的知识抽取作为论述的重点。

关于知识抽取技术的分类，根据对当前的主要知识抽取系统的分析可以发现：在当前知识抽取技术中，机器学习和自然语言分析两大技术思路各自得到较大发展，并且在相互融合、相互借鉴。① 基于机器学习的知识抽取技术方法主要有自适应的信息抽取方法（AIE）、开放信息抽取方法（OIE）等；基于自然语言分析技术的知识抽取方法有基于模式的标注方法、基于语义的标注方法、基于本体的标注方法。同时，由于目前对自由文本的知识抽取研究多面向英文[85-86]，中文与英文又存在分词、词性等多种特点上的差异，面向中文内容的知识抽取技术不能照搬英文内容的知识抽取技术。本书把知识抽取技术分为面向英文的知识抽取技术和面向中文的知识抽取技术两类。

2.4.1   面向英文的知识抽取

面向英文的知识抽取技术主要包括偏向机器学习的自适应信息抽取方法、开放信息抽取方法和偏向自然语言处理技术的基于模式标注方法、基于语义标注方法和基于本体的信息抽取方法。

2.4.1.1   自适应信息抽取方法

谢菲尔德大学计算机系的 Fabio Ciravegna 认为，之前的信息抽取系统不能实现不同领域之间的快速转换，大多数系统需要采取人工开发，从而不能被广泛应用。[87] 因此，Fabio Ciravegna 提出了构建自适应的信息抽取系统的想法，并开发出了 Amilcare——一个自适应信息抽取系统。[88] Amilcare 系统采用了（LP）2 规则归纳算法，通过定量的人工标注语料能快速学习相关的标记规则，能更快地应用到新的领域。

（LP）2 算法的学习规则根据用户添加标引的过程分为两个步骤：tagging rule（标记规则）和 corrention rule（校正规则），具体如下。

①标记规则。首先，（LP）2 借助训练语料库中已有的标记实例和用户手动标记的过程进行语法分析与计算，向左右分别扩展 w 个词语，构成的 $2 * w$ 个词语从而生成最初始的标记规则。在这个过程中，（LP）2 算法会根据手动标记的实例和文中这一标记所在的位置，构建标记条件和标记关系。然后，以文中被用户手动加标记的语句中的词以及这个词的语言分析结果（包括词性、大小写等）为条件，以所标记的具体内容为结果，自动生成多个标记规则，并在所有语料集生成的规则中，对这些标记规则的 L＝wrong/matched 值进行分析计算，选择其中最佳的 k 个标记规则加入

---

①   张智雄，吴振新，刘建华，徐健，洪娜，赵琦 . 当前知识抽取的主要技术方法解析[J]. 现代图书情报技术，2008（8）：2-11.

最佳规则池，组成标记规则。[89]

②校正规则。Amilcare 系统为用户提供可人工修改标记规则的接口，校正规则正是系统利用用户对错误的标记修改的过程去学习用户如何修改错误标记和不精确标记后形成的规则。通过校正规则可以提高自动标记的正确率和精确度。并且校正规则是改变错位标记而不是添加新的标记。

（LP）2 是一种成功的算法。它可以检查最终的系统结果并手动添加/修改/删除规则，以获得更高的准确度，并且应用具有相当大的商业成功。近年来，Melita[90]、Ontomat annotizer、SemantiK 等系统都利用了（LP）2 来实现自适应信息抽取。

2.4.1.2　开放信息抽取方法

开放信息抽取方法（OIE）是由美国华盛顿大学图灵中心（Turing Center）提出的"新型抽取范式"（A Novel Extraction Paradigm）的一种知识抽取方法。[91]OIE 通过扫描语料库能自动从文本中发现可能存在的关系。OIE 的目标是促进领域无关的知识抽取应用，它能从自由文本中抽取出大量的关系对，并能被应用到不同类型与规模的 Web 信息抽取中。并且，除了需要标注的文档以外，OIE 不再需要任何其他手动输入，不需要事先确定关系，OIE 只需要对文档集进行一次扫描，能够提高处理大规模文档集时的处理效率。[92]基于开放信息抽取方法（OIE）开发出的典型应用系统为 TEXTRUNNER，是由图灵中心于 2007 年研发的一种信息抽取系统。[93]

TEXTRUNNER 系统包括三个模块：Self-Supervised Learner（自监督学习模块）、Single-pass Extractor（一次性通过抽取模块）和 Redundancy-based Assessor（基于冗余的评估模块）。[94]每个模块的具体工作如下。

（1）自监督学习模块

自监督学习模块可以通过输入小规模语料而构造一个分类器，用于判断可能存在的关系对是否可靠。该模块分为两个步骤工作。

① 首先，通过一个自然语言分析器提取样本文献中出现的三元组 = $(e_i, r_{i,j}, e_j)$，其中 e_i 和 e_j 为语句中的名词短语，$r_{i,j}$ 则为 e_i 和 e_j 之间可能存在的关系。对于每个三元组来说，自监督学习模块会根据这两个名词短语是否满足某些强制性条件。然后，按一定标记规则将三元组标记为正值或负值。以一个三元组为例，满足以下条件：e_i 和 e_j 之间存在某种依赖链，且依赖链长度不超过某值；从 e_i 到 e_j 之间没有跨越语句界限；e_i 和 e_j 都是名词短语不是代名词，那么此三元组将被标记为正值，不满足则标记

为负值。

② 在样本文献中的三元组都被标记以后，自监督学习模块将所有的三元组转换为特征向量表示，输出一个分类器，对分类器进行训练。通过分析计算每一个特征向量正误的频次，最终构造一个可以被接下来的一次性通过抽取模块应用的分类器。

(2)一次性通过抽取模块

一次性通过抽取模块是通过一遍扫描整个语料集，抽取可能存在的关系元组，用分类器进行判断，保留正例，实现对需要标引的文档的处理。该模块分为三个步骤。

① OpenNLP Toolkit 对标引文档中语句进行初步的语法分析，标记出词性，并识别出语句中的名词短语；

② 识别出的每对名词短语，如果它们距离不远且满足条件，则被标记为待抽取的三元组；

③ 上一步骤中的自监督学习模块构造的分类器将对待抽取的三元组分类，如果分类器认为此三元组是可信的，则该三元组会被抽取出来，存储并与其他已抽取的三元组合为一类。抽取结果中只存储各个不同的三元组及其出现的频次。TEXTRUNNER 系统还会快速对抽取结果建立索引，以提高抽取的效率。

(3)基于冗余的评估模块

评估模块会去掉冗余的修饰词，合并相同的三元组，利用概率模型统计每个三元组出现的频次，最后用这个频次来评估该三元组正确的概率，用以提高三元组抽取的精确度。

开放信息抽取技术是一种能将非结构化数据转换为结构化数据的有效技术，并且应用前景广泛。除了已经成熟应用的 TEXTRUNNER 系统以外，Popescu AM 和 Etzioni O 致力研究开放信息抽取系统在意见挖掘领域的应用[95]；Etzioni O 还对开放信息抽取技术在搜索引擎和问答系统的应用前景进行了研究和展望[96]。目前，开放信息抽取技术的相关应用主要集中在英文文本的知识抽取上，在中文知识抽取领域，开放信息抽取应用较少。

2.4.1.3　基于模式标注方法

与基于机器学习的三种知识抽取方法相比，基于模式(规则)标注的知识抽取注重采用自然语言分析技术。目前，基于模式(规则)标注的知识抽取方法可以分为两种[97]：通过模式自动发现的模式标注和通过人工定义的模式标注。两种类型的模式标注方法，具体内容如下。

（1）基于模式自动发现的模式标注

基于模式自动发现的模式标注基本上采用 Sergey Brin 的反复迭代的模式关系扩展方法。[98]

Sergey Brin 用从 Web 上抽取<图书作者、题名>对的示例举例说明此方法。①利用 5 本书的<图书作者、题名>对作为种子集；②从 Web 上查询这 5 本书所出现的所有实例，系统识别出所有实例中用于描述这 5 本书的各种模式；③根据识别出的所有模式到 Web 上查询到更多新的图书。然后重复上述步骤，可以利用查询到的新图书查找到新出现的实例，生成更多新模式，如此反复迭代，直到识别出大量图书以及图书模式。

Brin 通过 Python 实现了这一方法，从 5 本图书开始，在几乎不需要人工干涉的情况下，从 Web 网页中抽取了 346 种图书模式，并最终有效地识别出 15257 本图书实例。

（2）基于人工定义的模式标注

基于人工定义的模式标注方法的典型信息抽取系统有 C-PANKOW 系统[99-100]，一个通过上下文驱动、借助 Web 知识进行模式标注的系统。该系统主要有三种模式来实现标注的目的，具体如下。

① Hearst Patterns 模式。Hearst 定义了四种模式去识别和标注 is_a 关系。[101]四种模式及其例子，见表 2-9。

表 2-9　**Hearst Patterns 模式**

Hearst 模式	例子
H1：<CONCEPT>s　such　as　<INSTANCE>	hotels such as Hilton
H2：such　<CONCEPT>s　as　<INSTANCE>	such hotels as Ritz
H3：<CONCEPT>s，（especially ∣ including）<INSTANCE>	presidents，especially Donald Trump
H4：<INSTANCE>（and ∣ or）other <CONCEPT>	the Eiffel Tower and other sights

② 定义模式。C-PANKOW 系统主要借助定冠词 the 去识别专有名词。定义模式包含的两种具体模式及其例子，见表 2-10。

表 2-10　定义模式

定义模式	例子
DEFINITE1：the <INSTANCE> <CONCEPT>	the Ritz hotel
DEFINITE2：the <CONCEPT> <INSTANCE>	the hotel Ritz

③ 同格和连系模式。C-PANKOW 系统的同格和连系模式及其例子，见表 2-11。

表 2-11　同格和连系模式

同格和连系模式	例子
APPOSITION：<INSTANCE>，a <CONCEPT>	Excelsior，a hotel in the center of Nancy
COPULA：<INSTANCE>is a <CONCEPT>	The Excelsior is a hotel in the center of Nancy

以 C-PANKOW 系统为代表的基于模式的方法的本质是用最大证据最大限度地进行文本消歧。该方法的优点是简单有效且成本较低。但基于模式的方法主要利用模板进行知识抽取，缺点是无法完成大规模的知识抽取；并且由于没有比较概念实例所在的上下文环境，因此不能精确区分那些在不同上下文环境中属于不同概念的实例。

2.4.1.4　基于语义标注方法

比起基于模式的标注方法，语义标注除了利用自然语言处理技术的语法模式外，更重要的是对语义内容的挖掘[102]。目前，学者们对于语义标注概念的研究有不同的定义。例如，Atanas Kiryakov 等学者认为，语义标注是为文档中实体提供与实体相关语义描述的过程。[103] Steffen Staab[104] 等学者则更具体规定语义标注需要满足以下 4 种语义关系：①要唯一的标识标注对象，相同的对象用同一标识；②要关联对象和相对应的类型，说明标注对象的类别，构建对象与类别之间的关系；③要构建对象和属性之间的关系，说明对象的具体属性和属性值；④要构建对象和对象之间的关系。因此一个可用于存储实体描述的语义标注知识库在语义标注方法中是必不可少的。目前，基于语义标注方法而研发的典型代表系统是 Ontotext Lab 开发的 KIM 系统、MnM[105] 和 Artequakt[106]。

KIM 系统[107]是一个综合知识管理系统，具备语义标注、知识库管理、语义检索等多种功能。其语义标注模块是通过对 GATE 中已存在模式进行扩展，从而实现对命名实体的自动语义标注。KIM 系统的开发者认为，语义标注的过程是命名实体的识别和标注两个过程的集合。[108]因此，KIM 语义标注系统工作的本质是识别和组织存储命名实体的过程。在自动语义标注过程中，如果发现文本中已标识过的命名实体，KIM 系统将给出这一实体的类型，并将该实体和知识库中已存在的实例相关联；如果是发现从未被标识的实体，KIM 系统将在知识库中为该实体分配一个新的唯一标识并将其存储进知识库。基于上述自动语义标注过程的考虑，KIM 系统的语义标注知识库存储丰富，KIM 世界知识库中已存储了大约 90 万条实例描述，主要包括人名、地名和组织等一些基本实例和一系列词汇资源(包括组织的前后缀、时间格式等)。

从 KIM 系统自动语义标注的过程来看，对比基于模式的标注方法，基于语义的标注方法具有以下优点：①能结合上下文语境进行标注；②利用语义概念实现共指消解；③利用知识库实现语义消歧；④支持快速大规模的语义标注等。其缺点是，KIM 系统仅标注了概念实例，却没有标注概念实例之间的关系。

2.4.1.5　基于文体的信息抽取方法

基于本体(Ontology)的信息抽取方法是当前语义标注研究的一种重要方法，也可称为基于本体的语义标注。与基于机器学习的知识抽取方法相比，基于词表、规则或机器学习的方法多采用扁平式结构去抽取文本中的实体，导致在关系抽取、消歧等方面的作用十分有限。而 Embley 提出基于 Ontology 的信息抽取(OBIE)方法[109]，是以新的知识描述方式去解决扁平化结构中知识抽取的问题。而与基于语义标注的知识抽取方法相比，基于本体的语义标注是对传统的语义标注方法的进一步发展，不仅要将抽取出的内容纳入知识库，还要求在抽取过程中一直得到本体的支持。基于本体的知识抽取的过程是通过本体定义的类、属性、层次结构去抽取非结构化文本中对应的实例，发挥歧义消解的功能，进而识别文本中的实体及关系，最后将结果存储于对应的本体中。

欧盟 Musing[110]知识抽取系统是采用基于本体的知识抽取方法的典型代表系统。Musing 知识抽取系统的基本思路，见表 2-12。

表 2-12   Musing 知识抽取系统的基本思路

①由专家扩充 PROTON 上层本体，定义商业领域的 Ontology，该 Ontology 包含商业
领域的类层次结构、关系和属性；

②确定好大数量的用于基于本体的知识抽取方法的信息源；

③定期将这些信息源的数据爬取到本地并存储在 Musing 知识抽取系统的文档数据
库中；

④利用 GATE，基于词表和规则从文档中抽取出实体和关系，并通过聚类算法对跨
文档的实体和关系进行歧义消解；

⑤用 Musing 特有的 Ontology Mapping 组件把这些实例映射到 Ontology 类和属性中；

⑥采用 RDF statement 构建组件，将实例自动写入本体；

⑦采用有效的数据结构将已获得的实例存储为结构化形式，构建知识库，以便于在
以后的应用中查询

　　一方面，Musing 知识抽取系统专门设计了适用于商业领域的本体，并借助 GATE[111] 作为知识抽取的平台，能提高知识抽取的准确率；另一方面，基于本体的知识抽取技术利用特有的组件使句子中的词汇与本体中的词汇易于进行映射[112]，相互映射的优点能使领域专家更清晰地组织某一领域内的本体概念，从而提高知识抽取的效率。

2.4.2   面向中文的知识抽取

　　目前，面向中文的知识抽取技术相较英文的知识抽取技术不成熟且数量少，因为①英文的语言构成更加规范，且具备强大的知识库[113]；②中文与英语相比具有很多自身的特点，如分词、省略、词性方面等都与英文差别较大，导致对中文内容自动抽取不能照搬以西方语言为目标语言的自然语言处理技术。在对自由文档的知识抽取中，由于对中文的理解难度较大，需要结合多方面的技术进行知识抽取，包括中文分词[114]、中文命名实体识别[115-117]和中文实体关系抽取[118-119]等技术，同时还要运用对中文自然语言内容部分元素的语义识别技术[120-122]。

　　对中文自然语言文档进行自动知识抽取的比较成熟且完整的方法，目前有 iOkra 框架[123]、荆涛等人提出的中文网页语义标注方法和 AKE 中文自动知识抽取方法等。

2.4.2.1   iOkra 框架

iOkra 框架是基于本体和自然语言处理技术，从我国台湾股票领域的

中文自然语言新闻网页中抽取事实知识。基本思路见表 2-13。

表 2-13　iOkra 框架知识抽取基本思路

①iOkra 框架对输入的中文自然语言文本进行语形分析，中文分词是通过将文档中词汇与本体中元素进行映射为词汇提供语法和语义信息；

②进行浅层次的句法分析，对上一步的分词结果进行短语合并，并借助基于信息的所有格文法识别通用本体中定义的关系；

③iOkra 框架进行语义分析，借助通用语言本体和领域本体对标记结果进行歧义消解并构建 RDF 语句；利用语言的局部依赖性特性识别出没有被识别出来的关系

iOkra 框架知识抽取虽然能完整地结合多方面的工作，但也存在几个问题：①依赖中文自然语言本体 CLO[124] 提取实体间的关系，未能包含其他特定领域的通用语言本体；②没有解决在中文自然语言内容中 N 元关系相关的复杂知识。

2.4.2.2　中文网页语义标注方法

中文网页语义标注方法[125]是基于领域本体指导，借助统计学领域的知识和自然语言处理技术对中文自然语言文档自动进行语义标注的方法，具体可分为数据准备阶段、识别阶段和组合阶段。整体方法框架，见表 2-14。

表 2-14　中文网页语义标注方法

①准备阶段：用统计学领域的方法从网页爬取领域高频词汇集合，构造领域词汇列表；同时由领域内专家从领域词汇表中选择与本体概念或属性相对应的词汇并标注类型，构造类型标注信息及列表。其中，网页集合进行的中文分词处理技术采用有词典分词方法。

②识别阶段：类型标注列表中的词汇与文档集合中的词汇进行精确匹配，显式识别出句子中与本体属性相对应的词汇。

③组合阶段：利用自然语言处理技术进行句法分析，根据句子中各词间的语法依存关系，构造知识三元组

本方法具有以下优点：①构造领域相关词汇的标注列表能降低对通用语言本体的依赖；②显式识别利于后续关系抽[126]。同时，此方法也存在一些问题：①依赖由领域相关专家人工手动构建的同义词表，人工构建领

域词表与本体词汇的精准映射关系的难度大；②该方法无法识别隐藏于内容中的事实知识；③与 iOkra 框架一样没有处理复杂 N 元关系。

2.4.2.3　AKE 中文自动知识抽取方法

AKE 中文自动知识抽取方法是基于语义 Web 理论和中文自然语言处理技术的一种适用于中文自然语言知识抽取的方法，是对 iOkra 框架和中文网页语义标注方法的进一步改善。它用集体知识概念去处理复杂的 N 元关系知识，并能够识别中文自然语言文档中隐含的事实知识。[127] 具体步骤，见表 2-15。

表 2-15　AKE 中文自动知识抽取方法

①识别中文自然语言文档内容中显式和隐含的本体：首先识别文档中的显式概念、属性集合，再根据基于属性约束的三元组元素识别规则识别出隐含的概念属性并创造新的概念实例；

②组合识别出的三元组元素成正确的知识三元组：借助启发式规则构造 RDF 知识三元组；

③知识清洗：不单独考察知识三元组，而是提出了自顶向下的知识清洗算法，能有效且完整地进行检查

面向中文自然语言文档的 AKE 自动知识抽取方法，解决了目前中文自然语言文档知识抽取存在的两个重点问题：① N 元关系知识的系统化自动抽取问题，AKE 方法能处理 N 元关系复杂知识；② 对大规模语言知识库以及同义词表的依赖问题，AKE 可以不依赖大规模语言知识库和大规模同义词表去自动识别并抽取事实。

2.4.3　知识抽取评述

知识抽取是在信息抽取的基础上强调语义的抽取。知识抽取的过程则是深入发现文本中隐含知识的过程。近年来，知识抽取的技术方法在不断地完善和丰富，知识抽取的应用也越来越广泛，机器学习技术和自然语言分析技术在知识抽取的方法中相互融合、相互借鉴，被许多知识抽取系统采用。

目前，面向英文自然语言的自动知识抽取技术比较成熟。知识抽取因与自然语言处理、机器学习、知识工程、知识融合、文本挖掘等多个信息处理领域密切相关，一直是欧美学者研究的热点之一。自适应的信息抽

取、开放信息抽取、基于本体的知识抽取等方法的提出与应用也使英文的知识抽取技术得到快速发展。

知识抽取在国内亦逐渐引起学者们的重视。随着中国网络用户和以中文自然语言为主的网络资源数量的快速增长，面向中文的自动知识抽取的技术与应用也会随之飞速发展。因中文与英文在语言特征上的差异，面向中文的知识抽取技术可以借鉴国外的研究成果但是不能照搬。因此，研究中文自然语言文本的知识抽取方法具有挑战性，也具有重要的研究意义。

2.5　知识聚类方法与技术

2.5.1　知识聚类概述

随着互联网的不断发展，信息的激增和超载使知识库所包含的知识内容越来越多，单纯的面向文献和信息的组织形式已经远远不能满足用户的需求。用户更多的是需要有价值和意义的知识内容，所以如何建立知识的分类体系，构建合理的知识关联，从而为用户提供更好的知识管理服务显得尤为重要。知识聚类是数据挖掘中用来发现知识之间的不同类别，以及从知识中识别特定分布和模式的一个非常重要的方法。[128] 聚类分析就是通过一定的计算规则去判断知识之间的相关性，然后根据知识之间的相关性把关系联系比较紧密的知识放在一个簇达到聚类的效果。[129] 这样做的好处就是会使得人们在海量的信息中查找对自己有用的知识时更加简单，其作为一项技术在数据挖掘、数据分析、机器学习等方面应用广泛。因此，本书将梳理目前知识聚类技术的现状，为基于知识元的科技文献多粒度层级知识分割奠定技术基础。

知识聚类技术一般可以用基于划分、基于密度、基于网格等方式来进行分类[130]，然而，在大数据时代背景下，随着数据量的不断增加及其数据形态的日益多样化，聚类技术的应用更加广泛。因此，本书将知识聚类技术分为传统聚类方法和大数据聚类方法两大类。传统聚类方法主要包括：①基于划分的聚类；②基于层次的聚类；③基于密度的聚类；④基于网格的聚类；⑤基于模型的聚类；⑥图聚类。而大数据聚类方法主要体现在多机聚类和高维聚类两方面。

2.5.2　传统聚类技术

2.5.2.1　基于划分的聚类

划分聚类方法是一种被广泛研究和应用的数据聚类方法，通常通过一个最优化的目标函数发掘数据中包含的类别信息结构，并以迭代的方式逐步提高聚类的效果。[131]这类方法的基本思想是，对于一个包含 n 个样本的原始数据集，采用某种方法将其划为 k 个划分（$k < n$），其中的每个划分均表示一个簇。在构建划分的具体过程中，先为每个簇指定一个或若干个代表点，接着根据目标函数用这些代表点对这个数据集进行划分，在划分结果中重新选择代表点，重复上述过程直到收敛，或者满足划分精度的要求。对于如何评价一个划分的好坏，通常会遵循这样一种准则：处于同一划分中的样本之间的差异要尽可能小，而处于不同划分中的样本之间的差异要尽可能大。[132]

随着研究的发展，学者们对于某个对应划分方法上的选取，以及划分结果验证的不同判断标准展开了探讨，也因此提出了许多不同的基于划分的聚类算法。这些方法都是建立在算法基本的思想结构上的，其中较经典的方法有：k-mean，k-medoids，PAM，FCM 等。

（1）k-means 算法系列

k-means 算法，也称为"K-均值算法"，是由 Steinhaus（1995）、Lloyd（1957）、Ball&Hall（1965）、Mcqueen（1967）分别在各自不同的科学研究领域独立提出的。[133-134]这类算法比较简单，继承了基于划分的聚类算法的基本思想，以迭代的方式对聚类结果进行更新，最终获得最小化的收敛标准，常常采用误差平方和准则函数作为聚类准则函数，见式（2-1）。

$$E = \sum_{i=1}^{k} \sum_{x \in c_i} |x - \overline{x_l}|^2 \tag{2-1}$$

其中，$\overline{x_l}$ 是类 c_i 中数据对象的均值，是类 c_i 的聚类中心，代表 c_i。k-means 算法的目标就是找到能最小化 E 的聚类结果，表 2-16 给出了具体步骤。

性能分析：k-means 作为一个经典、常用的基于划分的聚类算法，其最大的特点就是简洁易懂、容易实现，对于很多聚类问题都可以花费较小的计算代价而得到不错的聚类结果，这使其在诸多领域得到良好的发展。[135]除此之外，它还具有以下优点：算法具有很强的适应能力，适用于各种数据类型，当潜在的簇形状是凸的，簇与簇之间大小相近且差异明显时，算法可以展现很好的聚类效果；对于规模很大的数据集合，算法的空间和时间效率较高，而且伸缩性较好。

表 2-16　k-means 算法

输入：所有数据点 A，聚类个数 k

输出：K 个聚类中心点

①任意选择 k 个对象作为初始的簇中心；

②repeat

　　a. 计算每个点与各中心点之间的距离，将点分派到其距离最近的中心点所属的簇中；

　　b. 更新簇的平均值，即计算每个簇中对象的平均值。

③until 中心点不再发生变化

　　但是，k-means 算法也存在以下主要缺点：①簇个数 K 需要指定，由于在中心点的更新步骤中，算法所使用的是簇内所包含的所有数据点的平均值，因此，如果在处理具有分类属性的数据时，无法定义簇内数据点的平均值，那此算法就无法发挥效果[136]；②在算法的初始化过程中，k 的值和初始中心点的选取对最后的聚类结果影响较大，这使得算法对于先验知识具有较强的依赖性[137]；③受噪音点和离群点影响较大，少量的异常数据就会对簇内平均值的计算造成很大的干扰，并且很可能导致最后簇的划分不合理。

　　针对这几点不足，许多学者都提出了变种、扩展和改进方法，其中包括从算法层面上对标准的 k-means 算法做出修改，或是在初始化阶段完善对初始值的设定。例如：k-mode 方法[138]扩展了 k-means 方法，它用模来代替簇的平均值，采用新的相异性度量方法来处理分类对象，采用基于频率的方法来修改聚类的模，从而解决了原有算法在处理分类属性数据的局限。Subset Furthest First 算法[139]一定程度上解决了 k-means 算法最后的聚类结果结束于局部解以及噪音点影响的问题，其不再从全部数据集选择，而是从全部数据集的一个子集中进行选择，这样，初始点选择噪音概率就降低了很多，但也不失全局性。k-means++算法[140]有效地解决了关于初始值的选取问题，其基本思想是初始的聚类中心点之间的距离要尽可能远，这样就可以充分考虑数据样本集内的所有样本的分布情况，减少簇的划分的不合理性，目前它已经成为一种硬聚类算法的标准。在此基础上，Nock 等[141]提出了一种 k-means++算法的一般化版本，称为 k-variates++算法，意味着其适用性更强，可以扩展到更多的领域，包括分布式聚类、在线聚类以及差异聚类等。

（2）k-medoids 算法

k-medoids 算法是一种比 k-means 算法能更好地处理离群点的算法。与 k-means 算法不同的是，它不再使用簇中数据对象的平均值作为参考点，而是选用簇中位置最中心的数据对象。[142] k-medoids 算法以绝对误差和 $E(C)$ 作为算法的目标函数，如式（2-2）所示：

$$E(C) = \sum_{k=1}^{k} \sum_{x_i \in c_k} |x_i - c_k| \qquad (2\text{-}2)$$

式中，$E(C)$ 表示绝对误差和，也即每一个非质心的点到质心的距离的和。c_k 代表每个簇的中心点，通过迭代的方式逐步更新中心点，直到每个簇的中心点都不再发生变化。表 2-17 给出了 k-medoids 算法的具体步骤。

算法 2-17　　k-medoids 算法

输入：所有数据点 A，聚类个数 k

输出：K 个聚类中心点

①任意选择 k 个对象作为初始的中心点；

②repeat

    a. 指派每个非代表对象给离它最近的中心点所代表的簇；

    b. 随机选择一个非代表对象 O_{random}；

    c. 计算将代表对象 O_j 由 O_{random} 替代所产生的代价 S；

    d. 如果代价 $S < 0$，则由 O_{random} 替代 O_j 构成新的 k 个代表对象的集合；

③until 中心点不再发生变化

性能分析：k-medoids 算法通过反复尝试使用非代表对象来代替当前的代表对象，可以有效地改进聚类的整体质量。并且，相比于标准的 k-means 算法，这种不同的类中心点选取方法使得算法对数据集中存在的噪声点和离群点有着更强的鲁棒性。[143] 但是，并没有解决其他问题，例如时间复杂度较高、只适合处理中小数据集、对大数据扩展性不够好[144] 等。

为了解决在得到每个簇的最终代表对象的过程中需要进行多次交换操作的问题，一种基于 k-medoids 算法改进的称为围绕中心点分割（partitioning around medoids，PAM）的算法被提出。[145] 但是通常情况下，PAM 算法仅能用于处理小数据集。在后续的研究中，有学者将 PAM 算法与抽样的方法相结合，提出了 CLARA 算法[146]，在其进行数据处理的过程中并未考虑整个数据集，而是选择了其中一部分作为样本，有效地改善了原有算法无法处理大数据集的问题。但是，这种算法的有效性取决于所抽取的样本的大小，为了解决这一问题，另一种新的改进算法被提出，即 CLARANS 算法。[147]这种算法的基本思想也是将采样技术与 PAM 算法结合起来，并且没有在任一给定的时间局限于任一样本，从而对算法数据处理量的伸缩范围进行了扩展，并且使聚类质量得到提高。但是，该算法的计算效率较低，而且对数据输入的顺序有敏感性，只能进行凸状或球形边界的聚类，也具有一定的局限性。

（3）FCM 算法

经典的 k-means 算法中，每个样本点只能从属于所有类别中的一类，这种聚类的方式被称为硬聚类，这种强分配的方式在处理一些复杂的数据集合时会造成类别指派不合理[148]。因此，一种结合了模糊划分概念的模糊 k-means（fuzzy k-means，FCM）聚类算法被提出。[149]FCM 的目标是最小化全局代价函数，见式（2-3）。

$$J_m = \sum_{i=1}^{N} \sum_{j=1}^{C} u_{ij}^m \parallel x_i - C_j \parallel^2, \quad 1 \leqslant m \leqslant \infty \tag{2-3}$$

其中，u_{ij} 是隶属度函数，表明样本 i 属于聚类 j 的程度，m 是一个用来控制不同类别的混合程度的自由函数，当 m 为 0 时，每个样本只属于一个聚类。当 m 大于 0 时，允许每个样本有多个聚类。表 2-18 给出了 FCM 算法的具体步骤。

表 2-18　FCM 算法

输入：所有数据点 A，聚类个数 k
输出：K 个聚类中心点
①初始化从属度矩阵 $\boldsymbol{U} = [u_{ij}]$； ②repeat 　a. 计算聚类中心点 c_j； 　b. 计算 u_{ij} 更新从属度矩阵。 ③until 中心点不再发生变化

性能分析：同 k-means 算法一样，FCM 算法同样对离群点十分敏感，而且，目标函数的最终结果受到初始值设定的影响。[150]此外，这种算法的运算量较大，伸缩性不够好，不适合处理大规模的数据集合。

综上所述，基于划分的聚类算法有很多种，都是建立在算法基本的思想结构上的，即通过一个最优化的目标函数发掘数据中包含的类别信息结构，通常以迭代的方式逐步提高聚类的效果。这类算法简洁高效，易于实现，在许多领域都发挥了巨大作用。不过，也正因如此，基于划分的聚类方法存在一些不足：①初始的聚类个数需要由用户进行设定，比较依赖于用户的专业知识及经验；②初始值的设定会对聚类结果造成很大影响；③划分方法只适用于部分类型的数据结构，当面对数据分布形状不是基于中心的类型时，此类方法就难以获得较好的结果。

2.5.2.2　基于层次的聚类

层次聚类的产生是为了解决划分聚类算法存在的一些缺陷，比如初始化的问题，过分依赖预先定义参数 k 的问题，等等。[151]层次的方法就是要实现聚类过程与参数无关以及更加灵活的目的，主要是通过逐步合并数据点或切分超聚类，而把数据分组为一棵层次树的方式获得聚类。①

层次聚类的方法具体可以分为聚合层次聚类算法（agglomerative hierarchical clustering，AHC）和分类层次聚类算法（divisive hierarchical clustering，DHC）[152]。前者，是自下而上的思路，先将每个数据视为单独的类，然后按照某种距离度量选择距离最近的两个或者多个类进行合并，重复合并的过程直至最终只有一个包含所有数据的聚类。而后者正好相反，是自上而下的思路，先将所有数据视为一个类，然后把这个聚类尽量分裂，重复这个过程达到聚类的目的。下面将对 AHC 和 DHC 两类聚类方法加以详细论述。

（1）AHC 算法

AHC 聚类算法是一种自下而上的过程，通过不断地合并完成聚类的过程。在层次聚类的算法中，采用聚合方法的算法更多，如 SLINK 算法[153]、CLINK 算法[154]、CURE 算法[155]等。表 2-19 中只提供聚合算法的典型流程。

性能分析：对于聚合方法，重点问题是在合并过程中，如何通过簇中的数据点来衡量簇与簇之间的距离，这个未确定的问题促成了很多聚合方法的产生，如 Single-link 方法将两个簇距离最近的两个点的间距作为簇间距离，complete link 方法采用两个簇之间距离最远的数据的距离作为两个簇的距离，质心方法通过计算两个簇的质心的距离作为簇间距离[156]。

---

① 钱彦江. 大规模数据聚类技术研究与实现[D]. 成都：电子科技大学，2009.

表 2-19　AHC 算法典型流程

输入：数据集 X
输出：聚类层次树
①根据数据集 X 选取合适的距离度量，计算距离矩阵 D；
②repeat 　　a. 选择距离最近的两个簇 C_a 和 C_b，合并两者为 $C_{a\cup b}=C_a\cup C_b$； 　　b. 删除距离矩阵中 C_a 和 C_b 的行和列，添加 $C_{a\cup b}$，并更新距离； ③until 簇数量≤2； ④合并剩余的簇，算法结束

（2）DHC 方法

分裂方法是一种自上而下的过程，首先将所有的数据标记为一个类，然后依照某种准则每次将一个已有的类分割成两个类，重复这个过程直至满足条件为止，可以一直分裂到一个聚类只有一个数据。[157] 分裂的方法也有两种类型，即单元的（monothetic）和多元的（polythetic）。前者是指每次分裂只考虑数据的某一个单一的属性，而后者则是指对数据所有的属性综合分析来分裂数据。表 2-20 展示了分类层次聚类算法的典型步骤。

表 2-20　DHC 算法典型流程

输入：数据集 X
输出：聚类层次树
①将所有的数据作为一个簇，视为层次树根节点；
②repeat 　　a. 选择一个簇 C_k，将其分割为两部分 C_a 和 C_b，使得 $C_k=C_a\cup C_b$； 　　b. 删除簇集合中的簇 C_k，加入簇 C_a 和 C_b； ③until 簇数量＝数据数量； ④算法结束

性能分析：分裂方法实际上具有两点不足：①计算复杂度的问题，除了对一些低维数据集的处理，算法的耗时还是很长；②很难从当前已有的簇中选择一个合适的簇来展开下一步的分裂过程。常见的分裂聚类算法有 DIANA 算法[158]、DISMEA 算法[159] 等，但它们仍然无法摆脱对离群点较为敏感等问题。因此，由于分裂方法的理论复杂度较高，采用分裂方法的层次聚类算法实例比较少。

综上所述，层次聚类的提出解决了划分聚类算法的一些缺点，实现了聚类过程与参数无关以及更加灵活的目的；同时，层次聚类可以表示成层次图，对数据聚类过程有更加全面丰富的描述。但是，层次聚类算法相比其他算法存在的不足之处有：①算法时间复杂度过高，当数据量增长之后，聚类的效率较低；②层次聚类的过程中如果出现错误，将无法回头，在后续的步骤中没有办法纠正。随着研究的发展，最新的层次聚类算法融合了图方法、概率方法、密度方法等多种综合性方法，来对原有算法加以优化并予以实践，尽量避免单一方法固有的问题，同时结合多种方法的优点。例如，Heller 于 2005 年提出贝叶斯层次分类方法，通过构建概率模型，将贝叶斯概率方法用于判断应合并的簇，同时避免过拟合的问题。[160] Koga 于 2007 年提出一种基于局部敏感哈希的快速聚合层次聚类算法（LSH-link），他基于 Single-link 的层次聚类，通过找到将要连接到局部敏感哈希临近簇，将时间复杂度降低，使得该方法可以应用到大数据集上。[161]

2.5.2.3　密度类聚类

基于密度的聚类算法克服了其他聚类算法只能识别球形聚类簇的缺点，对带有噪声数据的数据集来说具有重要意义。[162] 其主要思想是从数据稀疏区域中判断哪个区域中的点很密，其密度超过了设定的阈值，那么就把这个区域中的点归为一类，并将稀疏区域中的数据点标记为噪声。目前，具有代表性的基于密度的聚类算法有 DBSCAN 算法和 OPTOCS 算法。

（1）DBSCAN 算法

Ester Martin 等人提出的 DBSCAN（Density-Based Spatial Clustering of Applications with Noise）算法[163] 是一种基于密度的空间数据聚类方法，其中心思想是在数据集区域内，通过低频对高频数据点进行分割，寻找数据点密度相连的最大集合来发现聚类的最终结果，表 2-21 给出了 DBSCAN 算法的基本过程。

表 2-21　DBSCAN 算法典型流程

输入：数据集 D，E 领域，最小数目 MinPts

输出：簇划分结果

①判断未处理的数据点是否为核心对象；

②如果该点是核心点，找出所有从该点出发密度可达的数据点组成一个簇；如果该点为边界点，处理下一个数据点；

③重复步骤②，直至所有数据点被处理

性能分析：DBSCAN 算法是一种典型的基于密度聚类的算法，不仅能够消除数据集中的噪声，还能够发现任意几何结构的簇。不过，它对用户设定的输入参数较敏感，聚类效果受到参数的影响较大；并且，对于高维数据，对于距离定义很难给出好的解决方案[164]。

（2）OPTOCS 算法

OPTICS(Ordering Points to Identify the Clustering Structure)算法[165]是从 DBSCAN 算法演化而来的一种基于层次密度的聚类算法，为自动和交互的聚类分析计算一个簇次序，这个次序代表了数据基于密度的聚类结构。它包含的信息，等同于从一个宽广的参数设置范围所获得的基于密度的聚类。表 2-22 给出了 OPTICS 算法的基本过程。

表 2-22　OPTICS 算法典型流程①

输入：样本集 D，邻域半径 ε，给定点在 ε 领域内成为核心对象的最小领域点数 MinPts
输出：具有可达距离信息的样本点输出排序
①建立两个队列：有序队列（核心点及该核心点的直接密度可达点）、结果队列（存储样本输出及处理次序）；
②如果 D 中数据全部处理完，则算法结束，否则从 D 中选择一个未处理且未有核心对象的点，将该核心点放入结果队列，该核心点的直接密度可达点放入有序队列，直接密度可达点按可达距离升序排列；
③如果有序队列为空，则回到步骤②，否则从有序队列中取出第一个点进行扩展，并将取出的样本点保存至结果队列中，如果它不存在结果队列当中的话： a. 判断该点是否为核心点，不是则回到步骤③，否则找到该点所有的直接密度可达点； b. 判断该直接密度可达样本点是否已经存在结果队列，如果有序队列中不存在该直接密度可达样本点，则找到其所有直接密度可达点，将这些点放入有序队列，且将有序队列中的点按照可达距离重新排序，如果该点已经在有序队列中且新的可达距离较小，则更新该点的可达距离； c. 重复步骤③，直至有序队列为空；
④算法结束，输出结果队列中的有序样本点

性能分析：OPTICS 算法不仅解决了 DBSCAN 算法的全局密度参数不能刻画其内在结构这个问题，还能够可视化数据集的簇结构，让被处理数

① 赵全飞. 改进的自适应性密度聚类算法[D]. 天津：天津工业大学，2016.

据集的簇结构更加清晰地呈现出来。但是由于 OPTICS 算法需要额外的距离计算和簇抽取过程，它的运行速度要慢于 DBSCAN 算法。[166]

综上所述，基于密度的聚类算法的优点是可以找到任意形状的簇，并且对噪声不敏感，能更好地摆脱噪声点的干扰。但是它与大多数聚类算法一样，需要手动设置聚类参数，参数不同将导致聚类结果不同；以及存在难以处理高维数据、时间复杂度高等问题。

2.5.2.4　基于网格的聚类

基于网格的聚类算法主要用于处理大规模多维数据的聚类问题。其基本思想是将数据空间分割成网格结构，然后在这些网格单元上执行聚类操作。[167] 表 2-23 给出了基于网格的聚类算法的基本步骤。

表 2-23　网格聚类算法典型流程

输入：数据
输出：划分结果

①建立网格结构。将要处理数据所分布的空间用网格的结构进行分割，如一维的数据用点来分割，二维的数据用线来分割，分割得到的每个小块成为单元；
②计算单元密度。单元的密度定义为位于其中数据点的数量与单元空间大小的比值；
③对单元按照密度进行排序。按照步骤②中计算得到的密度将单元降序排列；
④识别簇中心。具有最高密度的单元即簇中心；
⑤对邻接单元进行遍历。从簇中心开始，对与其邻接的单元进行遍历，找到同一簇中的其他单元

性能分析：基于网格的聚类算法主要优点是能处理大数据集的聚类问题，其处理的时间与数据量基本呈线性关系，主要依赖于数据空间的维度和每一维的单元数量。但是，由于这种算法使用了单一且不灵活的网格结构，对于那些高度不规则分布的数据或者局部分布的数据，算法也很难有效发现其分布结构。[168]

综上所述，基于网格的聚类算法在对单元进行排序和识别簇中心的时候，需要计算每个簇的密度，因此，有些时候学者们结合层次聚类、密度聚类的思想对其进行改进，例如，1997 年由 Schikuta 等提出的 BANG 算法结合了层次聚类，将数据的值空间划分为一个层级的网格区域的集合，根据这些网格结构的区块的信息来聚类。[169] Wang 提出的 STING 算法[170]

将数据的值空间划分为网格并组织成层次形式，每个高层的网格区块划分成多个低层区块，最终可以在该层次结构上查询所需的信息，因此，这种算法能够高效地对一些常见的查询进行处理，并且不需要访问整个数据库。

2.5.2.5　基于模型的聚类

基于模型的聚类方法旨在从概率的角度为要聚类的数据构建一个拟合度高的数学模型，其基本思想是：为每个聚类假设一个模型，再去发现符合模型的数据对象，试图将给定数据与某个数学模型达成最佳拟合。① 来自一个簇的数据会服从相同的概率分布，因此，该方法通常要假设数据由混合概率分布生成，聚类问题可以通过对混合模型进行参数估计来求解。在基于模型的聚类算法中，最常见的便是期望最大化（expectation maximization，EM）算法和自组织特征映射神经网络（self-organizing feature mapping，SOM）。

（1）期望最大化算法

期望最大化算法是一种基于统计学的聚类算法，用于含有隐变量的概率模型参数的极大似然估计和最大后验概率估计。[171]它的计算过程和 k-means 极为类似，都是从一个初始状态逐步迭代收敛的过程。表 2-24 给出了 EM 算法的基本过程。

表 2-24　EM 算法典型流程

输入：观测数据 X，隐变量 Z
输出：模型参数 θ
①初始化模型参数 $\theta = \theta^{(0)}$；
②E 步骤：根据参数初始值或上一次迭代的模型参数来计算出隐性变量的后验概率，作为隐藏变量的现估计值；
③M 步骤：将似然函数最大化以获得新的参数值；
④判断算法是否收敛，如果算法不收敛则返回第②步，否则返回参数 $\theta^{(t+1)}$

性能分析：EM 算法是一种用于计算非完整数据的极大似然估计和概率分布的迭代算法，突出的优点是简单、稳定、精度高、恒收敛性。[172]但

---

① 宋浩远. 基于模型的聚类方法研究[J]. 重庆科技学院学报（自然科学版），2008（3）：71-73.

是，EM 算法能保证收敛于某个最大值，可能只是局部最大，它的解依赖于初值的选取，如果初值选取得不好，算法的收敛过程将会非常慢。因此，针对此问题，也有学者提出一些扩展算法，例如基于拆分合并的期望最大化算法[173]、基于遗传算法的期望最大化算法[174-175]。

（2）自组织特征映射神经网络（self-organizing feature mapping，SOM）

SOM 是 T. Kohonen 于 1990 年提出的无监督学习模式，其基本思路是用低维目标空间的点去表示高维原始空间的点，使得这种表示能尽可能地保留原始的距离和相似性。[176] 表 2-25 给出了 SOM 算法的具体步骤。

表 2-25　SOM 算法典型流程

①初始化参数，连接权值 $w_{ij}(t)$，领域半径 α 和学习速率 β；

②输入训练样本 $x_i(i=1, 2, \cdots, n)$；

③计算训练样本与其对应输出神经元的欧式距离，其中最小距离的节点为获胜节点；

④更新获胜神经元与领域内其他神经元的连接权值；

⑤根据迭代次数 g 更新领域半径和学习速率；

⑥判断终止条件（最大迭代次数或者预设精度），否则转步骤②

性能分析：SOM 算法模拟人体神经网络系统无监督地自组织学习，自适应学习能力和鲁棒性强，而且该方法网络结构简单，具有特征映射的能力，提供了可视化的结果。但是，SOM 算法中数据的输入顺序会影响甚至决定输出的结果，要想往网络中加入新的类别，必须先完整地重新学习之后方可进行。另外，连接权值初始值、计算策略、参数选择不当时会导致网络收敛时间过长，甚至难以达到收敛状态。[177]

综上所述，基于模型的聚类方法主要是指基于概率模型的方法和基于神经网络模型的方法，尤其以基于概率模型的方法居多。这类方法灵活且功能强大，已经成功地应用于实践，但仍存在一些问题，对于非正态分布数据、高维数据以及大数据集，该方法的执行效率较低，还需要改进和扩展。

2.5.2.6　谱聚类

谱聚类算法是一种基于谱图理论的聚类算法[178]，其本质是将聚类问题转化为图的最优划分问题，是一种点对聚类算法，通过对样本数据的拉普拉斯矩阵的特征向量进行聚类，从而达到对样本数据聚类的目的。谱聚类可以理解为一种基于两点之间的相似关系的方法，这使得该方法适用于非测度空间①。表 2-26 给出了谱聚类的基本流程。

表 2-26　谱聚类的经典流程

输入：n 个样本点 $X = \{x_1, x_2, \cdots, x_n\}$ 和聚类簇的数目 k
输出：聚类簇 A_1，A_2，$\cdots$，A_k
①利用点对之间的相似性，构建亲和度矩阵；
②归一化普拉斯矩阵；
③生成最小的 k 个特征值和对应的特征向量；
④使用 k-means 算法将特征向量聚类成簇；
⑤输出簇 A_1，A_2，$\cdots$，A_k

性能分析：谱聚类算法建立在谱图理论基础上，其本质是将聚类问题转化为图的最优划分问题，是一种点对聚类算法。与传统的聚类算法相比，它具有能在任意形状的样本空间上聚类且收敛于全局最优解的优点。[179]但随着应用的深入，谱聚类也还存在一些问题，具体包括：由于谱聚类中涉及矩阵特征值和特征向量的计算，时间和空间复杂度高，以及谱聚类对相似度图的改变和聚类参数的选择非常敏感等问题。

目前，很多学者已经关注了这些问题，并且提出了多种解决方案。例如，Song Y 等提出一种并行化的处理方法，通过机器集群的优势来解决谱聚类对时间和空间的要求。[180]徐森等人提出了一种新的基于二部图的聚类方法并命名为 BGSP 算法，该算法利用二部图模型同时建模对象集和超边集，并设计了正则化谱聚类算法，解决了二部图的划分问题，经试验检测具有较高的运行效率。[181]

2.5.3　大规模多维数据聚类技术

尽管人们已经开发了大量的聚类算法，在某些应用领域已经取得了很好的效果，但大数据时代的到来给这些传统聚类方法带来了更大的挑战。一方面，一般的聚类方法只能够有效处理低纬度、小数量的数据集，但随着大数据的发展，数据量正在以从未有过的速度爆炸性增长，传统的聚类算法无法再对这些大规模多维数据进行处理；另一方面，由于高维数据特

---

① Buhmann J M. Data Clustering and Learning [C]. The Handbook of Brain Theory and Neural Networks，Cambridge：The MIT Press，2002：308-312.

征间存在着大量冗余和相关性，大多数聚类方法的算法复杂度都很高，在处理这些数据时会消耗大量的时间，导致效率低下。因此，随着数据库技术和互联网的发展，学术界从不同角度提出了许多可行的算法，代表性方法主要包括多机聚类、高维聚类等[182]，如图 2-7 所示。

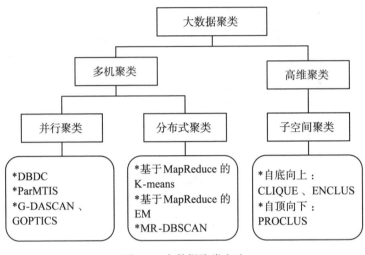

图 2-7　大数据聚类方法

2.5.3.1　多机聚类

多机聚类是将海量数据划分到多个机器进行聚类，若聚类处理过程人为干预则称为并行聚类，若聚类处理过程由机器自动完成不需要人为干预则称为分布式聚类。[183] 由于多机聚类需要在多台机器之间交换信息，那么如何降低时间复杂度，尽可能减少交换信息的次数就是主要需要解决的问题。然而由于大数据的数据类型和数量多样，所以不同的机器可能涉及不同的聚类算法，而这是影响聚类效果和时间的主要问题，也是研究者们关注的主要方面。

具体而言，多机聚类的主要步骤如下：①将海量数据按照类型划分到不同的机器，实行分组聚类；②聚类结果汇总和分析；③根据分析的结果改进聚类过程，再次实行聚类；④不断循环聚类过程直至符合终止条件。可见，多机聚类是波浪式、循环、不断前进地构造聚类簇的过程，主要包括分布式聚类和并行聚类两种类型。

（1）分布式聚类

随着 Google 的 Map Reduce 分布式平台的出现，很多单机无法完成的计算任务现在成为可能，即便是一些计算复杂度很高的计算，也可以在可接受的时间内完成。[184-186]分布式聚类算法的核心策略主要分为三步：一是对分散在不同区域的局部数据进行局部聚类，构建局部模型；二是对局部聚类的结果进行二次聚类，合并整合，以获得全局聚类的结果；三是根据全局聚类的结果，对局部数据的归属进行调整，最终完成分布式聚类。

Apache 基金会基于 Map Reduce 思想开发了 Hadoop 开源项目，更使得分布式的应用越来越多。其中 PK-means[187]是传统的 k-means 算法在 MapReduce 框架上的主要应用；MR-DBSCAN[188]也是传统密度聚类算法在该平台的应用与结合。这些算法无论是从数据吞吐量还是时间复杂度等方面都有了明显的提升。

（2）并行聚类

并行聚类就是聚类数据交换等过程由人为操作完成，和分布式聚类相比较，整个聚类过程很大部分都掌控在人们的手中，可以根据分析结果进行适当调整。[189]而且，对大数据的处理需要并行计算，从而在合理的时间内获取结果，并行聚类对数据进行划分并将其分布在不同的机器上，这使得单台机器聚类速度加快，并且增加了可扩展性。

DBDC 算法[190]是传统 DBSCAN 的大数据对应聚类方法，在聚类效果相同的前提下，DBDC 算法的执行效率提高了 30 倍。ParMETIS 算法[191]是 METIS 算法的大数据并行执行版本，是一种面向大数据的层次型并行聚类技术，能够在不损失聚类效果的情况下，极大地提高执行效率。此外，国外研究还出现了很多以 GPU 为基础的并行聚类算法，其中有代表性和相对成熟的有 G-DBSCAN[192]、G-OPTICS[193]，它们都很好地加快了聚类速度，显示出了更好的聚类效果。

综上所述，分布式聚类的执行框架对用户来说，既隐藏了负载均衡、出错控制与计算资源的分配等网络问题，又自动执行数据划分、信息交换等数据处理问题，体现了"计算向数据靠拢"的执行理念。而并行聚类则在处理网络与处理数据两个方面都需要人工干预，需要消耗大量的时间与精力，执行聚类的难度很大，体现的是"数据向计算靠拢"的执行理念。

2.5.3.2　高维聚类

高维聚类是指样本点维度很高的聚类算法，将高维数据集划分为若干个子空间，从而解决传统聚类降维算法带来的数据信息损失。[194]子空间聚类算法是实现高维数据聚类的有效途径，其思想是将搜索局部化在相关维中进行。[195]基于搜索子空间策略，具体可以分为自底向上和自顶向下两种。

（1）自底向上

自底向上子空间聚类算法一般是基于网格密度，采用自底向上搜索策略进行的子空间聚类算法[196]。它先将原始特征空间分为若干个网格，再以落到某网格中样本点的概率表示该子空间的密度情况，对于密度超过一定阈值的子空间作为密集单元进行保留，而对非密集的子空间则进行舍弃。经典的自底向上子空间聚类方法有最早的静态网格聚类算法CLIQUE[197]、利用熵理论作为密度度量的 ENCLUS 算法[198]，以及后来提出的通过动态查找策略得到更加稳定划分结果的 MAFIA[199] 和 DOC 算法[200] 等。

这类算法的优点就是对数据元组的输入顺序不敏感，无需假设任何规范的数据分布，并且算法随着输入数据的大小线性扩展，当数据的维数增加时具有良好的可伸缩性。但是，自底向上这类算法也存在两个主要的问题：一是会有重叠的簇产生，导致一些点可能被划分到多个簇中；二是算法受到网格大小及密度阈值的影响，导致聚类结果的精度不稳定。

（2）自顶向下

自顶向下的子空间聚类方法是基于数据投影技术，运用迭代搜索策略在整个维度集中查找聚类并评估每个聚类的子空间的方法。具体而言，首先将整个样本集划分为 C 个数据簇，对于每个数据簇赋予相同的权值，并为每一类的各个特征赋予不同的权重。然后利用迭代策略对这些初始划分不断进行改进和更新，产生新的权重和聚类划分。由于在大规模数据集中，多次迭代所需的计算复杂度相当高，因此，这类算法通常利用采样技术提高其算法的性能。PROCLUS 是最早且最经典的自顶向下子空间聚类算法[201]，适合发现超球面形状的数据簇。ORCLUS[202] 也是这类方法的经典算法，通过产生一个集合来分析孤立点。

自顶向下的子空间聚类算法由于使用了采样技术，在聚类速度方面明显优于自底向上的子空间聚类算法。但是，这种算法对数据集的参数设置比较敏感，抽样技术中如果采样数据选择不合理，会使得算法结果丢失一些有意义的簇类，影响聚类效果。

2.5.4　知识聚类技术述评

数据挖掘中的聚类分析主要研究对海量数据进行分析时的有效性和实用性，以提高它们的可伸缩性和对高维数据以及混合数据的处理能力。[203] 总体上说，由于数据挖掘所面对的数据对象日趋复杂，知识聚类技术的研究面临着许多问题和挑战。目前，应该主要关注两大方面：其一，算法自身的改进，即应该更加注重提高算法的聚类效果，如降低时间复杂度、噪声的鲁棒性、初始值敏感改善、局部收敛改善等方面；其二，应该注重将传统的聚类算法与大数据平台进行结合，以适应大数据时代的各种发展。

①应用算法改进方面。聚类分析是数据挖掘的一个重要领域，相关的聚类算法也有很多，不同的聚类算法大多适用不同的领域，如模糊 C 均值聚类主要应用于图像分割领域。根据相关参考文献可以发现，很多时候将不同的算法结合，或者替换相似度度量标准等都可以有不同甚至更好的效果。

②大数据趋势方面。大数据环境下，数据对象不仅有数值类型的数据，更多的还包括二元类型、空间数据、多媒体数据、时间序列数据、文本数据、Web 数据以及数据流。好的聚类技术应具有处理不同类型属性的能力，大数据聚类算法[204]将是未来研究的热点，在这方面国内相关研究还处于起步状态，需要进一步展开研究。

2.6　本章小结

本章主要从理论、方法与技术三个方面指出了本书的相关研究基础。在理论方面，主要从哲学理论与一般理论进行了探讨。具体而言，在哲学理论基础方面，本章首先对科技文献中知识单元整体与部分之间的关系进行了辩证分析，指出了整体与部分之间的对立统一关系，并在此基础上分析了科技文献多粒度层级知识分割的还原论与系统论的哲学基础。在一般理论基础方面，本章对认知理论、知识元理论、知识构建理论、知识基因理论和意义构建理论进行了分析，为数字图书馆科技文献的多粒度层级知识分割方法提供理论依据。在相关方法与技术方面，为给基于知识元的科技文献多粒度层级知识分割提供技术支撑，本章首先对频繁规则挖掘技术进行了研究，分析了 Apriori 算法、GSP 算法、SPADE 算法、SPAM 算法、MEMISP 算法和 Prefixspan 算法等的优势和不足，为描述知识元的序列模式的生成奠定基础；而后，又对知识抽取技术进行了分析，主要是对面向英文的知识抽取技术与面向中文的知识抽取技术进行了比较研究，从而为知识元的抽取提供技术支撑；最后，对知识聚类技术进行了研究，具体包括知识传统聚类技术和面向大规模多维数据的聚类技术，为优选出适合基于知识元的多粒度层级知识分割的聚类技术提供依据。

第 3 章　科技文献多粒度层级知识分割框架研究

3.1　科技文献多粒度层级知识分割的基本概念

3.1.1　知识单元及其粒度

1. 知识单元

所谓知识单元，是指构成知识体系的自成一组的相对独立的基本单元，也即能够独立表达某个知识内容的基本单位。知识单元不同于物质单元和文献单元，有着自身的属性和特点：① 知识单元具有多向成簇的特性，可以与其他相关知识单元相互关联，组成更大的知识单元；② 知识单元具有分解性，可以被分解为更小的知识单元，直至不可再分解为止。

知识单元通常具有三个基本属性：① 知识单元的内部属性，该属性反映了构成知识单元的知识元素以及知识要素之间的交互关联，是对该知识单元属性的描述；② 知识单元的外部属性，该属性揭示了一个知识单元与其他知识单元之间的相互关联，是对知识单元之间关系的描述；③ 知识单元的情景属性，该属性反映了一个知识单元所处于的上下文背景，是对外部情境关联的描述。

2. 知识单元的粒度

所谓知识单元的粒度，是对知识单元中包含的知识量的度量。知识单元通常是由不可区分、相似性、近似性的知识元素构成的集合。知识单元有大有小，也即知识单元的粒度有粗有细，一个较粗粒度的知识单元通常包含较多的知识内容，包含的知识量较大，反之，一个细粒度的知识单元通常包含的知识内容较少，富含的知识量也较小。对于一个知识单元来说，它可以作为一个细粒度的知识单元成为一个更粗粒度的知识单元的组成元素，同时，它也可以作为一个粗粒度的知识单元包含更多细粒度的知识单元。知识单元粒度的大小可以用知识粒度来度量。通常来说，最粗粒度的知识单元可以被认为是人类全部知识的总和，最细粒度的知识单元是组成知识的基元，也即"知识元"。

3.1.2 知识单元结构

所谓知识单元结构，是指对知识单元的一种结构化描述方式，具体来说，知识单元的结构由知识元素、知识层和分层结构三部分构成，知识单元结构给出了一个结构化的、系统化的知识单元描述方式。知识单元结构具体可以划分为三个层次的结构形式：知识单元的内部结构、知识单元的层次结构和全知识单元空间的整体结构。

（1）知识单元的内部结构

知识单元的内部结构是指构成知识单元的知识元素之间的相互关系。知识单元内部通常包含多种知识元素，这些知识元素在知识单元内部并不是孤立地堆积在一起，而是依据内在的逻辑关系有机关联在一起，知识单元内部的知识元素以及知识元之间的关联关系共同构成了知识单元的内部结构。

（2）知识单元的层次结构

知识单元的层次结构是指不同粒度大小的知识单元之间的隶属关系。知识单元的层由同样大小或同样性质的知识单元组成，不同的层可以借助划分和组织形成一个多层次的粒结构，在知识单元的层次结构中，每一层次由多个相互关联的知识单元构成，不同的层次由不同粒度和尺度来描述。

（3）全知识单元空间的整体结构

所有知识单元层之间的相互关联就构成了全知识单元空间的整体结构，全知识单元空间的整体结构可以看作整个知识单元层结构，该结构将知识单元有序地组织起来，形成一个较为简单的多层次的结构体系。知识单元的多层次结构是对知识的复杂网络结构的一种简化，是人们简化知识理解、组织、管理和提供知识服务的一种有效方法。在知识单元结构中，不同的粒度层次使得人们对知识有多层次理解。知识单元结构为科技文献多粒度层级知识分割中各种粒度的知识单元的识别提供了依据。

3.1.3 知识单元划分

所谓知识单元划分，是指将知识从高层粗粒度的知识单元向低层细粒度的知识单元进行转化的过程。知识单元的划分在本质上就是依据知识单元划分的准则对知识单元进行逐层分解。知识单元划分的准则是指对知识单元进行划分的依据，也即知识单元所共有的某个属性。每一个知识单元层次都是由许多相似的知识单元构成，在对同一层次的知识单元进行划分时只能依据唯一的知识单元划分原则，也即不同的知识单元划分准则对应不同的知识单元层，进而获得由所有知识单元层次构成的知识单元的分层结构。

知识单元划分涉及的内容包括：知识单元划分准则、知识单元划分方法、知识单元和知识单元结构表示、知识单元和知识单元结构定性和定量描述等。知识单元划分准则的基本要求是通过知识单元划分所获得的细粒度的知识单元能够使得人们更加容易地理解知识内容的本质，在保证知识单元内容尽可能不变的前提下，删除一些不相关的内容，从而在一定程度上达到降低知识复杂程度的目的。知识单元划分的方法主要有两种：一种是自顶向下依据知识单元划分的准则通过逐级分解将粗粒度的知识单元划分为更加细粒度的知识单元；另一种是自底向上通过采用关联组合或聚类等方式依据知识单元划分准则将细粒度的知识单元组织为更加粗粒度的知识单元。知识单元划分的方法为本书基于知识元的科技文献多粒度层级知识分割提供了方法上的指导。

3.1.4　多粒度层级知识分割

所谓多粒度层级知识分割，是指在对知识内容进行分析的基础上，依据知识的结构特征，根据包含知识内容的多少对知识进行自上而下或者自下而上的分割，形成一个多粒度的层级知识结构的过程。对知识进行多粒度层级知识分割的目的在于降低人们的认知负担，实现一站式的"检索即所得"的真正意义上的完全个性化的知识服务。多粒度层级知识分割的本质在于实现知识的多粒度划分。

多粒度层级知识分割的功能是实现科技文献中最细粒度的知识单元（也即知识元）的识别，以及基于最细粒度的知识元的粗粒度知识单元的知识划分和多粒度层级知识结构的构建，涉及的具体内容包括：知识元的识别、粗粒度知识单元的知识划分、科技文献多粒度层次结构的构建等。最细粒度的知识单元识别的主要任务是从科技文献中识别出知识元的边界，也即确定哪些语句属于某个知识元。知识单元划分的主要任务是实现对科技文献中包含的知识的多粒度层次分割；知识单元层级知识结构构建的主要任务是实现知识单元的多层次语义关联。

3.2　科技文献多粒度层级知识分割的基本原则

科技文献多粒度层级知识分割的主要目标是识别科技文献中各种粒度大小的知识单元以及由它们之间的语义关系构成的知识结构体系，为此，在对科技文献进行多粒度层级知识分割时需要重点考虑以下几个问题：科技文献中知识单元的多粒度划分问题和科技文献多粒度知识单元的组合问题。对于这些问题和任务，多粒度层级知识分割需要一系列相互关联、相互支持的原则作为支撑。这些原则可以细分为两类：科技文献多粒度知识单元划分原则和科技文献多粒度知识单元组合原则。

3.2.1　科技文献多粒度知识单元划分原则

科技文献多粒度知识单元划分的主要作用是识别出科技文献中各粒度大小的知识单元，从而为多粒度知识结构体系的构建奠定基础。具体来说，科技文献多粒度知识单元的划分原则包括分割原则、简化原则、分层原则和结构原则。

（1）分割原则

知识分割是科技文献多粒度层级知识分割最基本的操作，也即根据知识的内在逻辑及关联对科技文献进行逐层还原。知识的分割原则是要求同一分割层次中各知识单元具有相对的独立性，也即同一知识单元内部具有高度的内聚性，而不同知识单元之间具有相对较低的耦合性。这种尽可能增加同一知识单元中的内聚性、减少不同知识单元之间的耦合性便是知识分割的基本原则。该原则体现了还原论的基本思想。

（2）简化原则

在对科技文献进行多粒度层级知识分割时，为了揭示科技文献的深层次本质内容，必须把复杂的知识内容简化为较为简单的知识单元，以易于人们理解和掌握，也即科技文献多粒度层级知识分割的简化原则。如果在进行科技文献多粒度层级分割时，分割的结果(生成的细粒度的知识单元)比不分割(科技文献中粗粒度的知识单元)更复杂的话，那就失去了对科技文献进行多粒度层级知识分割的意义和价值。

（3）分层原则

现代科学研究发现，无论是复杂的事物还是简单的事物，其结构组成上都具有层次性，科技文献也不例外。科技文献多粒度层级知识分割的主要思想是基于最细粒度知识元的多粒度层级知识结构的构建。分层原则强调在将粗粒度知识单元逐层分解为多个细粒度的知识单元的过程中，层次应当适度，既不能太少，也不能太多。层次太少，会导致各层次的知识单元粒度过大，包含的知识内容太多，难以灵活地加以组织和管理。层次太多，则意味着知识单元的粒度较细，如细化到语句或词单元，虽然简化了相邻层次之间的控制关系，但却增加了层间控制的总数，也不利于对各知识单元有效组织和管理。

（4）结构原则

科技文献本身由多个知识单元组成，知识单元之间并非简单的堆砌，而是存在某种有机的联系，相同的知识单元由于关联方式不同，也即形成的结构不同，表达的意义可能不同，具备的功能和属性也可能存在差异，由此可见，在对科技文献进行多粒度层级知识分割时要遵循结构原则，在将科技文献中的复杂知识还原为知识单元的同时，揭示知识单元之间的关系。

3.2.2   科技文献多粒度知识单元组合原则

科技文献多粒度知识单元组合的主要目的是揭示科技文献中各粒度大小的知识单元之间的关联，构建科技文献知识内容的结构体系。具体来说，科技文献多粒度知识单元的组合原则包括整体性原则、关联性原则、有序性原则、综合性原则和最优化原则。

（1）整体性原则

整体性原则要求数字图书馆在对科技文献中各粒度大小的知识单元进行组合，生成更粗粒度的知识单元时，始终把知识单元看作由各个更为细粒度的知识单元组成的合乎逻辑的有机单元。整体性原则强调的是知识单元本身的整体性知识结构。该知识结构使得知识单元成为由细粒度的知识单元组合而成的有机体，而不是各细粒度的知识单元的简单机械相加，进而使得知识单元本身具备各个组成部分（也即细粒度的知识单元）所不具备的知识内容。

（2）关联性原则

关联性原则要求数字图书馆在对科技文献中知识单元进行组合，生成更粗粒度的知识单元时，应当注意揭示知识单元之间的联系。这是因为两个知识单元，即便它们包含完全相同的多个细粒度的知识单元，如果这些细粒度的知识单元之间的语义关联不同，那么这两个知识单元所表达的知识内容也不尽相同。

（3）有序性原则

有序性原则要求数字图书馆在对科技文献中知识单元进行组合，生成更粗粒度的知识单元时，要建立在由稳定的本质联系构成的语义结构之上，从而保证新生成的知识单元的有序性。知识单元的有序性是知识单元内容有机语义联系的反映，由于本质联系往往揭示了知识单元的规律性，因此，在某种程度上可以帮助人们掌握知识单元的知识内容。

（4）综合性原则

综合性原则要求数字图书馆在对科技文献中知识单元进行组合，生成更粗粒度的知识单元时，要对知识要素进行综合考察，也即对知识单元的构成要素、语义关联结构以及由结构决定的知识单元内涵等进行系统分析。综合性原则认为，粗粒度的知识单元都是由较为细粒度的知识单元有机合成的综合体。

（5）最优化原则

最优化原则要求数字图书馆在对科技文献中知识单元进行组合，生成更粗粒度的知识单元时，要求整体最佳。也即是说，从知识单元要素之间所有关联中，选择出最优的语义关联方式，使得组合而成的粗粒度的知识单元的整体语义达到最适当的有序稳定状态，能够更准确地表达和揭示某个知识内容。

3.3　科技文献多粒度层级知识分割的基本策略

为实现数字图书馆科技文献的多粒度层级知识分割，本书首先对多粒度层级知识分割的策略进行了研究。根据在对数字图书馆科技文献进行多粒度层级知识分割时所依据的先验知识的不同，本书提出了三种基于序关系的多粒度层级知识分割的策略，即自顶向下、自底向上、自中向外。它们是数字图书馆科技文献多粒度层级知识分割的三种基本策略。

3.3.1　自顶向下的多粒度层级知识分割策略

自顶向下的多粒度层级知识分割策略，是从粗粒度的知识单元开始，基于对科技文献中粗粒度的框架性知识的把握，依据不同粒度大小的知识单元之间的属分关系，自顶向下地将科技文献中知识单元的粒度逐步细化为更小的知识粒度，直至不能再分割的知识单元（也即知识元）为止。自顶向下的数字图书馆科技文献的多粒度层级知识分割策略是还原论的具体实现，通过知识粒化，一个较大的知识单元被逐级分解为若干较小的知识单元。这种对科技文献进行多粒度层级知识分割的好处在于，它能够基于对科技文献中知识内容的整体认知，在高层粗粒度知识的指导下，逐步由表及里由浅入深地对科技文献进行多粒度知识分割，最终达到对科技文献中包含的知识内容进行多粒度知识分割的目的，这也符合人们的一般认知过程。由此可见，自顶向下的数字图书馆科技文献的多粒度层级知识分割策略适用于一开始对科技文献中包含的知识内容在整体上有一定认知，然而对局部的细粒度知识单元缺乏了解的情况。

3.3.2　自底向上的多粒度层级知识分割策略

自底向上的多粒度层级知识分割策略与自顶向下的多粒度层级知识分割策略相反，该策略从最细粒度的知识单元(也即知识元)开始，基于对最细粒度的知识单元之间的相似度计算，在保证最细粒度知识单元之间序关系的前提下，由部分到整体，自底向上地将细粒度的知识单元逐步泛化为更粗的知识单元的过程。自底向上的数字图书馆科技文献的多粒度层级知识分割策略采用的是系统论的基本理论，是综合思维的具体实现，通过自底向上的多粒度层级知识分割策略，数字图书馆可以在对很多细粒度知识单元理解的基础上，将其整合为更高层次的粗粒度知识单元，进而实现对数字图书馆科技文献的多粒度层级知识分割。这样，通过对细粒度知识的相关度的计算，自底向上不断合成，实现科技文献多粒度层级知识结构的构建。这种自底向上的数字图书馆科技文献多粒度层级知识分割策略比较适用于对科技文献细节知识有所把握的情况。在这种情况下，由于数字图书馆没有对知识的整体认知，自底向上的多粒度层级知识分割策略可以帮助数字图书馆实现由对局部知识的把握上升到对知识整体结构的揭示。

3.3.3　自中向外的多粒度层级知识分割策略

自中向外的多粒度层级知识分割策略，是指自中间某个粒度层次的知识单元开始，基于相邻层知识单元之间的关系，对中间层知识单元的粒度进行向上泛化生成粗粒度的知识单元或向下细化生成更粒度的知识单元的过程。自中向外的数字图书馆科技文献的多粒度层级知识分割的策略是综合采用还原论和系统论的思想，通过对知识粒度的细化和泛化达到对知识整体进行多粒度层级知识分割的目的。这种自中向外的科技文献知识分割的策略比较适合于对知识整体的认知不完备的情况。由于对知识整体的认知不全面，因此就无法采用自顶向下的科技文献多粒度层级知识分割的策略，又由于具备一定的对知识整体上的认知，因此，也不宜采用自底向上的多粒度层级知识分割的策略。然而，由于对中间某个粒度层次上的知识了解比较深刻，因此，就可以从该中间粒度大小的知识单元开始，采用自中向外的数字图书馆科技文献的多粒度层级知识分割策略，最终实现对科技文献整体知识结构进行揭示的目的。

综上可知，三种不同的数字图书馆科技文献多粒度层级知识分割策略具有不同的优缺点。首先，自顶向下的多粒度层级知识分割策略，基于对科技文献全局知识的把握，对科技文献进行对粒度层级知识分割，可以在一定程度上保证知识分割的整体最优，但由于缺乏对局部信息的把握，在对知识单元进行逐步细分的过程中，可能导致细粒度知识单元界限识别的错误。其次，自底向上的多粒度层级知识分割策略，由于对最细粒度的知识单元有较为清晰的把握，可以在根本上保证对知识单元的错误分割，但在自下而上逐步合成粗粒度的知识单元时，由于缺乏对全局知识的把握，也可能导致粗粒度知识单元界限的识别错误。而自中向外的多粒度层级知识分割策略，虽然可以在一定程度上保证中间粒度大小的知识单元识别的准确性，但由于同时缺乏整体知识和局部知识的相关信息，因此，在向上泛化生成粗粒度的知识单元和向下细化生成细粒度的知识单元时都可能导致知识单元识别的错误。基于上述分析，本书在对数字图书馆科技文献进行多粒度层级知识分割时，充分利用自顶向下的多粒度层级知识分割策略和自底向上的多粒度层级知识分割策略的优势，采取自顶向下和自底向上相结合的多粒度层级知识分割策略。首先，采取自底向上的策略，识别出科技文献中最细粒度的知识单元，也即知识元，作为科技文献多粒度层级知识分割的基本单位；而后，采取自顶向下的策略，将科技文献中所有的知识元视为一个类，采取逐级二分的方式，对知识元进行划分，直到最细粒度的知识元为止，从而在一定程度上提高对数字图书馆科技文献多粒度层级知识分割的准确性。

3.4　基于知识元的科技文献多粒度层级知识分割框架构建

基于上述分析，为实现对科技文献的多粒度层级知识分割，本书依据科技文献多粒度层级知识分割的划分与组合原则，在科技文献多粒度层级知识分割基本策略的指导下，构建了基于知识元的科技文献多粒度层级知识分割研究框架（如图 3-1 所示），以为具体实施科技文献多粒度层级知识分割提供指导。由图 3-1 可知，基于知识元的科技文献多粒度层级知识分割框架主要包括 3 个步骤：科技文献中知识元序列模式生成、基于序列模式的科技文献中知识元抽取和基于知识元的科技文献多粒度层级知识分割。

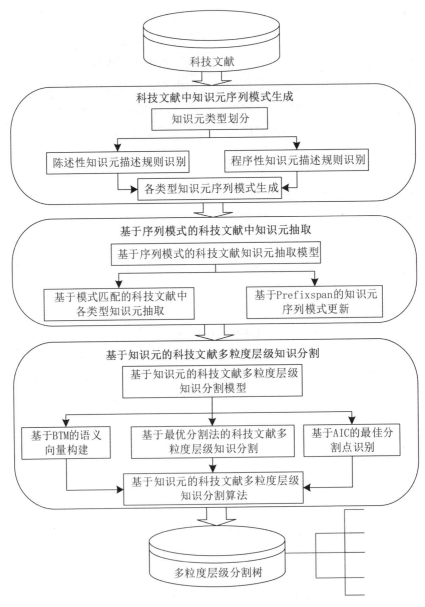

图 3-1   基于知识元的科技文献多粒度层级知识分割框架

　　(1)科技文献中知识元序列模式生成

　　该步骤的主要功能是实现从科技文献中识别出各种类型的知识元序列模式的目的。具体而言，首先，为提高知识元序列模式生成的有效性，将科技文献中的知识元划分为五种类型，即概念知识元、事实知识元、数据知识元、方法知识元和原理知识元等；接着，基于对科技文献中知识元类型的上述划分，有针对性地提出各种类型的知识元描述规则的识别方法，并借助该方法从科技文献中识别出各类型知识元描述规则；最后，借助依存句法分析将与知识元描述规则存在依存关系的句子成分融入知识元描述规则，以揭示知识元的整体语义信息，生成融入语义的知识元序列模式。

　　(2)基于序列模式的科技文献中知识元抽取

　　该步骤的主要功能是实现科技文献中各类型知识元的抽取。具体而言，首先，依据知识元序列模式，借助模式匹配算法从科技文献中抽取出各种类型的知识元；而后，借助 Prefixspan 算法，对从科技文献中新抽取的知识元进行学习，从中学习得到新的知识元序列模式，从而实现知识元序列模式的不断更新。

　　(3)基于知识元的科技文献多粒度层级知识分割

　　该步骤的主要功能是实现基于知识元的科技文献多粒度层级知识分割。具体而言，首先基于 BTM 实现科技文献中知识元和非知识元语句的语义向量构建，解决知识元和非知识元语句的数据稀疏问题；而后，基于最优分割算法实现对科技文献的预分割，识别出科技文献中所有的可能分割点；最后，依据 AIC 准则，从科技文献预分割生成的所有候选分割点中，识别出最科学的科技文献知识分割点，确定科技文献的最佳知识分割方案，生成一棵有机的包含多种粒度大小的知识单元的科技文献层级知识分割树，从而实现数字图书馆科技文献多粒度层级知识分割。

　　基于知识元的科技文献多粒度层级知识分割框架指出了在对科技文献进行多粒度层级知识分割时的基本步骤，接下来，本书将在后面几个章节详细论述各个步骤的具体实现过程。

3.5　本章小结

　　为给数字图书馆科技文献多粒度层级知识分割提供指导，本章在对多粒度层级知识分割的概念、多粒度层级知识分割的基本原则、多粒度层级知识分割的基本策略进行论述的基础上，构建了基于知识元的科技文献多粒度层级知识分割框架。具体来说，首先，在对知识单元、知识单元粒度、知识单元结构、知识单元划分等概念进行分析的基础上，明确了多粒度层级知识分割的概念，以界定本书研究的范畴；接着，指出了在对科技文献进行多粒度层级知识分割时所应遵循的原则，包括科技文献多粒度知识单元划分原则和科技文献多粒度知识单元组合原则；而后，指出了数字图书馆科技文献多粒度层级知识分割的基本策略，包括自顶向下的多粒度层级知识分割策略、自底向上的多粒度层级知识分割策略和自中向外的多粒度层级知识分割策略；最后，在上述研究的基础上，构建了基于知识元的科技文献多粒度层级知识分割框架，包括科技文献中知识元序列模式生成、基于序列模式的科技文献中知识元抽取和基于知识元的科技文献多粒度层级知识分割三个步骤。

第4章　科技文献中知识元序列模式生成

若要基于知识元对科技文献进行多粒度层级知识分割，首先需要能够从科技文献中识别和抽取出知识元，知识元抽取的方法主要可以划分为两大类：基于统计的方法和基于规则的方法。基于统计的知识元识别和抽取方法虽然自动化程度比较高，但准确率较低；而基于规则的知识元识别和抽取方法准确率较高，但需要较多的人工参与。为提高知识元识别的准确性，在总体上，本书采取基于规则的方式对知识元进行识别和抽取。由于采用的是基于规则的知识元识别和抽取方法，因此，就需要能够从科技文献中识别出知识元的描述规则。然而，需要指出的是，由于知识元描述规则缺乏语义信息，因此仅仅依靠从科技文献中识别出的知识元描述规则还很难实现各类型知识元的准确抽取，为此，就需要在知识元描述规则的基础上，融入能够揭示知识元内涵的语义信息，生成知识元序列模式，为基于规则进行知识元抽取奠定基础。

4.1　科技文献中知识元类型划分

由于不同类型的知识元，其描述规则并不相同，为此，若要准确、全面地识别和抽取出知识元的描述规则，进而在此基础上生成融入语义信息的序列模式，就需要明确科技文献中包含哪些知识元类型。为此，科技文献中所包含的知识元的分类问题成为亟待研究的重要理论问题。但是由于数字图书馆科技文献中包含的知识内容复杂多样，这给知识元类型的划分带来很大困难。致使不同学者划分的知识元类型并不统一，一定程度上影响了以知识元为基础的科技文献多粒度层级知识分割的有效实施。通过文献梳理发现，目前学者们主要从以下三个视角对知识元进行分类。

（1）根据知识的内容特征进行分类

知识属于认知的成果，不少学者从认知心理学的角度来观察知识的内容特征。美国心理学家 J. R. Anderson 从认知心理学的角度，把知识区分成两类：陈述性知识和程序性知识。[205]陈述性知识是关于"是什么"的知识，包括事实、概念等；程序性知识是关于"如何做"的知识，包括完成各种活动的方法、技能、原则和理论等。这种从认知心理学角度对知识内容进行分类的观点，为知识元的分类研究提供了可供借鉴的理论依据。

张静根据中小学各学科中所含知识的特点，将知识元分为概念型、原理型、方法型、事实型和陈述型。[206]其中，概念型知识元、原理型知识元都是指对事物性质、事物变化规律的认识；方法型知识元是指分析、解决问题的某种确定的方法；事实型知识元反映的是一个事实；陈述型知识元是用来表述两者之间的关系或表达某个观点。

温有奎根据知识元的内容特征将知识元主要分成两大类，即描述型和过程型，前者包括信息型、名词解释型、数值型、问题描述型和引证型，后者包括步骤型、方法型、定义型、原理型和经验型。[207]其中，信息报道型，是指重大事件、影响事件、典型事件的报道信息，强调事件的真实性、及时性、准确性；名词解释型，是对一个新术语进行全面、完整、准确、概括的描述，以便让人了解一个知识；数值型，是以数值形式存在，表达一个独立的数值事实概念；问题描述型，是对一个新问题进行独创性思考或有价值的回答；引证型，是对他人研究成果的引用；步骤型，是指精炼的、按步骤说明的、具有完整意义的知识；方法型，是对解决问题具有突破性改进的新方法，强调新颖性和独创性；定义型，是指新颖、简练、完整的概念、观点或定义；原理型，是指纯理论描述，揭示概念的知识；经验型，是由人们从经验得来的被证明是有价值的知识，大多是隐性知识。

付蕾在温有奎分类的基础上，认为知识元的类型主要包括定义型、属性型、类别型、引用型、数值型、实例型、术语型、符号型、理论型、步骤型、方法型等11种类型。[208]具体来看，定义型知识元，同前人学者们提出的概念型、名词解释型知识元一样，是指对一个专业术语进行描述和解释的知识元；属性型知识元，是指描述对象的特点、优缺点的知识元；类别型知识元，是指描述对象及类别的知识元；引用型知识元，是指引用他人成果或观点的知识元；数值型知识元，是以数值的形式存在，包含完整的、有价值的、可供研究分析的数值信息；术语型知识元，是指出现有英文的知识(特定中文或非中文形式的标题和符号)；符号型知识元，是指包含在一个知识元中非语言文字的内容；理论型知识元，是对复杂现象、问题和事物提出清楚、完全和系统性的观点；步骤型知识元，是指有固定的最终结论，或是具有固定顺序或步骤的知识；方法型知识元，是指对结果具有共识或是学科规范的知识，多反映专家思考和解决问题的方式。①

在此基础上，学者们发现知识元类型过多容易造成交叉歧义，且不利于计算机识别，便开始对知识元的种类进行再次划分与精简。原小玲根据知识元表达内容的差别，将知识元划分为理论与方法型知识元、事实型知识元和数值型知识元三种类型。[209]其中，理论与方法型知识元包括思想、方法论、公理、原理、定律以及正在探索的观念、观点、方法与技巧；事实型知识元包括自然、社会存在和演变的事实信息；数值型知识元包括各种数据类知识和科学数据，具有数值分析和知识推理功能，包含了大量的社会经济数据。②

廖开际根据文献段落的主题类型，将文献中的知识元划分为事件型、主体型、任务型。[210]其中，事件型知识元是指对名词性短语的解释和说明，解决"about what"的问题；主体型知识元说明了事件涉及的各类应急主体，解决了"about who"的问题；任务型知识元描述了事件的指挥调度过程中各应急主体的任务，以"主体/何时/如何处置/问题"的形式，解决了"about who""about when""about how"的问题。

赵蓉英从认知心理学角度，将智库成果知识元分为陈述型和程序型，其中，陈述型知识元包括事实知识元、定义知识元、结论知识元等陈述型文字内容，程序型知识元包括方法知识元和关系知识元等具有内在结构的文字内容。[211]其中，事实知识元，是对研究的背景环境、现存问题以及专家或者国际观点、认识等信息的描述；定义知识元，是对政策概念、名词术语等概念和原理的解释；结论知识元，是对客观功能、作用、推断、建议等的陈述，具有现在时或者将来时的时间特征；而方法知识元，是对研究方法、研究思路的描述；关系知识元，是指对文本与文本之间内在关系的描述。

毕崇武在温有奎分类的基础上，归并了相同属性的类型，将知识元划分为方法型、概念型、事实型、数值型四种类型。[212]其中，方法型知识元大致包括步骤、方法、经验等类型的知识；概念型知识元大致包含定义、原理、名词解释等类型的知识，描述某一事物(或某一学科定理、规律)的核心概念、本质内涵以及涵盖的外延；事实型知识元包含的知识类型

———————

①　于秀慧，李宝山．基于知识元的知识管理[J]．山东图书馆学刊，2013(1)：10-13.

②　于杨．基于知识元的领域知识服务体系的研究与实现[D]．大庆：大庆石油学院，2009.

较多，既可以是某一历史事件、人物、现象，又可以是某一数据、信息，甚至符号；数值知识元是描述客观实体在数值属性方面的最小独立知识单元。

余丽根据论文中文本知识元的内容，将知识元划分为研究范畴、研究方法、实验数据、评价指标及取值四种类型。[213]

（2）根据知识的生产过程进行分类

为了组织知识的价值创造，知识的生产与分解是不同知识元的持续运动过程。依据知识的内容特征划分的知识元类型，缺少一定的逻辑关系，无法体现科学知识的继承性和发展性。于是，学者们从知识的生产过程角度，对知识元的分类展开了研究。

王向阳认为，知识管理是知识组合、分解与再组合的动态过程，在组织内部，将单个存在的知识元进行组合，使其形成稳定的知识体系，即知识元组合；当环境发生变化后，组织为调整战略目标，需要变革知识元组合状态，即知识分解；而在知识分解之后，需将组织原来存在的知识元与新获取的知识元再次重新组合，即知识元再组合。基于上述分析，王向阳将知识元划分为三类，其一是知识元库中原本包含的旧知识元；其二是动态知识管理过程中优化后的知识元；其三是为了应对不断变化的市场或环境，通过重新获取方式寻找的新知识元。[214] 在动态知识管理过程中，知识元处于螺旋上升状态，而且在不同阶段，知识元的数量、种类以及存在形式不同。

索传军同样从知识生产和创造的视角，将文献中的知识元划分为常识知识元、引证知识元和创新知识元。常识知识元是指领域内公认的基础性知识内容；引证知识元是指能够表征施引文献引用参考文献的文本内容；创新知识元是指作者针对特定问题的新发现或新认识。[215] 这三种类型的知识元在本质上是相同的，从历时的角度看，它们都是知识生产的不同时期的创新型知识，是继承与发展的关系。

（3）根据应用领域的研究主体特征进行分类

近年来，随着知识生产速度和规模的增加，若干学科领域的学者尝试从细粒度的知识本身——知识元的视角来探索人类客观知识的管理与运用。图书情报学和计算机科学是知识元的主要研究领域，教育学、行政管理、企业管理、突发事件应急管理等领域也逐渐成为知识元的主要应用领域。在这些具体应用领域，学者们主要是借助知识元本身的本原性和细粒度性，依据研究主体的领域特征来构建相应的知识元模型。

刘政通过对微博情感分析过程中涉及的各个要素的分析，将微博情感知识元划分为四种类型，即微博结构对象知识元、微博情感评价对象知识元、微博情感主体知识元和微博情感符号知识元。[216]其中，微博结构对象知识元，是用来描述微博结构的知识元；微博情感评价对象知识元，是对不同领域的情感评价对象的形式化表示；微博情感主体知识元，描述的是微博情感主体对象的知识元集合；微博情感符号知识元，是对微博表情符号对象的形式化表示。

刘佳琪根据应急案例的构成要素，认为应急案例内容主要由"突发事件"知识元、"生命体"知识元、"非生命体"知识元、"任务"知识元、"结果"知识元五个类别的知识元组成。[217]具体来看，"突发事件"知识元描述了引起应急响应活动的事件本身的知识；"生命体"知识元描述了整个应急响应活动中所涉及的有生命实体的知识；"非生命体"知识元描述了整个应急响应活动中所涉及的无生命实体的知识；"任务"知识元描述了整个应急响应活动中所涉及的行动和方案；"结果"知识元描述了在应急响应活动的影响下突发事件的最终状态。因此，一个应急案例应当包括全部五类知识元或其中部分，这几大类知识元共同构成了对应急案例内容的简洁而完整的刻画。

雷志梅通过分析产业经济系统中的主体，认为产业经济知识体系可以视为由产品知识元、企业知识元、行业知识元三大类基础知识元构成的知识体系。[218]产品知识元、企业知识元、行业知识元分别描述关于产品、企业、行业的概念、属性、关系的认知，它们是产业经济系统知识体系中的知识单元，也是认知体系中的认知单元。并且，产业经济知识体系可以视为由很多类产品知识元、企业知识元、行业知识元构成的知识体系。

孙琳根据竞争情报内容将情报知识元划分为市场环境知识元、企业知识元、竞争事件知识元、SWOT 态势知识元、战略决策知识元五种类型。[219]具体是指：环境知识元一般包括政治、经济、社会文化、行业政策、法律等宏观环境知识元，以及行业准则、市场参与者等竞争环境知识元；企业知识元主要是指企业自然信息、内部资源、配置资源、关键业务环节、产品属性等内容，发挥其生产和竞争作用的能力描述；竞争事件知识元是指市场参与者相互角逐中发生的具有影响力的经营行为和市场活动；SWOT 态势知识元结构化地描述了企业竞争优劣势以及内外部环境关键要素的本质特征和内在机理，其获取需要经历从情报源中辨识关键信息、凝练知识，最终为企业战略分析及决策所用；决策知识元犹如记录企业决策过程及其效果的案例知识片段，能够在一定程度上结构化描述企业战略决策全过程的共性知识。

宋禹根据行政业务流程的划分形式，将行政权力运行领域的知识划分为目标知识元、行政权力事项知识元、任务知识元、岗位知识元、廉政风险点知识元几种类型。[220]其中，目标知识元是指通过一系列政务活动实现的目的；行政权力事项知识元是法定行政机关或者组织实施的，对公民、法人或者其他组织的权利义务产生直接影响的具体行政行为；任务知识元主要描述从触发行政权力事项到运行结束要经过一系列任务单元，任务之间互为输入输出，进而形成一个个完整的业务流程；岗位知识元是指在政府组织中任务的承担者也是权力的最小执行单位，它处于组织结构的节点或者末端，是分割与承载组织工作的具体单元；廉政风险点知识元是用来描述行政权力运行过程中易发生违法违规现象的环节，通过向用户提供风险点知识，加强对不规范行为或易出问题环节的监督和预防。

通过分析发现，现有的知识元分类主要存在以下问题：①依据知识的内容特征划分知识元，分类粒度过于分散，会导致类型间交叉重复，容易引起歧义，且不利于计算机的识别与抽取；②依据知识的生产过程划分知识元，虽然能体现知识的继承与发展，但分类粒度往往过大，难以体现不同类型知识的独有特征；③依据应用领域的研究主体特征划分知识元，仅仅面向单一某方面的知识资源，难以推广于一般性知识的描述。由此可见，虽然目前关于知识元研究的文献较多，但对知识元的类型划分还没有形成统一的认识，如何构建符合各学科知识结构和人的认知规律的知识元分类体系，仍需要进一步研究和探讨。

为明确知识元的内涵，理清知识元的边界，使得知识元的划分在外延上能够包含科技文献中所有知识内容，本章在前人研究的基础上，对科技文献中知识元的类型进行了进一步梳理和分析。具体来说，在对科技文献的内容特征进行分析的基础上，本章提出如图4-1所示的科技文献中知识元的类型划分。由图4-1可知，本章首先依据知识元所揭示的知识内容的不同，将科技文献中的所有知识元划分两种类型：陈述性知识元和程序性知识元。

陈述性知识元是指用于描述"是什么"的知识元，这类知识元主要是用来揭示事物的属性内涵，因此，属于静态的知识类型。依据对知识进行描述时所采用的方式不同，将陈述性知识元进一步划分为两种类型：定性知识元和定量知识元。定性知识元是指描述事物性质方面的本质特征的知识单元。依据定性知识元描述的对象不同，该类型知识元又可进一步划分为概念知识元和事实知识元两种类型。其中，概念知识元以实体为描述对象，主要描述某个实体对象是什么，以揭示该事物内涵，反映其本质特

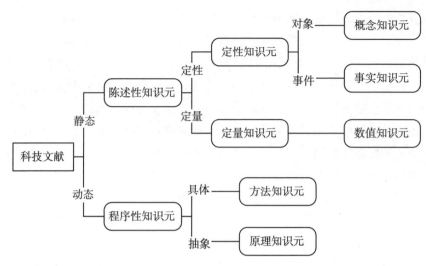

图 4-1　科技文献中知识元的类型划分

征，需要指出的是，概念知识元所描述的实体对象可以是较为具体的实体对象，如一个人、一个物等，也可以是较为抽象的实体对象，如一类人、一类物等。事实知识元以事件为描述对象，主要描述实体对象所参与的相关事件的知识内容。定量知识元主要是描述事物数量性质方面的本质特征，定量知识元也可以被称作数值知识元。

　　程序性知识元是关于"如何做"的知识元，这类知识元主要是用来揭示事物的动态属性特征，因此，属于动态的知识类型。依据程序性知识元的抽象程度不同，程序性知识元又具体划分为方法知识元和原理知识元。方法知识元是较为具体的程序性知识元，是对人们在完成各种活动或解决某个问题时所采用的流程、步骤、使用的手段、工具等的揭示和描述。原理知识元是较为抽象的程序性知识元，是对人们在借助方法从事某个活动或解决某个问题时所遵循的原理、原则、方法论等知识内容的描述和揭示。

　　由此可见，与传统的基于知识内容特征、基于知识生产过程、基于研究主题的知识元划分方法相比，本章提出的科技文献中知识元的类型划分方法具有多方面的优势，具体体现在以下几个方面。

　　(1)知识元类型划分界限清晰

　　已有的依据知识的内容特征划分知识元，分类粒度过于分散，会导致类型间交叉重复，容易引起歧义，且不利于计算机的识别与抽取。而本章在对科技文献中知识元的类型进行划分时，遵循知识的一般特征，首先，依据知识的内容特征将知识元划分为陈述性知识元和程序性知识元两种类型；而后，依据对知识进行描述时所采用的方式的不同将陈述性知识元划分为定性知识元和定量知识元(也即数值知识元)两种类型；接着，依据知识元描述对象的不同，将定性知识元划分为概念知识元和事实知识元两种。对于程序性知识元，本章依据知识元的抽象程度将其进一步划分为方法知识元和原理知识元两种类型。从本章对科技文献中知识元类型的划分可见，不仅各类型知识元的界限清晰，不存在交叉情况，而且划分的依据明确，在外延上能够囊括科技文献中所有的知识内容。

(2)知识元类型划分粒度较细、特征明确

传统的依据知识的生产过程划分知识元，虽然能体现知识的继承与发展，但分类粒度往往过大，难以体现不同类型知识的独有特征。而本章提出的知识元类型划分方式，不仅能够体现出知识的静态属性特征，而且可以揭示知识元的动态属性特征。例如，概念知识元、事实知识元和数值知识元可以较为全面地从定性和定量的角度反映出知识的静态属性特征；而方法知识元和原理知识元可以分别从实施层和理论层揭示知识的动态属性特征，反映知识的发展过程。由此可见，本章提出的知识元划分方法粒度较细，而且特征明确。

(3)知识元类型划分具有一般性

传统的依据应用领域的研究主体特征划分知识元，仅仅面向单一领域的某方面的知识资源，难以推广于一般性知识的描述。而本章提出的知识元类型划分方法，是在对所有学科领域的科技文献的内容特征进行深入分析的基础上提出来的，抓住了各学科科技文献的一般特征，能够较为准确、全面地反映出所有学科科技论文的所有知识内容，因此，本章提出的科技文献知识元类型划分具有一般性，对于科技文献来说具有一定的普适性，可以为基于知识元的科技文献多粒度层级知识分割奠定坚实的基础。

4.2　科技文献中陈述性知识元描述规则识别

依据对知识进行描述时所采用的方式不同，陈述性知识元可进一步划分为两种类型：定性知识元和定量知识元。定性知识元是指描述事物性质方面的本质特征的知识单元。依据定性知识元描述的对象的不同，该类型知识元又可进一步划分为概念知识元和事实知识元两种类型。定量知识元主要是描述事物数量性质方面的本质特征，定量知识元也可以被称作数值知识元。由此可见，陈述型知识元主要包括概念知识元、事实知识元和数值知识元三种类型。接下来，将详细论述这三种类型的知识元描述规则的识别问题，为从科技文献中抽取出这三种类型的知识元奠定基础。

4.2.1　科技文献中概念知识元描述规则识别

在科技文献中多数知识资源都是以概念知识为基础的，所以对于概念知识元的研究是首要与迫切的。概念知识元是知识资源中的一个重要类型，并在知识生产、管理与应用中占有重大比例，而已有研究没有深入概念知识元的分类层，并且概念知识元没有能够更有效地运用于知识服务中。本章为基于规则实现从科技文献中识别和抽取出概念知识元，就需要能够准确识别出概念知识元的描述规则。为此，本章对科技文献中概念知识元的描述规则进行了研究，首先明确了概念知识元的内涵；而后，在此基础上提出了从科技文献中识别概念知识元描述规则的方法，并依据概念知识元描述规则的识别方法从科技文献中识别出概念知识元描述规则，为从科技文献中抽取出概念知识元奠定基础。

4.2.1.1　科技文献中概念知识元内涵

从逻辑学的角度来看，概念是人类思维的基本单位。概念不是对实例对象具体形象的反映，而是对实例对象特有的本质属性的抽象揭示和描述，是对实例对象内涵的把握，概念具有抽象性和概括性。这里的实例对象既包括具体的实例对象、实例对象的集合，也包括实例对象的各种性质和关系等。概念由内涵和外延两部分构成。概念的内涵是指概念的含义，由概念所反映的客观对象的特有属性构成，也即概念的客观内容。概念的外延是指概念适用的对象或范围，由概念所指称的客观对象或范围构成。

基于上述分析，本章将概念知识元定义为：人们对实体对象进行归纳、概括所形成的用于揭示实体对象本质内涵的知识内容。概念知识元可以帮助人们认识实体对象的同一性和与其他实体对象的差异性。概念知识元是关于是什么的知识。没有概念知识元就无法进行判断和推理。概念知识元由概念标识(也即概念名称)、概念内涵(也即属性)和概念外延(也即实例)构成。概念标识通过语词来表达，语词是概念的物质承担者，概念则是语词的内涵，两者是形式与内容的关系。概念知识元内涵是对概念质(是什么)的规定。概念知识元的外延是对概念量(有什么)的规定。

4.2.1.2   科技文献中概念知识元描述规则的识别流程

为从科技文献中准确识别出概念知识元的描述规则，本章提出一种半自动化的概念知识元描述规则抽取方法。该方法的基本流程是：首先，采用自然语言处理技术，对科技文献进行预处理，识别出科技文献包含的语句，并参照概念术语表和领域词表提取其中含有概念信息的完整句子；然后，利用分词软件对包含概念知识元的语句文本进行分词处理，去除科技文献中包含概念知识元的语句中的停用词（如代词、助动词等不具有实际意义的语词），再运用领域主题词表对包含概念知识元的句子中的领域词进行过滤，形成句子的线性结构，即概念知识元的句型结构，例如"……是指……""……指的是……""……定义为……"；最后，通过人工审核、校对、汇总得到句式结构，生成识别概念知识元的描述规则。具体来说，科技文献中概念知识元描述规则的识别流程，如图4-2所示。

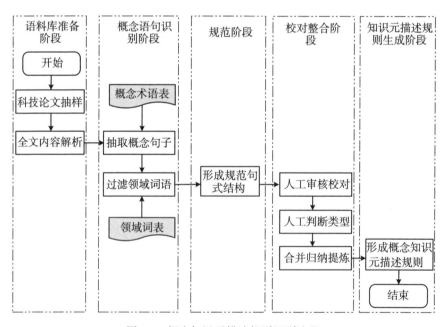

图 4-2   概念知识元描述规则识别流程

由图4-2可知，科技文献中概念知识元描述规则的识别流程主要有5个阶段，分别为语料库准备阶段、概念语句识别阶段、规范阶段、校对整合阶段、知识元描述规则生成阶段。

（1）语料库准备阶段

语料库准备阶段的主要任务是从科技文献资源库中下载一定数量的科技文献作为概念知识元抽取的科技文献数据来源。具体来说，本章依据中图分类法，从 22 个学科大类（包括马列主义毛泽东思想、哲学宗教、社会科学总论、政治法律、军事、经济、文化科学教育体育、语言文字、文学、艺术、历史地理、自然科学总论、数理科学和化学、天文学地球科学、生物科学、医药卫生、农业科学、工业技术、交通运输、航空航天、环境科学安全科学和综合大类），每一类学科权威期刊近 5 年的所有论文中简单随机抽取 10 篇文献，共计 220 篇科技文献作为语料库。需要指出的是，由于从数字图书馆下载的科技文献大多是 PDF 或 CAJ 格式类型，因此，需要通过文档解析将其转化为纯文本格式的文档，以便后面计算机对科技文献的自动化处理，最终生成用于抽取概念知识元语句的语料库。

（2）概念语句识别阶段

概念语句识别阶段的主要任务是从科技文献中抽取描述概念知识元的句式结构。具体来说，主要包括两个基本步骤：抽取概念句子和过滤领域词语。首先，依据概念术语表从科技文献的所有语句中过滤出包含概念知识元的语句；而后，依据领域词表对包含概念知识元的语句进行处理，过滤掉概念知识元语句中的领域词，提取出描述概念知识元的句式结构（或框架）。

（3）规范阶段

规范阶段的主要任务是对机器自动抽取的概念知识元的句式结构进行归并，归纳出概念知识元的一般句式结构。具体来说，首先，对识别出的概念知识元的句式结构进行聚类分析，将描述概念知识元相同属性的句式结构进行汇总；而后，对每个类别中的概念知识元句式结构进行统计分析，识别出描述概念知识元的频繁句式结构作为概念知识元的规范句式结构。

（4）校对整合阶段

校对整合阶段的主要任务是对生成的概念知识元的频繁句式结构进行人工审核、修订、归纳，提炼出概念知识元的描述规则。具体来说，首先，对生成的概念知识元的频繁句式结构进行人工审核，删除识别出来的错误句式结构，并对不完善或存在问题的句式结构进行修订；而后，判定修订后的概念知识元句式结构的类别，概括出各句式结构描述的概念知识元的属性类别；最后，对同一类别的句式结构中相同或相近句式结构进行合并。

（5）知识元描述规则生成阶段

通过以上步骤，最终生成描述概念知识元不同属性的句式结构，实现概念知识元描述规则的识别，并存储在数据库中。

4.2.1.3   科技文献中概念知识元描述规则的识别结果

概念知识元作为对实体对象质的规定，往往包含多个维度的内涵界定，如有的是从性质的角度对实体概念的内涵进行界定，有的是从结构的角度对实体对象的内涵进行界定，有的是从实体对象之间关系的角度对实体对象的内涵进行界定，有的是从功能的角度对实体概念的内涵进行界定等。由此可见，概念知识元在揭示实体对象内涵时体现出多维度和多角度的特征，因此，如何准确而全面地刻画与描述概念知识元的描述规则是一个关键问题。本章在对概念知识元语句的句式结构进行识别的基础上，根据对概念知识元句式结构的聚类分析，归纳出概念知识元的五种属性类别，即概念知识元的定义（主要描述实体对象的性质属性）、概念知识元的特点（主要描述实体对象的特点属性）、概念知识元的关系（主要描述实体对象之间的关系属性）、概念知识元的功能（主要描述实体对象的功能属性）和概念知识元的结构（主要描述实体对象的结构属性）。概念知识元的五种属性类型及其中的子类型，如图4-3所示。接下来，本章将依据概念知识元属性类别的划分，给出概念知识元描述规则的结果。

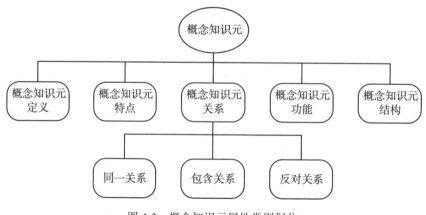

图 4-3   概念知识元属性类别划分

（1）概念知识元定义属性的描述规则

概念知识元的定义是指对某个概念的本质特征或其内涵和外延确切而简要地说明。概念知识元定义的描述通常具有以下规则"……是 | 是指 | 指

| 的定义为 | 被定义为……""……的+内涵是 | 定义是 | 定义为 | 实质是 | 本质即……"等。概念知识元定义属性的描述规则和举例，详见表4-1。

表 4-1　概念知识元的定义描述规则

描述规则	举　例
……是 | 指 | 是指……	个性化信息服务是根据客户的特性提供具有针对性的信息内容和系统功能
……定义有 N 层含义	语义网中本体的定义有五层含义：概念、模型、明确、形式化、共享
……的+内涵是 | 定义是 | 定义为 | 实质是 | 本质即……	本书将初始信息分享行为定义为：新用户初始接受与使用虚拟社区，并分享自己的信息。将持续信息分享行为定义为：在使用虚拟社区一段时间后，用户仍自愿地、持续地分享信息
所谓……是 | 指 | 是指……	所谓科学计量学，是运用数学方法对科学的各个方面和整体进行定量化研究，以揭示其发展规律的一门新兴学科
关于……即……是……	关于聚类分析，即聚类是将数据分类到不同的类或簇的过程，相似性大的对象会聚到同一个簇中，不同簇间的对象有很大的相异性

（2）概念知识元特点属性的描述规则

对于一个概念知识元特点属性的描述是将此概念与其他概念不同的突出的地方提炼出来，从而对这个实体对象概念进行特点上的定义，在概念知识元定义属性描述的基础上使对实体概念内涵的描述更加饱满。一般的描述规则有"……具有以下特点，……具有……的特点""……的特点是……"等。概念知识元特点属性的描述规则及其举例，详见表4-2。

表 4-2　概念知识元的特点描述规则

描述规则	举　例
……具有以下特点：M1；M2；M3……	个性化信息服务具有以下特点：①与用户的双向沟通更加便捷；②服务内容更加集中，更加丰富；③服务方式更加灵活多样；④更为注重主动性与时效性；⑤使用更加方便

续表

描述规则	举　例
……具有……的特点｜特征｜特性	虚拟社区具有跨地域性、虚拟性、自组织性和社交性特征。这些特征在不同类型社区中均有体现，且在其中体现程度有所不同，还会延伸有其他特点
……具有以下特征……	Berman 等认为，一个良好的多渠道整合策略具有以下特征：高度整合的促销，跨渠道产品一致性，共享顾客的整合信息系统，跨渠道定价与库存信息，线上购买及线下提货的服务过程以及为合适的人群提供多渠道机会的搜寻
……的特点是……	这种模式的特点是点击付费和竞价排序

（3）概念知识元关系属性的描述规则

概念知识元的关系属性是从概念之间关系的角度对实体对象的内涵进行界定。依据实体对象关系类型的不同，概念知识元的关系属性可以划分为以下几种类型：同一关系、包含关系和反对关系等类型。接下来，将从这三种关系类型概括概念知识元关系属性的描述规则。

1）概念知识元同一关系属性的描述规则

概念知识元同一关系属性通常表现出两种情形：一种情形是将此概念用其他的和其等同的概念描述出来，或者此概念有另外的不同的说法，在逻辑上和定义上均是等同关系；另一种情形是此概念在描述时从两个或者多个方面去描述。一般的描述规则有"……即……""……相当于……""……又称……""……是……同时也是……"等。概念知识元同一关系属性的描述规则及举例，见表4-3。

表4-3　概念知识元同一关系属性的描述规则

描述规则	举　例
……即……相当于……	指定分析，即分析人、事、物出现的频次，相当于对特定类目的分析
……又称｜又名｜即｜也可称……	个性化信息服务又称为"个性化服务""个性化定制服务""个性化信息搜索服务""个性化信息推荐服务""个性化信息提醒服务"和"个性化信息代理服务"等

续表

描述规则	举　例
……是……一方面……另一方面	学者是学术研究的一线人员，对于高产学者，一方面，应鼓励学者们紧跟热点，这样会促进此领域的高速发展；另一方面，不要只为了量而发文，同时也应注重质，这样才可实现该领域研究有效发展
……既是……同时又是……	信息中心网络既是承担本地图书信息服务的主要机构，也能辐射周边地区，同时又是联系国家图书信息网络中心的信息中转站
……是……也是……	它是科学学的一个重要分支，也是当前科学研究中的一个十分活跃的领域

2) 概念知识元包含关系属性的描述规则

概念知识元的包含关系属性是用来指明某一实体概念由哪几个部分组成，从而构成某一实体概念的整体结构。概念知识元包含关系属性的一般的描述规则有"……主要有 | 包含……""……可视为……的一支 | 一部分 | 组成部分 | 基础""有 n 种分类，其一……其二……其三……"等。概念知识元包含关系属性的描述规则及其举例，见表 4-4。

表 4-4　概念知识元包含关系属性的描述规则

描述规则	举　例
……主要有	包含……	常见的推送技术主要有四种模式：频道式推送技术是将某些网页定义为浏览器中的频道，用户可以像选择电视频道那样去收看感兴趣的通过网络播送的信息；邮件式推送是用电子邮件方式主动将有关信息发布给列表中的用户；网页式推送是在一个网页内给用户提供他自己订阅的信息；专用软件式推送需要专门的发送和接收软件，针对性更强
……可视为……的一支	一部分	组成部分	基础	从表面上的表现形式来看，Portal（门户）技术可视为 IICI（人机界面）技术的一支，但实质上其内涵可以包容目前所有的个性化服务内容与相关技术，是一项综合性很广、实用性很强的技术

续表

描述规则	举　例
有 N 种分类，其一……其二……其三……	内容分析法有三种分类标准，其一是从分析的对象单元角度出发，将其分为实用内容分析法、语义内容分析法和符号载体内容分析法三类；其二是从分析的层次角度出发将其分为概念分析法和关系分析法两类；其三是从方法的支撑出发将其分为解读式内容分析法、实验式内容分析法和计算机内容分析法
……是……它包括……	文献计量学是图书情报领域一门科学的计量学科，包括许多定律：文献分散定律、文献老化定律、文献引证定律、著者定律、词频定律、文献外部特征规律、文献流通规律以及用户规律等
……分为……	特色图书情报数据库又分为特色图书书目数据库或者特色图书情报全文数据库

3）概念知识元反对关系属性的描述规则

概念知识元反对关系属性的描述通常有两种：第一种是指明在这一概念里互不相容的 N 部分，一般的描述规则有"……分为 N 类：一类是……N 类是……""……从 N 个方面分析，其中……"等；第二种是为了更清晰描述这一概念，在定义概念时通常否定一个范围再肯定一个范围，一般的描述规则有"……是｜不是……而不是｜而是……""……并非是……而……"等。概念知识元反对关系属性的描述规则及其举例，见表 4-5。

表 4-5　概念知识元的反对关系描述规则

描述规则	举　例
……分为 N 类：一类是……N 类是……	目前常用的推送服务分为两大类：一类是借助电子邮箱并依赖人工参与的信息推送服务；另一类是由智能软件完成的全自动信息推送服务
……从 N 个方面分析，其中……	Lucassen 等人在研究话题熟悉度和信息技能对信息可信评估的影响时认为，应该从用户特征和信息特征两个方面来分析，其中用户特征包括领域知识、信息技能和经验；信息特征包括语义特征、表面特征和其他特征等

续表

描述规则	举　　例
……是｜不是……而不是｜而是……	定性分析是以反映事物质的规定性的描述性资料，而不是量的资料为研究对象。这些资料通常以书面文字或图片等形式表现，而不是精确的数据形式
……并非……而……	定题服务其本身并非一个综合性的服务，而不管是在选题的环节还是文献检索环节，都需要高校图书馆中的相关情报人员具备良好的个人素质，并且在自身的信息意识以及服务意识上应当有着良好的改革

（4）概念知识元功能属性的描述规则

概念知识元功能属性的描述主要是描述概念所揭示的实体对象的作用及能够做到哪些方面，一般的描述规则有"……能｜能够｜可以……""……不仅要｜不仅能……还要｜并且要｜还能｜并且能……""……有助于｜有利于……""……提高了｜减少了｜打破了……"等。概念知识元功能属性的描述规则及其举例，见表4-6。

表 4-6　概念知识元功能属性的描述规则

描述规则	举　　例
……能｜能够｜可以……	个性化服务系统可以为用户提供并集中最接近其个性需求的各种信息资源，排除不相关信息的干扰，极大地节约了用户从信息海洋中搜寻的时间
……不仅要｜不仅能……还要｜并且要｜还能｜并且能……	个性化信息服务系统不仅要提供友好界面，而且要方便用户交互，方便用户描述自己的需求，方便用户反馈对服务结果的评价
……提高了｜减少了｜打破了……	推送技术在互联网上的应用打破了传统的信息获取方式，减少了用户上网搜索的时间，提高了用户获取信息的效率
……同时……还要……	它在统计预定概念的出现频率的同时，还要分析预定概念之间的关系、与上下文的关系、概念组合及其含义等
……有助于｜有利于……	通过量化可信度等级对于社交网络平台来说有助于加强对自身的定位，提升自身服务的专业性，控制不可信信息的规模

续表

描述规则	举　例
……常用来丨主要用于……	定性研究在实践中常用来确定学科发展态势与发展的性质，主要用于探究分析。同时定性研究还是定量研究和分析的前提和基础
……是……侧重于……可以揭示……	Cite Space 提供的"timezone"视图是一种侧重从时间维度上来表示知识演进的视图，它可以清晰地表现出文献的更新与相互影响，以揭示主题的发展规律
……是……利用……具有代表性	学术期刊在学科发展中至关重要，是学术交流、成果展示的直接平台，利用期刊发文量时序分布来表示领域发展情况与阶段分布具有代表性

（5）概念知识元结构属性的描述规则

概念知识元结构属性一般指出其由哪几个部分构成，主要部分是什么。概念知识元结构属性的描述规则通常有以下几种："……由……组成""……主要有丨包含……N 部分组成""……由 N 部分组成：……"等。概念知识元结构属性的描述规则及其举例，见表4-7。

表 4-7　概念知识元结构属性的描述规则

描述规则	举　例
……由……组成	智能代理技术一般由用户 Agent 和系统 Agent 两层组成
……主要有丨包含……N 部分组成	文献计量规律主要有文献分布规律、量变规律、引文规律三大部分组成
……由 N 部分组成：……	专家系统由三个子系统组成：知识库管理系统、推理系统和人-机接口系统
……分为……其中……	将网络互动分为人机互动和人际互动两个维度。其中人机互动指用户与计算机之间的沟通与交流互动，即计算机如何对用户的指令做出反应，互动类型主要为反应互动型；人际互动则注重用户与用户之间的交流及互动，即借助网络平台不受空间、地域限制地进行人际交往，互动类型为完全互动型

4.2.2　科技文献中事实知识元描述规则识别

科技文献中包含大量的事实知识，它们通常是作为常识知识的形式存在的，是理解科技文献中创新性知识的基础和关键。如果没有这些事实性知识，人们就很难理解科技文献中包含的创新性知识内容。此外，科技文献中的事实知识也为人们进一步创造发现新的知识提供了前提条件。由此可见，科技文献中的事实知识具有普遍存在性。为提高从科技文献中抽取出这些事实知识元的准确性，本书拟基于规则来对科技文献中的事实知识元进行识别和抽取。为此，就需要首先识别出科技文献中描述事实知识元的规则。为解决这一问题，本书对科技文献中事实知识元描述规则的识别进行了研究。首先，明确了事实知识元的内涵；而后，在此基础上提出了从科技文献中抽取事实知识元识别规则的方法，并依据事实知识元描述规则的识别方法从科技文献中识别出事实知识元描述规则，为从科技文献中抽取出事实知识元奠定基础。

4.2.2.1　科技文献中事实知识元内涵

事实知识元揭示的对象是世界上存在的一切具体实例对象。每个实例对象都具有特定类型，这种类型由抽象的概念来描述。例如"人"是一个概念，"屠呦呦"是"人"这一概念的一个具体的实例对象。也即是说"人"是概念知识，"屠呦呦"属于事实知识。由此可见，事实知识与通常所说的信息比较相似，通常可以被分解为信息单元。与抽象的概念知识元相比，事实知识元较为具体，通常是对与实体对象相关的事实信息的直接描述，而不是抽象地归纳总结。例如，在年鉴、手册、表谱、图录、名录等类型的科技文献中包含大量有关事件、人名、地名、机构名等事实知识元。

基于上述分析，本书将事实知识元定义为：由实例对象以及实例对象之间的关系构成的知识内容，是最细粒度的知识单元，事实知识元是关于事实方面的知识，一般是直接对事实的陈述。事实知识元是在现实世界中出现的示例，是概念知识的具体体现。事实知识元具体包括实例对象、实例对象属性、实例对象之间的关系等内容。

事实知识元主要揭示了实例对象的属性值、概念、时间、空间、关联等内容。事实知识元的属性值是对实例对象的具体揭示和描述；事实知识元的概念指出了实例对象所属的概念类别，同一实例对象可以属于多个不同的概念，在方法知识中扮演不同的角色，从而具备不同的属性和属性值，例如实体对象屠呦呦可以作为"科学家""女人"等多个概念的实例，作为科学家在方法知识中扮演研究者的角色，作为女人在方法知识中扮演母亲的角色；事实知识元的时间属性揭示了实例对象存在的具体时间信息；事实知识元的地点属性描述了实例对象所处的具体地点信息；事实知识元的关联属性定义了实例对象之间的各种关系。

4.2.2.2　科技文献中事实知识元描述规则的识别流程

与概念知识元不同，事实知识元往往缺乏比较明确的指示词，很难明确科技文献中哪些语句是对事实知识元的描述，因此，借助计算机自动识别科技文献中事实知识元的描述规则较为困难，而且准确率较低。基于上述分析，为从科技文献中准确识别出事实知识元的描述规则，本书基于内容分析法对科技文献中的事实知识元描述规则进行识别。内容分析法是一种基于定性研究的量化分析方法，它以定性的问题假设作为出发点，利用定量的统计分析方法和工具对研究对象进行处理，其最终结果是从统计数据中得出定性结论。基于内容分析法的科技文献中事实知识元描述规则识别的基本流程是：首先，从科技文献的样本数据中提出包含事实知识元的语句；而后，识别出事实知识元语句的句式结构；接着，对识别出来的事实知识元的句式结构进行分类编码；然后，依据分类编码的结果，对事实知识元的句式结构进行统计分析；最后，依据统计分析的结果最终确定事实知识元的描述规则。例如："……提出/认为/指出/研究/突出/证明/主张/表示……""首先……；其次……；再次/然后……；最后……""通过……，发现/说明/表明……""时间点+主语+事件"等。科技文献中事实知识元描述规则的识别流程，如图4-4所示。

由图4-4可知，科技文献中事实知识元描述规则的识别流程主要有6个阶段，分别为科技文献抽样阶段、事实知识元语句抽取阶段、句式结构提取阶段、事实知识元句式结构归类编码阶段、事实知识元各类别句式结构统计分析阶段和事实知识元描述规则生成阶段。接下来，本章将详细论述事实知识元描述规则识别各阶段的具体实施过程。

（1）科技文献抽样阶段

科技文献抽样阶段需要完成的任务是从数字图书馆馆藏知识资源中抽取出由不同学科的科技文献组成的样本数据，以作为事实知识元语句的来源。本章依据中图分类法，从22个学科大类（包括马列主义毛泽东思想、哲学宗教、社会科学总论、政治法律、军事、经济、文化科学教育体育、

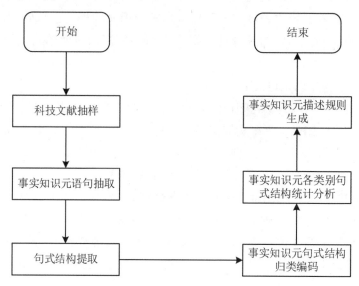

图4-4 科技文献中事实知识元描述规则的识别流程

语言文字、文学、艺术、历史地理、自然科学总论、数理科学和化学、天
文学地球科学、生物科学、医药卫生、农业科学、工业技术、交通运输、
航空航天、环境科学安全科学和综合大类）每一类学科权威期刊近 5 年的
所有论文中简单随机抽取 10 篇文献，共计 220 篇科技文献，作为样本数
据，进行内容分析，以识别出事实知识元描述规则，为从科技文献中抽取
出事实知识元奠定基础。

（2）事实知识元语句抽取阶段

事实知识元语句抽取阶段需要完成的任务是从 220 篇科技文献样本
数据中人工提取出包含事实知识元的语句。具体来说，为提高事实知识
元语句抽取的准确性和客观性，本书邀请 5 位专家，分别从 220 篇科技
文献中抽取出包含事实知识元的语句，当某个事实知识元语句同时被 5
位专家抽取时，则被认为是正确的事实知识元语句抽取结果，当 5 位专
家就事实知识元语句的抽取结果不一致时，则采取少数服从多数的原
则。最终由 5 位专家实现从科技文献数据集中人工抽取出包含事实知识
元语句。

（3）句式结构提取阶段

句式结构提取阶段的主要任务是基于从科技文献中抽取出的事实知识
元语句，去除掉事实知识元语句中的领域关键词，保留事实知识元语句
的线性句式结构。具体来说，首先，对事实知识元语句进行预处理，也

即借助分词工具对语句进行分词处理，将事实知识元语句处理成词向量的形式；接着，依据领域词表对包含事实知识元的语句进行处理，过滤掉事实知识元语句中的领域词，提取出描述事实知识元的句式结构（或框架）。

(4) 事实知识元句式结构归类编码阶段

事实知识元句式结构归类编码阶段的主要任务是对描述事实知识元的句式结构进行归类，为事实知识元各类别句式结构统计分析奠定基础。具体来说，为提高事实知识元句式结构编码的准确性和客观性，本章同样邀请 5 位专家，分别将事实知识元句式结构归为五个类别（直述型、观点型、序列型、分析预测型、时间主语事件型），当某个事实知识元句式结构同时被 5 位专家归到同一类别时，则被认为是正确的事实知识元句式结构归类结果，当 5 位专家就事实知识元句式结构进行归类的结果不一致时，则采取少数服从多数的原则。最终由 5 位专家实现事实知识元句式结构归类编码。

(5) 事实知识元各类别句式结构统计分析阶段

事实知识元各类别句式结构统计分析阶段的主要任务是依据对事实知识元句式结构归类编码的结果，分别统计出六个类别的事实知识元句式结构的频繁句式结构，以为事实知识元描述规则的生成奠定基础。具体来说，对出现在同一类别的不同事实知识元的句式结构分别进行统计，计算它们各自出现的频次，如果超过某个阈值，则被视为该类别中描述事实知识元的频繁句式结构。事实知识元其他类别的句式结构以此类推，直至所有类别的事实知识元句式结构都被统计完毕为止。

(6) 事实知识元描述规则生成阶段

事实知识元描述规则生成阶段主要任务是依据事实知识元各类别句式结构统计分析的结果，将各类别中超过阈值的事实知识元句式结构作为事实知识元的描述规则。通过上述步骤，最终生成描述事实知识元不同属性的句式结构，实现事实知识元描述规则的识别，并存储在数据库中。

4.2.2.3　科技文献中事实知识元描述规则的识别结果

事实是有关问题环境的一切事物的知识，较常见以"……是……"的形式出现。如事物的分类、属性、事物间关系、科学事实、客观事实等，事实是静态的为人们共享的可公开获得的公认的知识，在知识库中属低层的知识。如雪是白色的、鸟有翅膀、张三和李四是好朋友、这辆车是张三的。

　　本书依据科技文献中事实知识元描述规则的识别流程,从科技文献样本数据中识别出大量的事实知识元描述规则,并将事实知识元描述规则总结为直述型、观点型、序列型、分析预测型和时间主语事件型五种类型(如图4-5所示)。五种类型的事实知识元描述规则的识别,可以为从科技文献中抽取出事实知识元提供重要的依据。同时,这些事实知识元的类型剖析以及描述规则,也有助于后续事实知识元抽取技术的实现。

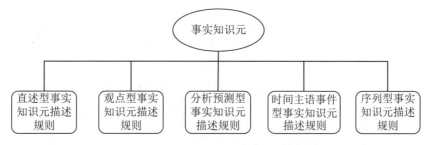

图 4-5　事实知识元描述规则的类型划分

　　由图4-5可知,本书共提炼出5种类型的事实知识元描述规则,包括直述型事实知识元描述规则、观点型事实知识元描述规则、序列型事实知识元描述规则、分析预测型事实知识元描述规则、时间主语事件型事实知识元描述规则。

　　①直述型即直接叙述型事实知识元语句,这类型事实知识元语句不具备典型的规则句式结构,通常由关键词术语表作为句式的主语,衔接论述内容,事实知识元的直述型语句是对事实的陈述性表述,不存在句式上的修辞。

　　②观点型事实知识元描述规则是对观点事实的结构描述,用于指示研究中的观点信息,结构特点是句式简单,观点型事实知识元描述规则架构联接的内容是观点发出者、观点内容以及观点释义,广泛存在于研究综述的前期研究成果陈述、科研问题研究中各位学者立场声明等内容中。

　　③序列型知识元描述规则是一种形式化的描述规则,由序列性连接词构成,既可以是一、二、三等数字连接词,也可以是首先、其次等表达序列关系的连接词,该类型事实知识元描述规则具有条例清楚、结构分明的特点。

　　④分析预测型事实知识元描述规则除了连接事实与推论外,事实既可

以直接出现，又能够以"通过……，发现……"等规则与推论衔接。

⑤时间主语事件型事实知识元描述规则的典型特点是具备时间点，一般表现为对科研事件的陈述。

各类型事实知识元具体描述规则及其举例，见表4-8。

表 4-8 事实知识元描述规则

规则类型	描述规则	案　例
直述型	①主语+是……	①社会分期法是按照占统治地位的生产方式和上层建筑，将人类历史划分为前后相继的不同社会形态的历史时期的方法
	②主语+指……	②查准率指检索系统在一次作业时拒绝不相关文献的能力，是检出的相关文献量与检出文献总量的比值
	③主语+表示……	③直接信任度DT(u, v)表示存在直接联系的用户u和v的信任度
	④主语+即（又称）……是……	④机构知识库，又称"机构仓储""机构典藏"等，是对机构内成员智力成果(包括期刊论文、会议论文、学位论文、研究报告、演示报告、专利、专著、成果、科研数据等)进行收集、管理、长期保存、传播并提供开放利用的知识资产管理与服务系统
	⑤……可以用来……	⑤基于好友的好友推荐算法可以用来为用户推荐在现实社会中相互熟悉而在当前社交网络中没有联系的其他用户
观点型	①……在……中指出/阐述……	①苏格兰格拉斯哥大学的Munro等在其报告"智能设备和智慧馆员"中指出，移动图书馆策略是规划、发展、实施和管理各种移动服务的蓝图
	②……提出/认为/指出/研究/突出/证明/主张/表示……	②吴慰慈认为图书馆是搜集、整理、保管和利用书刊资料，为一定社会的政治、经济服务的文化教育机构
	③将……定义为……	③阿里研究院则将"互联网+"定义为：以互联网为主的一整套信息技术(包括移动互联网、云计算、大数据技术等)在经济、社会生活各部门的扩散应用过程

续表

规则类型	描述规则	案　例
序列型	①第一（类/个/种/步/阶段/区域）/其一/一是……第二（类/个/种/步/阶段/区域）/其二/二是……第三（类/个/种/步/阶段/区域）/其三/三是……	①第一，促进档案馆、图书馆和博物馆之间的合作；第二，促进档案馆、图书馆和博物馆的整合；第三，加深档案馆、图书馆和博物馆之间的关系
	②首先……其次……再次/然后……最后……	②首先是要拥有全面、完整的信息资源，并能够保证对资源的定期更新，实现资源的可持续性发展；其次是要对资源进行分类、加工，对高校的资源采用相同的数据处理标准，进行规范化处理，使其符合科技信息资源平台的要求；最后就是要将资源推广给企业，努力提高资源的利用率
	③主要有……种方式/分为……类/的步骤包括：(1)/①……（2）/②……(3)/③……	③目前我国高校图书馆毕业清证工作主要有三种方式：a. 实行分点分段的方法，在流通部和电子阅览室分别设点，逐一核对读者图书归还和违规欠款的信息；b. 提前整理毕业生退证名单并备注欠书欠款情况，对照整理名单对各个系毕业生办理清证手续；c. 构建批量退证系统，将符合条件的读者全部清证，如有新的符合退证条件的毕业生，系统自动重复执行
	④一种/一方面/一部分/一类……另一种/另一方面/另一部分/另一类……	④目前，基于微信的图书馆数字资源检索主要有两种实现方式：一种是直接输入命令代码加检索词进行资源检索；另一种是利用微信内嵌的浏览器调用微网站的 WAP 网页的方式进行资源检索
	⑤……既/不仅……也/还/又……	⑤阅读活动的品牌，既可以是每年在固定时间段的主题活动，也可以是某一项持续性的日常推广工作
	⑥……包括/罗列……	⑥社交网络中用户之间的互动包括消息、评论、转发和收藏等形式
	⑦从……和……N 个角度……	⑦从"引用"和"合作"两个角度反映作者学术影响力的不同方面
	⑧……由……和……N 部分组成	⑧微信平台由微信前台和微信管理后台两部分组成

续表

规则类型	描述规则	案　例
分析预测型	①通过……发现/说明……	①通过对突发事件网络舆情信息流风险评价过程及评价结果的综合分析，我们发现优化导控突发事件网络舆情信息流，有效防范突发事件网络舆情信息流生成、传导扩散以及平复风险，需要注意以下三个方面的问题
	② 从/由 …… 看出……	②从表2中可以看出，目前的研究重点是高校图书馆如何开展智库型服务，并且研究智库型服务的内容是建议在信息服务、参考咨询服务的基础上，与传统的图书馆服务比较接近，没有形成对图书馆开展智库型服务的深入探讨
	③由此看来/说明/可见	③由此可见，SSCI收录的信息科学与图书馆学期刊，近年文献计量学指标变化不大，总体呈现稳中有升的趋势
	④ …… 方面，说明……	④热点发现结果方面，实验项数据集发现热点13个，对比项数据集发现热点14个，说明增量聚类算法可以用来更新热点，当有新数据加入时，避免了全部数据一起聚类，相同实验环境下速度提高了20%，降低了时间复杂度
	⑤基于……分析(发现)……	⑤基于国内外研究发现，不确定聚类经常用于项目聚类中，而对用户聚类的研究则相对较少
	⑥(由)……可知	⑥表6可知，高校图书馆员心理资本各维度及其总体 α 值均在0.7以上，说明该问卷具有良好的信度
	⑦……表明……	⑦实验表明基于LDA主题模型的文本聚类效果明显优于基于词空间TF-IDF模型的文本聚类，说明了文中方法是有效的
时间主语事件型	①时间点+主语+事件	①2015年4月23日国家图书馆上线了"国图公开课"，迈出了"互联网+图书馆"行动的重要一步
	②主语+时间点+事件	②该馆于2013年4月推出首期专题书架——"清华人与清华大学"，精选138本馆藏图书，包含官方校史，校友忆作、校史研究著作以及清华子弟的回忆文章等

4.2.3　科技文献中数值知识元描述规则识别

学术论文凝聚着科学家的研究成果与智慧，其中蕴含着大量的数值知识元，有很高的应用价值。对科技文献中数值知识元的抽取研究，有利于打破传统的以篇章为单位的知识组织方式，实现科技文献从知识单元上的组织、管理和利用，是信息服务转向知识服务的基础。因此，数值知识元对于推动数值知识的利用，提高人们检索和利用数值知识的效率，帮助人们发现潜在的、隐含的数值知识关系等具有非常重要的意义。当前，大多数学者从理论的角度对数值知识元进行了研究。例如，温有奎是国内较早研究数值知识元的学者，他研究了数值知识元的特征和抽取规则，用于从年鉴、网页文本中自动抽取数值知识元。肖洪、薛德军则详细描述了从海量年鉴文本中抽取宏观数值知识元的基本流程和各主要环节的算法。但是对于学术论文中抽取数值信息的研究还很不充分，如何更有效地从文本中抽取完整、准确的数值知识元，仍然需要进一步深入研究。

4.2.3.1　数值知识元的内涵

数值知识元是指以数值形式存在的、描述客观事物或者事件的有关数值方面属性（如时间、长度、高度、重量、百分比、销售额、利润等）的知识单元。为准确把握数值知识元的内涵，本书对"数值信息"与"数值知识元"两个概念进行了比较研究（见表 4-9）。

从表 4-9 中可以看出，数值信息纯粹是从文本字符串的类型进行划分的，它指的是包含数值的信息，例如 0、1、2、3 等数值。数值信息具有客观性、鲜明性、重要性，其组成形式一般为数值和相对应的符号、量词，只需要根据不同的类型用数值加上特征词构成的规则即可进行识别。而数值知识元是指含有数值信息的较完整描述客观事实的句子单元。数值知识元由于其构成的特殊性，不仅包含前两类数值信息，且是一个较为完整的句子，表达的意义比较完整，包含的信息量也更大，而且它与具体的研究领域或特定的研究对象密切相关。因此，数值知识元的抽取规则必然会更加复杂并且构建起来也较为困难，但是，与简单的基数类和数量类数值信息相比而言，数值知识元的抽取会具有更大的意义和价值。同时，科技论文中积累的大量基础数据和实验数据都是支撑科研结论的富含有价值的信息，这些数据从不同学科、不同角度和不同层面记载了科学研究的过程和科学研究的结果以及研究对象的性质和特征。因此，从科技论文中抽取出数值知识元对于人们来说具有重要意义。

表 4-9　数值信息和数值知识元

分类		定义或特点	细分类型	举例
数值信息	基数类	相对"单纯"的数字，未与量词结合	系数词	0、1、365、23000
			系数词+位数词	0 万、13 亿
			分数、小数、百分数	4/5、3.14、80%
	数量类	由第一类数值信息加上量词或者特定符号组成，表达形式多种多样	时间类	2013 年 3 月 15 日、20 点 58 分
			货币类	100 美元、20 万元、￥100、$ 80
			数量短语类	36 吨、1600 篇、40 米、27℃
			其他类	京 A · 80293、歼一、波音 737
	数值知识元	在第二类数值信息的基础上加上句子其他组成成分所形成的，是指含有数值信息的较完整描述客观事实的句子单元		2001 年，中国电子信息产业，全年实现销售收入 8237 亿元

4.2.3.2　科技文献中数值知识元描述规则识别流程

从科技文献中识别数值知识元，首先应考虑知识资源的存在形式。知识不仅储藏在传统的科技文献数据库中，还广泛分布在专利数据、行业标准、科技报告等特色科技文献资源库中。本书的研究对象是数值知识元，科技文献中数值知识元的描述多以句子为单位，这种情况比较适合规则与模式识别方法。为此，数值知识元包括哪些类型，以及如何构建数值知识元的识别规则，是从科技文献中识别出数值知识元的关键。需要指出的是，由于数值知识元与概念知识元相似，它们都具有明显的线索词，可以定位到在科技文献中所在的位置，因此，可以在很大程度上提高数值知识元描述规则提出的自动化程度。因此，数值知识元描述规则的识别流程与概念知识元描述规则的识别流程基本相似。基于上述分析，为从科技文献中识别出数值知识元的描述规则，本书根据数值知识元的特征提出了科技文献中数值知识元描述规则识别的流程，如图 4-6 所示，以为数值知识元的抽取奠定基础。

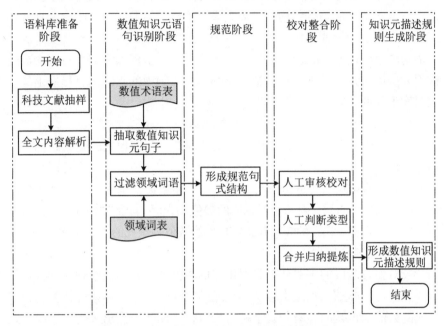

图 4-6　科技文献中数值知识元描述规则识别流程

由图 4-6 中可知，科技文献中概念知识元描述规则的识别流程主要有 5 个阶段，分别为语料库准备阶段、数值知识元语句识别阶段、规范阶段、校对整合阶段、知识元描述规则生成阶段。

（1）语料库准备阶段

语料库准备阶段的主要任务是从科技文献资源库中下载一定数量的科技文献作为数值知识元抽取的科技文献数据来源。具体来说，主要包括两个基本步骤：科技文献抽样、全文内容解析。科技文献抽样：本书依据中图分类法，从 22 个学科大类（包括马列主义毛泽东思想、哲学宗教、社会科学总论、政治法律、军事、经济、文化科学教育体育、语言文字、文学、艺术、历史地理、自然科学总论、数理科学和化学、天文学地球科学、生物科学、医药卫生、农业科学、工业技术、交通运输、航空航天、环境科学安全科学和综合大类）每一类学科权威期刊近 5 年的所有论文中简单随机抽取 10 篇文献，共计 220 篇科技文献作为语料库。全文内容解析：需要指出的是，由于从数字图书馆下载的科技文献大多是 PDF 或 CAJ 格式类型，因此，需要通过文档解析将其转化为纯文本格式的文档，以便于后面计算机对科技文献的自动化处理，最终生成用于抽取数值知识元语句的语料库。

（2）数值知识元语句识别阶段

数值知识元语句识别阶段的主要任务是从语料库的科技文献中抽取出描述数值知识元的句式结构。具体来说，主要包括两个基本步骤：抽取数值知识元句子和过滤领域词语等。首先，依据数值术语表从科技文献的所有语句中过滤出包含数值的知识元语句；而后，依据领域词表对包含数值知识元的语句进行处理，过滤掉数值知识元语句中的领域词，提取出描述数值知识元的句式结构（或框架）。

（3）规范阶段

规范阶段的主要任务是对机器自动抽取的数值知识元的句式结构进行归并，归纳出数值知识元的一般句式结构。具体来说，首先，对识别出的数值知识元的句式结构进行聚类分析，将描述数值知识元相同属性的句式结构进行汇总；而后，对每个类别中的数值知识元句式结构进行统计分析，识别出描述数值知识元的频繁句式结构作为数值知识元的规范句式结构。

（4）校对整合阶段

校对整合阶段的主要任务是对生成的数值知识元的频繁句式结构进行审核、修订、归纳，提炼出数值知识元的描述规则。具体来说，首先，对生成的数值知识元的频繁句式结构进行审核，删除识别出来的错误的句式结构，并对不完善或存在问题的句式结构进行修订；而后，判定修订后的数值知识元句式结构的类别，概括出各类型数值知识元句式结构；最后，对同一类别的句式结构中的相同或相近句式结构进行合并。

（5）知识元描述规则生成阶段

通过上述步骤，最终生成描述不同类型数值知识元的句式结构，实现数值知识元描述规则的识别，并存储在数据库中。

4.2.3.3　科技文献中数值知识元描述规则的识别结果

数值知识元的抽取是通过计算数值知识元描述规则与知识元语句的匹配关系来实现的。判断数值特征标识（如基数类或数量类词语）所在的句子是否包含数值知识元的描述规则，若有，则该特征标识所在的语句就是数值知识元的内容。为从科技文献中归纳出数值知识元的描述规则，本书首先对数值知识元进行了划分。由于数值按照功能作用可以分为三种类型：基础数值、过程数值、结果数值，因此，本书将数字馆藏资源中由这三类数值构成的数值知识元也分为三种类型：基础数值知识元、过程数值知识元、结果数值知识元（如图 4-7 所示）。接下来，将依据对数值知识元的类型划分，分别对借助数值知识元描述规则识别方法识别的不同类型的数值知识元描述规则加以论述。

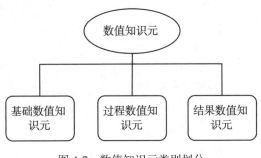

图 4-7　数值知识元类别划分

（1）基础数值知识元描述规则

基础数据是指研究的基础来源数据，包括调查问卷发放与回收数量、访谈对象的数量、论文或专利题录数据、引文数据、采集的网页数量、网络评论数据等。根据数值知识元抽取规则构建流程，本书针对基础数据知识元抽取规则来源句子集进行细致的人工分析，为了便于规则的构建，根据学术论文常见的主要基础数值类别和文中的表达规律，将基础数值知识元细分为论文专利类、调查问卷类、网页类、实验类和第三方数据集类，见表 4-10。

表 4-10　基础数值知识元描述规则

文献类型	举例		描述规则
论文专利类	Source	以《中国期刊全文数据库》检索的论文为标准	（在/从/以/选取/采集/获取/选自/通过/利用/对）（Source）（……文中/在/下载/提供/进行/检索……词/作为数据来源/进行文献数据获取）
		以"图书馆"为检索词	
		从中国引文数据库下载发表于	
		从知网中选取数据结构和信息系统相关领域的文章113篇	
		对万方和CSSCI两大中文期刊数据库进行了文献数据获取	

续表

文献类型	举例		描述规则	
论文专利类	Number	得到了 100 篇文献	Number+Unit+Object	(到/得/共计)<Number>（篇/项/条）（论文/文献/文档/专利/结果）
		检索到 5000 条文献记录		
		共计 19 种期刊		
		16669 篇 SCI 论文数据		
		……的论文共 28 篇	Object+Number+Unit	（的/到/得/获取）<Object>（文献/论文/专利/文档/结果）<Number><Unit>（篇/项/条）
		……的论文 4886 篇		
		相关领域的文档共 113 篇		
		共得到文献 192 篇		
		检索到相关专利 934 项		
	TimeSpan	发表于 1998 年 1 月到 2009 年 12 月	（于/中……文/在/发表于/下载了/时间跨度为/时间跨度涉及/发表时间涉及）<TimeSpan>（……年……月……日~/至……年……月……日）	
		……中发表于 2006—2009 年的论文		
		在 2000—2009 年所收录的		
		发表于 2011 年 7 月 23 日至 2011 年 8 月 1 日		
	Search Time	截至 2010 年 12 月	（截止日期为/截至/检索时间为……/检索日期为……/采集时间为……/更新时间为……）<SearchTime>（……年……月……日）	
		数据截至 2010 年 12 月 31 日		
		检索日期为 2010 年 8 月 20 日~21 日		
		数据更新时间为 2011 年 9 月 16 日		
		采集时间为 2012 年 3 月		

续表

文献类型	举例		描述规则
调查问卷类	发放问卷数量(A)	发放调查问卷 1000 份	发/发放(调查问卷/问卷)<A>份
	回收问卷数量(B)	回收调查问卷 569 份	(……有效)(回收/收回/收集)(调查问卷/问卷)<B>份
	回收率(C)	回收率为 51%	(……有效)回收率(达到/为)<C%>
	有效问卷数量(D)	有效问卷为 242 份	(有效问卷为……/有效回收为……)<D>份
	有效回收率(E)	有效回收率为 32%	(有效回收率为……/有效率为……/有效问卷占回收问卷的……)<E%>
网页类	source	在微博主页上下载	从/在(source)上/下载……
	number unit object	……收集了有关本集团已于本年度产生 2990 万港元利息收入,占本集团总收入的 13.5%,在网页上……	……剩下/采集了/收集了/得到了/下载了(数字)(单位,如个、篇、条等)在(对象,如网页、页面、文本、Web 文本、个人主页)……
	object number unit	在东方财富数据文本中,2016 年,102 家证券公司的行业年度人均收入约 45.65 万元,其中有 8 家员工人均收入超过 100 万元,十分惊人!	……在(对象,例如网页、页面、文本、Web 文本、个人主页)有(数字)(单位 篇、个、条等)……
实验类	从南京理工大学经济管理学院本科三年级中招募了 39 名同学		从(数据对象)中招募了(对象数值)名、人、位
	采访了南京理工大学经济管理学院研究生二年级学生,总计 30 人		采访(数据对象),总计(对象数值)名、人、位
	招募了华中师范大学信息管理学院本科一年级学生,有 50 人		招募了(数据对象),有(对象数值)名、人、位
	被试华中师范大学信息管理学院本科一年级学生,共 50 人		被试(数据对象),共(对象数值)名、人、位
	招募 60 名社会民众,作为实验对象		招募(对象数值)名、人、位(数据对象),作为……

续表

文献类型	举例	描述规则
第三方数据	在中国知网中搜索了 260 篇各个学科大类文献资源	从选择/数据集为/来源于/来自/提取供（包括/的/选取了/共有(Numeber)个/篇/条）用户/文档/主题/信息
	在这 2000 条文献信息中有 300 条文献资源是属于高被引文献	包括/选取了/共有+（Number）个/篇/条(用户/文档/主题/信息)从/选择/数据集为/来源于/来自(网站、期刊等)中/于/(某个范围)提供
	在百度上搜索 1998. 01. 01—2017. 06. 26 的情报学相关消息	从/选择/数据集为/来源于/来自(中/于/提供/(表于/下载了/时间跨度为/时间跨度)

（2）过程数值知识元描述规则

过程数值知识元主要指含有如下数据的知识元，该数据为通过相应的分析工具与方法对基础数据进行组织标引、分析处理的过程数据，如阈值的选择、回归系数、分配的权重等。通过对规则来源句子集中相关句子的分析，如"本研究将阈值设定为 3""一般情况下，n 取 2 或 30"等句子。由于过程数值知识元主要构成有数值对象、数值和连接词，因此可以用三元组表示，<Object，Conj，Number>。本书分别总结它们的提示词和边界词及其常出现的搭配模式，最后得到的规则，见表 4-11。

表 4-11　过程数值知识元描述规则

举例	描述规则
各试件的位移延性系数均达到了 3.0，其中最大值为 5.31，最小值为 3.42，平均为 4.21	……最大值为……，最小值为……，平均/方差/标准差（为）……<Number>
本研究将阈值设定为 3	<Object>……权重/阈值/维度/临界值/相似值……（连接词）为/介于/处于……<Number>
依次赋予相应的权重，最高权重暂定为 5	

续表

举　例	描述规则
本书将 a 设定为 0.5	
一般情况下，n 取 2 或 30	
σ 为 10~12 与 10~3.5 时，观测值 z 的测量误差的数量级为 10~6 与 10~3.5，该方法在这一误差范围内能够取得较好的溯源结果	……是<Conj>取/值为/大于/等于/小于/为非/大于或等于……<Number>
针对 Safari 浏览器下观看 YouTube 视频提出一种清晰度识别方法，准确率达到 97.18%	……(准确｜正确｜速度｜)率(达到｜为｜)……<Number>
在 300℃~600℃ 范围内，热失重的速率增大	在<Number>~<Number>温度/湿度/压强/浓度/厚度/深度/长度范围内……

（3）结果数值知识元描述规则

结果数值是指通过分析以后归纳提炼出的数据，或者实验结果数据，如常见的有信息检索中的召回率、查准率、F 值等。例如对于结果数值知识元"但从整体的指标来看，人才网页的查全率达到 80.67%，基本上令人满意的"，抽取出来可以结构化表示为<人才网页，查全率，达到，80.67%>，对于结果数值知识元的归纳结果，见表 4-12。

表 4-12　结果数值知识元描述规则

分类	举例		描述规则
A	但从整体的指标来看，人才网页的查全率达到 80.67%，基本上令人满意的	Object+Index+Conj+Number	<Object>(中/过/好/到/有/定/含/内)的((分别/均/仅)(认/设/定/成分/示/本/改/否)为/达到/仅有 1 下降到(某个数)上升/提高到/大概为/最低为)了<Number>
B	30% 的核心作者的文献被引数超过其他作者的总被引数	Index+Conj+Numebr	<……Index>(的根据公式计算出的值/系数)<Conj>(分别/依次/均仅(认/作记/设/定/成即/分｜化/示/本/改/否)为/有/等于/超过/提高了/取得了/均大于)<Nubmber>

续表

分类	举例	描述规则	
C	当地获得了政府3000万元的补助，占到该项目的60%	Conj+Numebr+Index	\<Conj\>（获得了）\<Numeber\>（中/用/到/有/定/含/内）的可供计算的\<Index\>

4.3　科技文献中程序性知识元描述规则识别

程序性知识元是关于"如何做"的知识元，主要用来揭示事物的动态属性特征，因此，属于动态的知识类型。依据程序性知识元的抽象程度的不同，程序性知识元又具体划分为方法知识元和原理知识元。接下来，将详细论述这两种类型的知识元描述规则的识别问题，以为从科技文献中抽取出这两种类型的知识元奠定基础。

4.3.1　科技文献中方法知识元描述规则识别

4.3.1.1　方法知识元内涵

"方法"这个词来源于希腊文的"方向"或者"道路"，从词义的角度来看，"方法"是指沿着某条道路或者某一方法前行的意思。在现代汉语中，"方法"这个词的内涵是指人们为了获取某种东西或者为了达到某个目标所使用的手段或行为方式（也即顺序采取的步骤）等的总称，是人们在认识世界和改造世界的过程中所应遵循的某种方式、途径和程序的总和。基于"方法"在人们认识世界和改造实践的过程中所发挥的重要作用，相关学者对各种类型的"方法"展开了大量研究工作，当然也从不同角度对"方法"进行了不同的界定和理解。黑格尔将"方法"定义为：主观与客体相关时所借助的工具或手段。美国学者鲍亨斯基认为，"方法"是人们实施程序的方式，也即组织活动的方式或者使对象相互协调的方式。综上分析，不难发现，尽管人们对"方法"从不同的角度进行了不同的界定，但本质内涵基本一致，都认为"方法"是主体在认识世界和改造世界的过程中，为达到预期目标所采用的手段或者方式，"方法"是用来沟通主体和客体的中介和桥梁。由"方法"的内涵可以看出，"方法"具有统一性、中介性和动态性等特征。所谓统一性，是指"方法"与从事认识活动的主体和被认知的对象客体密不可分，同时受到主体和客体属性的制约，即受到主体的认知目标、认知能力等的制约，也受到客体的属性、运行规律等的制约。所谓"方法"的中介性，是指人们在认识世界和改造世界的过程中，主体与客体之间的相互作用都必须采用一定的"方法"，"方法"存在于人类的一切实践活动之中。而"方法"的动态性，是指"方法"具有随着人们认知能力和水平的提高不断丰富和发展的特性。

基于对"方法"内涵的分析，本书给出方法知识元的定义。所谓方法知识元，是指对分析、解决问题的某种确定的研究方法、研究思路的描述。在科技文献中，文献作者为解决自己梳理出的科学问题，往往会采用大量科学的研究方法，这些方法既包括一般性的通用研究方法，如问卷调查法、专家访谈法、统计分析法等，也包括大量的专业方法，如文献分类法、主题法、信息计量方法等。由此可见，科技文献中充斥着大量的方法性知识元，它们是人类知识资源中一种非常重要的知识类型。

4.3.1.2 科技文献中方法知识元描述规则识别流程

科技文献中方法知识元描述规则识别的目的是归纳总结描述方法知识元的规则，为实现方法知识元的抽取奠定基础。总的来说，科技文献中方法知识元描述规则的识别流程：首先，使用表示方法性的词(方法术语表)作为线索词，从科技文献中查找、收集描述方法的句群；接着，根据聚类分析，将抽取的方法知识元句子聚成几个类，以识别出方法知识元包含的元素；而后，依据领域主题词对方法知识元进行领域主题词过滤，识别出方法知识元的线性结构；最后，人工审核方法知识元的线性结构并汇总为初始方法知识元描述规则。具体来说，科技文献中方法知识元描述规则的识别详细流程，如图 4-8 所示。

由图 4-8 可知，科技文献中方法知识元描述规则的识别流程主要包括：自然语言预处理、方法知识元句子抽取、方法知识元聚类、领域主题词过滤和人工审核汇总等几个阶段。接下来，将详细论述科技文献中方法知识元描述规则识别流程的这几个阶段。

(1)自然语言预处理

自然语言预处理阶段的主要任务是对训练语料进行分句、分词等预处理，将科技文献中的自然语言解析为词向量的形式，以为方法知识元语句的自动抽取和方法知识元线性结构的自动生成奠定基础。科技文献的分句主要是依据句子的标识符号，如"。?!"等，对科技文献进行分句处理；分词主要是借助哈工大的分词工具，实现对句子的分词和词性标

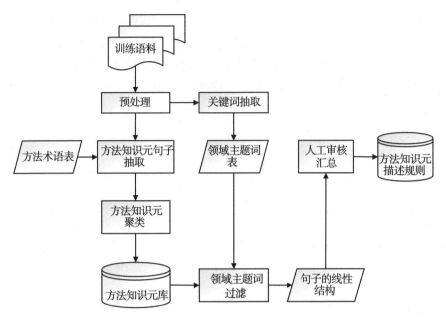

图 4-8   科技文献中方法知识元描述规则的识别流程

注等。

(2)方法知识元句子抽取

由于方法知识元是以{how}为中心而展开的，是由若干个必要的元素构成的实体。因此，为了抽取出训练语料中描述方法的句群，以"方法/措施/手段"等表示方法的词为线索词，识别训练语料中包含方法性词的句群。其中需要注意的是，在以线索词匹配训练语料中的描述方法的句群时，由于某些作者的写作习惯，或者部分句子的特殊性，不能仅仅只抽取一句。为了准确地识别文本中描述方法性的范围语句，在识别每一个句子时，则需要进行指示性代词、连词等消解。即判断候选句子后第一个词是否出现"并且/它/这/其次/"等一些特殊的连接词、代词、转折词和序列词，如果出现，则将下一句合并为一个句群，否则，舍弃。

(3)方法知识元聚类

方法知识元聚类的主要任务是将方法知识元语句依据所揭示的方法主题内容的不同聚成多个类别，以识别出组成方法知识元的元素。具体来说，本书通过对抽取出的方法知识元句群进行二分 k-means 聚类分析，以识别方法知识元的组成元素，首先将所有句群集作为一个簇，该"簇中心"点向量为所有样本点的均值，计算指标 SSE（Sum of Squared Error），选择 SSE 值最小的那个簇进行划分操作，以收敛到全局最小值。本书通过分析得到 K = 5，通过对每个簇进行归纳概括，总结为方法知识元的组成元素共为 5 个维度，即 < 定义、关系、特征、功能和过程 >。有关这 5 个维度的说明和举例，见表 4-13。根据每个维度的表达形式，可以将方法知识元的组成元素概括为描述型和过程型。描述型方法知识元组成元素有方法的概念、方法的关系、方法的功能、方法的特征；过程型方法知识元组成元素包含方法过程。描述型是指对方法知识元的内容的陈述表达，是静态的；过程型是指具有内在结构的方法实例应用，是动态的。关于方法知识元的组成元素及其关系图，如图 4-9 所示。

表 4-13　方法知识元组成元素的说明及举例

方法知识元构成要素	释　义	举　例
定义	对方法知识元的内涵进一步解释，即对某个方法对象的本质特征进行简要说明	遗传算法是一种借鉴生物界的进化规律(适者生存，优胜劣汰遗传机制)演化而来的随机化搜索方法
关系	对方法知识元之间的关系的揭示，即对方法知识元之间的语义关系进行揭示和说明	模糊综合评价方法是众多综合评价方法中的一种，其基本思想是利用模糊线性变换原理和最大隶属度原则，考虑与被评价事物相关的各个因素，对其做出合理的综合评价
特征	对方法知识元具备的特点的描述，也即揭示方法知识元不同于其他知识元的特性之处	ARIMA 基于完善统计理论，对数据是否线性趋势无要求，具有较好的特性，对季节时间序列也有很好的拟合效果。虽然 ARIMA 较复杂，但随着计算机技术的发展，该方法越来越易于采用
功能	指方法的用途，即方法所能发挥的有力的作用或者效能，是客观的	借助 GPU 通用计算技术，结合 CUDA 编程模型，对协方差矩阵的计算进行有针对性的并行化优化，设计并实现一种高效的并行图像协方差矩阵算法。为在通用 PC 平台上使用协方差矩阵并满足实时性需求的各种图像处理应用提供了一个可行的解决方法，对其他领域涉及协方差矩阵的实时计算也有良好的借鉴作用

续表

方法知识元构成要素	释义	举 例
过程	指方法具体实施这步骤的介绍。其中每一步骤主要是方法的使用	本书提出了一种基于信息流动分析的动态社区发现方法。首先，利用平均接触率来量化节点间的交互程度；然后，运用含有信息流动特征的模块度函数 Q 来实现社区划分（T-CNM 算法）；最后，我们的动态社区发现方法可以取得这样的一个结果：社区内部信息流动频繁，而社区之间则只存在偶尔的信息流动

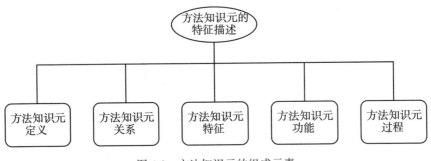

图 4-9   方法知识元的组成元素

(4) 领域主题词过滤

通过 TF-IDF 提取训练语料中的关键词，并将领域词和关键词保存为领域主题词。过滤方法知识元语句中的领域主题词等实义词，以形成方法知识元句子的线性结构。

(5) 人工审核汇总

以人工为主，对获取的方法知识元语句的线性结构进行整理、汇总以形成方法知识元描述规则。为得到科学准确的描述规则，笔者邀请 3 位学术研究者对得到的句子线性结构进行汇总，选择出现频率≥2 的描述规则作为方法知识元描述规则，并存入数据库。

4.3.1.3   科技文献中方法知识元描述规则的识别结果

本书将对方法知识元的描述规则划分为五个维度：方法的定义、方法的关系、方法的特征、方法的过程、方法的功能，分别展开分析，具体来说，方法知识元各个维度或组成部分的描述规则如下。

（1）方法知识元的定义描述

方法知识元的定义是指对某种方法的本质特征或关于该方法术语概念内涵和外延确切而简要的说明和揭示。方法的定义描述通常具有以下规则，认为"……方法是一种……的方法""……方法+是/是指/指/的定义为/被定义为……"。其规则与举例，见表4-14。

表 4-14　方法知识元的定义描述规则

规　则	举　例
……法/方法 + 是一种 …… 的方法	遗传算法是一种借鉴生物界的进化规律（适者生存，优胜劣汰遗传机制）演化而来的随机化搜索方法
……方法+是/是指/指/的定义为/被定义为……	Everitt 在 1974 年关于聚类所下的定义为：一个类簇内的实体是相似的，不同类簇的实体是不相似的；一个类簇是测试空间中点的汇聚，同一类簇的任意两个点间的距离小于不同类簇的任意两个点间的距离；类簇可以描述为一个包含密度相对较高的点集的多维空间中的连通区域，它们借助包含密度相对较低的点集的区域与其他区域（类簇）相分离

（2）方法知识元的关系描述

数字图书馆科技文献中，对方法知识元的关系描述可以从多个维度进行划分。总的来说，方法知识元的关系可以划分为两类：方法知识元的静态关系和方法知识元的动态关系。就方法知识元的静态关系而言，又可以依据不同的属性进一步划分，具体来说，依据方法知识元的隶属关系，方法知识元的静态关系可以分为两类：上下位的类属关系和同一层次的并列关系；而就方法知识元的动态关系而言，依据方法知识元在逻辑上的不同，方法知识元的动态关系又包括改进关系、继承关系、演进关系、替代关系等。接下来，本书将详细论述各种方法知识元的关系描述规则。

1）方法知识元间的静态关系

a. 方法知识元间上下位的类属关系

方法知识元间上下位的类属关系通常带有"……属于……""……主要包括……"等表示类别或属性关系的词语。这类关系主要是指包含关系，但不是全等于。其规则与举例，见表4-15。

表 4-15   方法知识元间上下位的类属关系描述规则

规 则	举 例
……方法+主要包括……	目前，PLF 计算方法主要包括卷积法、半不变量法、点估计法和蒙特卡罗仿真法
……方法+属于……方法	目前中国农用地分等普遍使用的因素综合评价法（也叫"修正法"）属于综合指数法
……方法 + 是 …… 方法的一种……	模糊综合评价方法是众多综合评价方法中的一种，其基本思想是利用模糊线性变换原理和最大隶属度原则，考虑与被评价事物相关的各个因素，对其做出合理的综合评价
……方法+主要是……	动态网络社团挖掘方法主要是增量聚类和进化聚类

b. 方法知识元间同一层次的并列关系

方法知识元间同一层次的并列关系通常带有"……分为……""……并列为……""……包括……"等表示并列关系的词语。有时候包含"……包括……"的句式可能描述的是上下位的类属关系，但被包括的成员之间也都属于方法的并列关系描述。其规则与举例，见表 4-16。

表 4-16   方法知识元间同一层次的并列关系描述规则

规 则	举 例
……方法+分为……和……	按照这个思路，时间序列聚类方法可分为基于原始测度数据的时间序列聚类和基于特征的时间序列聚类
……方法+分为……几类	传统的静态数据聚类方法分为 5 类：基于划分的聚类、基于层次的聚类、基于密度的聚类、基于格网的聚类以及基于模型的聚类
……方法+包括……和……	例如文献中考察了在无标度网络中使用 4 种排序方法移除节点后对网络最大连通集的影响，这 4 种方法包括度中心性、介数中心性、接近中心性和特征向量中心性，并和随机移除节点的方法进行比较

2) 方法知识元间的动态关系

方法知识元间的动态关系主要包括改进关系、继承关系、演进关系、替代关系等，通常带有"……提出……""……改进……""……参考了……"等词语，一般是指对方法知识元的改进与创新等，在本书选取的素材和数据中，主要是方法间的改进关系，这种关系在数字图书馆科技文献中的论文里存在较普遍。其规则与举例，见表 4-17。

表 4-17　方法知识元间的动态关系描述规则

规　　则	举　　例
……在……基础上+提出……方法	文献在 GTRACE 的基础上提出一种基于逆向搜索的方法，只关注相关频繁转换子序列，提高了算法的效率
……方法+对……的改进	累积的盈余−股票报酬计量法。这种方法是由 Roychowdhury & Watts（2007）提出的，它是对盈余−股票报酬计量法的改进，即用累计股票报酬率代替年股票报酬率，用累计每股盈余代替年每股盈余
……方法+引入了……	基于特征的时间序列聚类，在传统静态聚类方法的基础上引入了时间序列特征的相似性
……方法+扩展到……	随后 Maharaj 将该方法扩展到多维时间序列聚类上，立了向量自回归滑动平均模型 VAR-MA，同样用零假设：$\pi x = \pi y$ 的显著性作为两条序列的相似性度量
结合丨针对……+提出……方法	结合传染病动力学模型，提出了利用平均接触率来反映社交网络中信息流动过程的方法，对节点交互环境下节点间关系的紧密程度进行量化 针对先验信息为加速退化数据的情况，提出了利用非共轭先验分布进行 Bayesian 统计推断的剩余寿命预测方法
……方法+对……优化	由于寻找最优 Q 值的算法复杂度太高，很多方法都对 Q 值的计算过程进行了优化，转而寻求次优的 Q 值，常见的如贪心算法、模拟退火、极值优化等

（3）方法知识元的特征描述

数字图书馆科技文献中对于方法的特征描述可以划分为多个类型（如图 4-10 所示）。首先，按照方法知识元特征的好坏，方法知识元的特征描述可以分为积极描述、消极描述与中性特点描述；其次，按照方法知识元特征描述的方法的不同，方法知识元的特征描述可以分为论述型描述、对比型描述。其中对比型描述包括一对一比较型和一对多比较型两种类型。

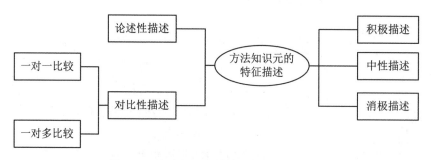

图 4-10   方法知识元的特征描述类型划分

1）方法知识元的积极描述、消极描述和中性描述

a. 方法知识元的积极描述

常见的方法知识元的积极描述往往伴随着"可以""能够""不仅……而且……"等带有积极特征的词语。其规则与举例，见表 4-18。

表 4-18   方法知识元间的积极性描述规则

规 则	举 例
较好……易于……	ARIMA 基于完善统计理论，对数据是否线性趋势无要求，具有较好的特性，对季节时间序列也有很好的拟合效果。虽然 ARIMA 较复杂，但随着计算机技术的发展，该方法越来越易于采用
可行……可接受……	在知道复杂网络拓扑结构的前提下，把经典大系统的结构分析方法用来对复杂网络进行分解，在原理上是可行的，而且计算量也可以接受……
……有效……	这些方法已经在过程控制领域成功地用来选择有效而经济的控制方案，相应的报道可见文献
……降低…… ……提供……	当复杂网络的节点数目巨大时，依靠算法本身已经很难解决计算复杂性问题，这时是否可以从求解问题的结构上来考虑一些可行的方法。经典大系统控制论中用集结、递阶、分散等方式降低问题规模和降低求解复杂性的方法论思想为探索高效的求解结构提供了空间

续表

规　　则	举　　例
……有助于……	对于这类问题，以控制论的解析方法得到结果，结合以网络科学的实验方法进行验证，可以对复杂网络相关问题的研究提供从现象到本质的完整认识，有助于推动复杂网络的研究
……有效率……	DEA 方法是由 Charnes 和 Cooper 提出的一种评价决策单元相对效率的方法
……常用的……	复杂网络中节点重要性可以是节点的影响力、地位或者其他因素的综合，从网络拓扑结构入手是研究这一问题常用的方法之一

b. 方法知识元的消极描述

常见的方法知识元的消极描述往往伴随"难以""不能够""虽然……但是……"等带有消极特征的词语。其规则与举例，见表 4-19。

表 4-19　方法知识元间的消极性描述规则

规　　则	举　　例
……不高……需要检验……	虽然大系统的结构可控性研究及可行控制方案选择已有系统、解析的方法，但以往的研究和应用案例维数并不高，这些解析方法对维数巨大的复杂网络能否适用，其计算复杂度能否接受，是首先需要检验的
……缺乏……	这表明用经典方法虽然可以在原理上得到全部可行控制的方案，但其计算量大，得到的结果对复杂网络的控制缺乏实际的意义
代价较高……	这一方法的不足在于计算每条候选路径的 Semantic Score 时，代价较高
忽视……不确定……	然而，这一方法忽略了主、客观不确定性因素的影响
……不足在于……	Hu 等人将轨迹模型视为离散状态点之间转变的过渡，离散状态分析方法的不足在于：需要对大量时空数据进行离散化处理，并且需要分析离散数据点之间的关联
……偏误……	但在诸多方法中，传统的 Logistic 系数直接比较法带来的偏误最大。在同一样本的嵌套模型比较中，当混杂效应越大时，传统直接比较法导致的偏误就越大

　　c. 方法知识元的中性描述

　　常见的方法知识元的中性描述往往伴随"认为是""一般来讲""其一……其二……其三"等带有一般归纳特征的词语。方法知识元间的中性描述规则及其举例，见表4-20。

表 4-20　方法知识元间的中性描述规则

规　　则	举　　例
……是……	Poulin 等人在求解特征向量映射迭代方法的基础上提出累计提名（cumulated nomination cen-trality）的方法，该方法是计算网络中的其他节点对目标节点的提名值总和
是基于……比较……	高斯过程回归方法对于处理具有噪声点的数据有着比较好的预测效果，是一种基于非参数的概率性方法，而且所使用的训练数据集规模比较小
……具有……	根据天气预报信息选择与预测日相同的类型日，采用最小二乘 SVR 建立提前 1h 的预测模型，比较了预测日统一建模和分时间点建模两种建模方法，证明了分时间点建模具有更高的预测精度
……只是……	然而与目前主流研究方法相区别的是，能源互联网还只是概念定义等问题的研究讨论阶段，并没有实际的系统和实验平台研究其拓扑结构
……即……	对于大量超高维、数学模型不清晰的复杂网络，主要还是通过实证的研究方法，即观察现象和获取数据、总结规律、提炼模型、进行仿真实验、验证规律并发现新的规律，进而改造网络
……仅仅是……	需要指出的是，本书所提方法仅仅是工程博弈论的一个开端，为使其更具工程可行性，本书提出了考虑反馈的鲁棒优化问题，未来我们将深化对该问题的研究

　　2）方法知识元的对比型描述

　　方法知识元的对比型描述规则主要包括一对一的对比型描述规则和一对多的对比型描述规则。下面，将详细论述方法知识元的对比型描述规则。

a. 一对一比较描述

常见的方法知识元间一对一比较描述往往伴随"相比之下""相较于""一个……另一个……"等带有一对一比较特征的词语，从句式上看，一对一比较描述往往伴随在论述型描述后，且实用较为常见也较难以抓取。方法知识元间一对一比较描述规则及其举例，见表 4-21。

表 4-21　方法知识元间一对一比较描述规则

规　　则	举　　例
……除了……外……	尽管控制论的数学解析方法难以直接应用到复杂网络的这些研究中，但除了基于数学模型的解析方法外，经典的大系统控制论针对系统结构的研究也有丰富的积累
……相比于……	相比于社团分解，这种分解方法更注重从动态因果性的角度来观察和分析大系统的结构，所得到的结果也能清晰地反映出大系统中各单元的地位及相互的因果链
……比……更加……	这样一种"分块"加"分层"的多维分析方法可反映出复杂网络节点间相互作用的因果性和强弱度，比采用单一分解方法提供了更加全面的信息
……与……不同……	与网络科学常用的研究方法不同，这里我们立足于从动态因果性和解析求解的思路开展研究，所得到的结果也许可为复杂网络研究中解决相关问题提供一些新的思路和解析的手段
……前者……后者……	两者对应的数据集划分方法也有所不同，前者多采用随机抽样，后者需要考虑时序状态
……明显高于……	可以看出，两种均值处理的方法，方法 1 的相关性明显高于方法 2
……其差别……	这两种方法都没有控制未观测到的异质性，其差别仅在于交互项检验假定其他变量对两个群体的作用是相同的
……相区别……	然而与目前主流研究方法相区别的是，能源互联网还只是在概念定义等问题的研究讨论阶段，并没有实际的系统和实验平台研究其拓扑结构

b. 一对多比较描述

常见的方法知识元间一对多比较描述往往伴随"和……相较于""能够""有的……有的……有的……"等带有多角度比较特征的词语，有时也会出现明显的连词和并列结构，常常会用分号形成比较段。方法知识元间一对多比较描述规则及其举例，见表4-22。

表 4-22   方法知识元间一对多比较描述规则

规 则	举 例
不同的 …… 不一致……	检验的结果表明，对三个序列的水平值运用三种不同的检验方法得到的结论并不一致，而对三个序列一阶差分值的检验，三种传统的单位根检验的方法都认为是平稳的
……无论哪一种……	结论显示，无论哪一种估计方法，结果都是基准货币政策模型的边际似然值要小于盯住房价波动的扩展货币政策的边际似然值，这说明扩展模型的拟合度要好于基准模型

（4）方法知识元的过程描述

方法知识元的过程描述包括方法知识元的使用过程、使用步骤、使用方法、使用条件等内容。方法知识元的过程描述规则可以分为很多种，针对数字图书馆科技文献的内容分析，本书找到了使用最多的几种规则的方法知识元的过程描述规则和不规则的方法知识元的过程描述规则。

1）对于规则的方法知识元的过程描述

对于规则的方法知识元的过程描述，通常科技文献使用最多的是"首先""然后""最后"等词。规则的方法知识元的过程描述规则及其举例，见表4-23。

表 4-23   规则的方法知识元的过程描述规则

规 则	举 例
方法的使用过程有："首先 …… 然后 …… 最后……"	本书提出了一种基于信息流动分析的动态社区发现方法。我们首先利用平均接触率来量化节点间的交互程度，然后再运用含有信息流动特征的模块度函数 Q 来实现社区划分（T-CNM 算法），最后我们的动态社区发现方法可以取得这样的一个结果：社区内部信息流动频繁，而社区之间则只存在偶尔的信息流动
"首先……接着……"	首先按望大型、望小型、望目型和区间型四类对指标分类，接着进行相应的无量纲化处理。如采用极差正规法，将所有指标处理成以大为好的无量纲指标

本书发现，在一般的数字图书馆科技文献中对于方法的过程描述经常还会用到"第一""第二""第三"等词来表述方法的过程。而在自然科学期刊的科技文本中，并未发现这样的过程描述。自然科学中方法知识元的过程描述规则及其举例，见表 4-24。

表 4-24　自然科学中方法知识元的过程描述规则

规　则	举　例
……方法：①……②……③……	【因子分析综合评价模型】 ①做主成分因子分析（特别适于对一批数据的首次分析）和方差极大选转； ②做极大似然因子分析和方差极大旋转； ③比较前两步得到的因子分析解

这个模型用到数字①、②、③去描述方法知识元的过程，在其他的一些资源中也会用一些数字来描述过程。

还有些方法知识元的过程描述是针对方法知识元的使用前提或条件，这种在方法知识元中运用得极其多。条件型方法知识元的过程描述规则及其举例，见表 4-25。

表 4-25　条件型方法知识元的过程描述规则

规　则	举　例
针对方法的使用前提或者条件： "该方法的前提是……" "使用该方法先要假设……成立，那么……"	假设 m 个随机变量 $B[b_1, b_2, b_3, \cdots, b_m]$ 的采样规模均为 N，b_j 为 B 中的任意一个随机变量。首先将随机变量 b_j 累积分布函数的取值区间 $[0, 1]$ 均分 N 等份，得到 N 个子区间。然后从每个子区间中选择一个采样值，该采样值既可以选择子区间的中点，也可以选择靠近勿期望值的边界点。再通过累积分布函数的反函数求得随机变量 b_j 的 N 个采样值，最终得到随机变量 B 的样本矩阵 $B\text{mxn}$。该采样方法既能保证采样点完全覆盖随机分布区域又不出现重叠区域，因而采样效率高
"如果……此时……"	如果把这些度为 1 的节点及其所连接的边都去掉，剩下的网络中会新出现一些度为 1 的节点，再将这些度为 1 的节点去掉，循环操作，直到所剩的网络中没有度为 1 的节点为止。此时，所有被去掉的节点组成一个层，称为 1-壳

在对方法知识元过程的描述中用"通过""只要……就"等词可以对方法做出一个较为总结性的描述。总结性的方法知识元的过程描述规则及其举例，见表4-26。

表 4-26　总结性的方法知识元的过程描述规则

规　则	举　例
通过……为……	该方法根据随机变量 w 的期望值和中心矩，通过标准正态分布随机变量 y 的多项式求取非正态分布的随机变量 w，r 阶多项式正态变换求取随机变量 w 的表达式为……
只要……就……	由此可见，只要我们能够给出一种刻画节点关系的方式，就能够基于这个方法定义一个节点的中心性

2) 不规则的方法知识元的过程描述

还有很多的描述没有规则可循，对于这种没有规则约束的句子来说，可能理解起来往往比较费力。不规则的方法知识元的过程描述规则及其举例，见表4-27。

表 4-27　不规则的方法知识元的过程描述规则

规　则	举　例
没有具体的规则来约束	该方法根据输入随机变量的数字特征，通过多项式正态变换技术建立其概率分布模型，进而由基于拉丁超立方采样的蒙特卡罗仿真法得到系统节点电压和支路潮流的数字特征及其概率分布曲线。采用 IEEE 30 节点和 IEEE 118 节点系统对所提方法的有效性进行了验证。仿真结果表明：所提方法是有效的，该方法小仅具有计算速度快、精度高和稳健性好的优点，还能灵活处理输入随机变量间的相关性，具有较好的工程实用价值。它以隶属函数为桥梁，将不确定性在形式上转化为确定性，即将模糊性加以量化，从而可以利用传统的数学方法进行分析和处理

整体上讲，方法知识元的过程描述由于往往都是以段落的结构来描述的，因此句子的单句描述往往无法对方法知识元做出准确的描述，所以方

法知识元的过程描述在句子中难以实现，一个段落的解释对方法能有更好的描述。

（5）方法知识元的功能描述

方法知识元的功能描述是指描述方法知识元能解决哪种或哪类问题，对方法知识元的应用范围或适用领域进行界定。对方法知识元的功能描述包括以下规则：“借助/通过/使用/采用/利用/用……方法＋来检验/对……进行……”，或者“……方法＋能/可以＋……”。方法知识元的功能描述规则，见表4-28。

表 4-28　方法知识元的功能描述规则

规　则	举　例
借助/通过/使用/采用/利用/用……方法＋来检验/对……进行……	借助 GPU 通用计算技术，结合 CUDA 编程模型，对协方差矩阵的计算进行有针对性的并行化优化，设计并实现一种高效的并行图像协方差矩阵算法。为在通用 PC 平台上使用协方差矩阵并满足实时性需求的各种图像处理应用提供了一个可行的解决方法，对其他领域涉及协方差矩阵的实时计算也有良好的借鉴作用
……方法+能/可以+……	聚类分析方法可以帮助市场分析人员从消费者数据库中区分出不同的消费群体，并且概括出每一类消费者的消费模式，或者说习惯
……方法＋可用于/适用于/被应用到+……	SPSS 还可以应用于经济学、数学、统计学、物流管理、生物学、心理学、地理学、医疗卫生、体育、农业、林业、商业等各个领域 高斯过程回归是基于贝叶斯理论和统计学习理论发展起来的一种全新机器学习方法，适用于处理高维数、小样本和非线性等复杂回归问题
……方法+在领域得到应用……	关联规则挖掘主要研究关系数据中关联规则的发现，根据设定的置信度和支持度阈值，挖掘出不同属性数据之间的依赖关系，这是目前处理海量数据的一种常用方法，在多个领域得到广泛应用，如网络故障检测、气象信息
……的目标是……	UIMA 的目标是提供在企业级的环境中处理各类非结构化的信息资源的通用解决方法和支撑技术

本书对科技文献中的方法知识元进行了详细的规则描述，得出了方法

的定义知识元、方法的关系知识元、方法的过程知识元、方法的特征知识元、方法的功能知识元共五个维度，并在各维度下系统地阐述了方法知识元的描述规则和实例，以为从科技文献中抽取出方法知识元奠定基础。

4.3.2　科技文献中原理知识元描述规则识别

4.3.2.1　原理知识元内涵

克拉克(Ruth Colvin Clark)和梅耶(Richard E. Mayer)将知识分为五种类型，分别是事实、概念、过程、程序和原理。[221]其中，原理性知识通常是指某一领域、部门或科学中具有普遍意义的基本规律。科学的原理以大量实践为基础，是人们在大量实践基础上归纳出来的规律性认知，故其正确性才能被实验所检验与确定，从科学的原理出发，可以推衍出各种具体的定理、命题等，从而对进一步实践起指导作用，反过来又受到实践的检验。由于原理性知识通常是人们在参与社会实践的过程中概括出来的关于客观事物的运动发展规律的基本观点、命题和理论，是人类对客观事物运动规律的反映，因此，会随着客观事物的不断发展和人们认知能力的不断提升而得到不断深化。原理知识包括基本规律(某一学科或领域)、公理、事物的构造方式等。

基于对原理性知识的理解和把握，学者们对原理知识元给出了不同的定义。张静[222]指出，原理类知识元是对事物性质、事物变化规律的认识；温有奎[223]将原理型知识元定义为纯理论描述、揭示概念的知识；冯鸿滔[224]认为，原理类知识元是对事物性质、规律的认识，主要以理论、原理、定理、定律、模型等为表征形式；秦春秀[225]认为，原理知识元是指对事物内在本质、必然规律的反映，即在某一领域中联系实际推论出的概念或原理。

通过分析可以看出，学者们在定义原理知识元时，都把握住了一个重要的特点，即原理知识元是对规律的诠释，这也是原理知识元与其他类型知识元的重要区别之一。于是，在此基础上，本书认为科技文献中的原理知识元是指科技文献中经过了大量实践观察而归纳得出的，用来诠释科学中具有普遍意义的基本规律的知识单元。具体来说，原理知识元具有以下几个方面的特征。

(1)客观性

原理知识元的客观性体现在其是对客观事物中广泛存在的固有规律的本质反映，是对客观事物本质运动过程的一种归纳和概括，具有较强的客观性。

（2）普遍性

原理知识元的普遍性主要体现在其是对客观事物普遍存在的规律的揭示，因此，原理知识元通常具有广泛的适用性和指导意义。

（3）完整性

原理知识元的完整性体现在其是对客观事物各要素联系所形成的完整认知，是对客观事物整体上的规律总结。

（4）可认知性

原理知识元的可认知性体现在其可以通过人们的实践和思维活动为人们所认知和总结。

（5）时空性

原理知识元具有一定的时间和空间性，只有在特定的时空范围内才能发挥作用，超出了一定的时间和空间限制条件，原理知识元可能就需要进行重新修订和发展。依据原理知识元适用的时空范围大小的不同，又可以将原理性知识元划分为基本原理知识元和特殊原理知识元等类型。

4.3.2.2　科技文献中原理知识元描述规则识别流程

原理知识元的识别是指将某一文本中属于原理知识的语句通过一定的识别方法抽取出来，是原理知识元组织中的重要环节。科技文献中包含的知识资源类型、学科范围广泛，且原理知识元的描述多以句子为单位，这种情况比较适合基于规则与模式识别的方法，即通过计算原理知识元识别规则与科技文献中句子的匹配关系来实现原理知识元的识别。为此，本书决定采用文本分析法从科技文献中归纳出原理知识元的描述规则，为从科技文献中抽取出原理知识元奠定基础。原理知识元的识别过程，如图4-11所示。

①训练语料构建。由于原理知识应用学科比较广，为了使样本具有代表性，本书选取 CNKI 数据库中的相关文献作为训练样本。本书依据中图分类法，从 22 个学科大类(包括马列主义毛泽东思想、哲学宗教、社会科学总论、政治法律、军事、经济、文化科学教育体育、语言文字、文学、艺术、历史地理、自然科学总论、数理科学和化学、天文学地球科学、生物科学、医药卫生、农业科学、工业技术、交通运输、航空航天、环境科学安全科学和综合大类)每一类学科权威期刊近 5 年的所有论文中简单随机抽取 10 篇文献，共计 220 篇科技文献作为语料库。

②文本分句。依据语句的分割符号(如".!?;"等)对训练语料中的文

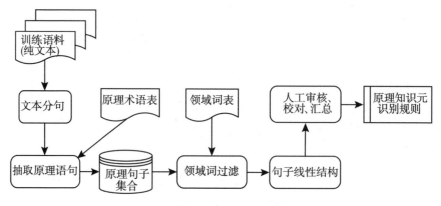

图 4-11   原理知识元描述规则的识别过程

献进行分句处理，构建文献的语句集合。

③原理句子抽取。为了抽取出训练语料句子集合中描述原理的语句，本书以描述原理的词语表(如"原理/理论/学说"等)中的语词为线索词，识别出训练语料句子集合中包含原理性词语的句群。为了准确地识别文本中描述原理的语句，在识别过程中，还需判断候选句子后第一个词是否出现"并且、所以、其次、接着、但是、此外"等一些特殊的连接词、代词、转折词和序列词，如果出现，则将下一句也视为描述原理的语句，否则，舍弃。

④领域主题词过滤。首先，通过 TF-IDF 算法提取训练语料中的关键词，并将其与领域词合并，共同构成领域主题词表。而后，依据领域主题词表，过滤掉识别出的原理语句中的领域主题词等实义词，以形成句子的线性结构，即原理知识元的句型结构，例如"采用……理论""……提出的原理是……""提出了……原理"等。

⑤人工审核汇总。对获取的线性结构进行审核、整理、归纳汇总，以形成原理知识元的描述规则，并存入数据库。

4.3.2.3   科技文献中原理知识元描述规则的识别结果

原理知识元是一种较为抽象概括的、有组织的知识性描述，它们在科技文本中扮演不同的角色，具有多样化的语义关系，可以分别从内涵和外延两个维度进行解释，内涵主要是指对原理本身定义的描述，而外延则是对原理的具体过程、具体功能、相关关系等的描述。本书借助原理知识元描述规则的识别方法，通过梳理归纳出原理知识元的描述规则。接下来，本书将从原理知识元的内涵、过程、功能和关系等维度来论述原理知识元的描述规则，以为原理知识元的抽取奠定基础。

（1）原理知识元的内涵描述规则

原理知识元的内涵描述主要是指作者在说明、阐述原理时，对某个原理的本质特征或原理术语的概念内涵进行简明扼要的说明，对原理的内涵进行定义所含有的特征词一般有"是""是指""定义为"等，通过对描述原理知识元内涵的句子进行总结归纳，原理知识元的内涵描述规则及其举例，见表4-29。

表 4-29　原理知识元的内涵描述规则

描述规则	举　例
提出的理论/原理/规律是……	提出的理论是马斯洛需求理论，一般人的需要分两类，即自然需要和社会需要
……是指/是/指/称/称作/称为/称之为/叫/叫做……理论/原理/规律/学说	在平面上根据一定原理，用线条来显示物体的空间位置、轮廓和投影的科学称之为透视学说
所谓/关于……理论/原理/规律/学说+是/指/是指/即……	所谓语音识别原理，就是让机器通过识别和理解过程把人类的语音信号转变为相应的文本或命令的技术，属于多维模式识别和智能计算机接口的范畴
……理论/原理/规律/学说+内涵是/定义是/定义为/本质即/实质是/有 N 层含义为/概念/意思/定义如下+……	马克思主义原理的实质是科学地揭示了人类社会历史发展客观规律的学说，科学地揭示这一规律，是马克思主义理论区别于其他一切理论的独有属性
……（理论/原理/规律/学说）是一种……	分页技术原理是一种将所有数据分段展示给用户的技术，用户每次看到的不是全部数据，而是其中的一部分

（2）原理知识元的外延描述规则

原理知识元的外延是对原理所适用的范围的描述，主要是指一个整体结构中基本原理之间的关系、原理是如何实现的、原理具有什么作用等方面的解释。因此，本书通过归纳分析，主要对原理知识元的功能、过程以及相关关系三个维度的描述规则进行总结，具体如下。

1)原理知识元的功能描述规则

功能主要是指描述原理的作用、原理能够解决什么问题、能够应用到什么领域等，其特征词一般含有"借助""能够"和"作用"等具有功能性的特征词来描述，因此，有关原理知识元的功能描述的规则及举例，见表4-30。

表 4-30　原理知识元的功能描述规则

描述规则	举例
提（给）出 …… 理论/原理/规律……来/以……	霍金提出了灰洞理论，以化解广义相对论与量子物理在黑洞中的矛盾
借助/通过/使用/采用/利用/用/运用/针对/借鉴/基于……理论/原理/规律/学说……	本书利用最优搜索理论来分配区域搜索时长，以目标在各搜索区域的行为规律为基础，来检验区域开始搜索的时刻
理论上……改进/修正/完善	使用本书的 Wiki 语义增强策略，理论上讲，可以挖掘文本潜在主题表示，从而亦可以改进 LDA 的聚类效果
……理论/原理/规律/学说+（主要）用于/用来/用作/用做……	量子理论，主要是用来研究物质世界微观粒子运动规律的基础理论，与相对论一起构成现代物理学的理论基础
实验证明了/实验结果表明+……理论/原理/规律/学说……	实验结果表明，温度和气体流量对吸附穿透曲线影响规律基本相同，即温度或流量越小，穿透所需时间越长，达到吸附平衡时间越长，吸附原理具有一定的合理性

2)原理知识元的过程描述规则

过程主要是指对原理的实现过程、操作步骤等的描述，其特征词一般包括"过程""方式""实现"等过程型词汇，因此，有关原理知识元的过程描述的规则及举例，见表4-31。

表 4-31　原理知识元的过程描述规则

描述规则	举例
借助/通过/使用/采用/利用/用/运用/针对/借鉴/基于……方法/方式/经验/技术/过程……检验/实现/探索/促进/解释/阐述……理论/原理/规律/学说	借助一个能识别数字 0~9 的语音识别系统的实现过程，阐述了基于 DTW 算法的特定人孤立词语音识别的基本原理和关键技术

续表

描述规则	举　例
……理论/原理/规律/学说……过程/流程……	PCR 技术的基本原理类似于 DNA 的天然复制过程, 双链 DNA 在多种酶的作用下可以变性解旋成单链, 在 DNA 聚合酶的参与下, 根据碱基互补配对原则复制成同样的两分子拷贝
……理论/原理/规律/学说……主要包括/包含/有……过程/步骤	为了除去水中的细小悬浮物和胶体物质, 混凝处理原理主要包括凝聚和絮凝两个过程

3) 原理知识元的关系描述规则

原理知识元的相关关系是指所叙述原理之间的类属, 主要包括并列关系、上下位类属关系、改进关系、递进关系、继承关系、替代关系等, 这些关系特征词主要为"提出了""改进"等, 因此, 有关原理知识元的相关关系描述的规则及举例, 见表 4-32。

表 4-32　原理知识元的关系描述规则

描述规则	举　例
从……引入/借用/参考了……理论/原理/规律/学说	从西方经济学中引入了产业聚集理论, 逐渐形成了以创新理论为基础的独特的创新经济学理论体系
将……(理论/原理/规律/学说)引入……(理论/原理/规律/学说)以/来……	熊彼特将创新理论引入企业生产体系, 创立了创新经济学理论的最初体系, 为后人继续研究提供了成熟的理论基础
……(理论/原理/规律/学说)又称(为)/亦称/即/也可以称/也称……(理论/原理/规律/学说)	抽屉原理又称"鸽巢原理", 它是组合数学的一个基本原理, 最先是由德国数学家狄利克雷明确地提出来的, 因此, 也称为"狄利克雷原理"
……(理论/原理/规律/学说)……划分为/有……如/分别是/具体有……	对于不确定性原理, 有两种完全不同的表述, 分别是海森堡的原本启发式论述和肯纳德的不确定性与测量的动作无关这一表述

4.4   科技文献中各类型知识元序列模式生成

数字图书馆科技文献中载荷的知识内容是一种用自然语言描述的非结构化的文本，自然语言具有模糊性、表述的多样性等特点，科技文献的这些特征给基于知识元描述规则的各类型知识元的抽取带来很大的难度，仅仅依靠从科技文献中识别出的知识元描述规则还很难实现各类型知识元的准确抽取，为此，就需要在知识元描述规则的基础上，融入能够揭示知识元内涵的语义信息。为解决此问题，本书在知识元描述规则的基础上，对知识元语句进行依存句法分析，将与知识元描述规则存在依存关系的句子成分融入知识元描述规则，以揭示知识元的整体语义信息，生成融入语义的知识元序列模式。具体实现过程，如图 4-12 所示。由于文本分句和文本分词相对比较成熟，接下来将详细论述依存句法分析与序列模式生成两个步骤。

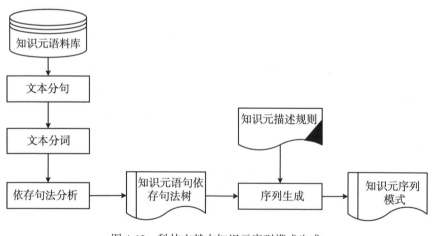

图 4-12　科技文献中知识元序列模式生成

4.4.1　知识元语句的依存句法分析

依存句法分析的最小单位是词语。依存句法分析的主要目的是通过描述句子中词语与词语之间的依存关系来揭示语句的语义框架结构。具体来说，主要是依据语法体系识别出句子中包含的句法成分以及这些句法成分之间的关联关系，进而挖掘出句子中的句法结构，从而实现将句子转化为一棵结构化的存在依存关系的句法分析树的目的。在依据句法分析中，所谓的"依存"就是指语句中词与词之间存在一种支配与被支配的非对称的有向关系。在一个依存关系中仅仅有两个词语参与，分别扮演支配者和从属者的角色，其中支配者是指在句子处于支配地位的句子成分，从属者是指句子中处于被支配地位的句子成分。在依存句法分析中，动词被视为整个语句的中心，支配着其他的句子成分，自身却不受任何其他句子成分的支配，而其他的词在句子中只能有一个直接支配它的词。依存关系的类型主要由存在依存关系的两个词语之间的句法关系来充当，例如动宾关系、状中关系等。依存句法分析通过揭示词语之间的依存关系来反映句子中包含的词语之间的整体语义关系。

　　通过依存句法分析得到的依存句法结构可以用三种形式进行图式表达：有向图、依存树、依存投影树。作为依据句法分析结果的一种形式，有向图使用词语作为节点，使用带有方向的弧来表示节点之间的依存支配关系，并由支配词指向从属词（如图 4-13 所示），被支配词依存于支配词。依存句法树是用树结构来表示句子成分之间依存结构的方式（如图 4-14 所示）。在依存句法树中支配者和从属者被描述为树中节点之间的父子关系，子节点依存于该节点的父节点。依存句法树实现了将语句的语法规则和约束用节点和连接节点的边所携带的信息来表达和揭示。依存投影树是一种带有投射线的树结构（如图 4-15 所示），在该树结构中，实线用来表示依存关系，位置低的词语依存于位置高的词语，虚线则为投射线。

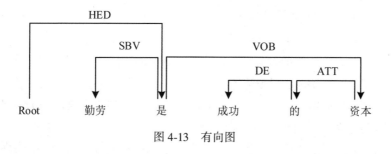

图 4-13　有向图

　　由图 4-13 中可以看出，"是"作为句子"勤劳是成功的资本"的谓词，是整个句子的核心，被标记为 HED。在有向图中，弧是从支配词指向从属词的，因此，依据有向图中弧的指向可以得知，词语"勤劳"依存于词语"是"，依存关系是"SBV"，词语"资本"依存于词语"是"，依存关系是"VOB"，词语"成功"依存于词语"的"，依存关系是"DE"，词语"的"依

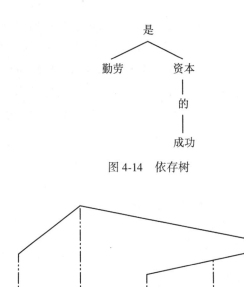

图 4-14   依存树

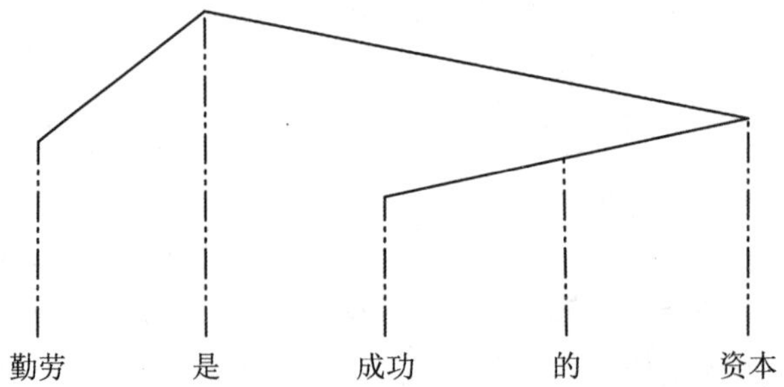

图 4-15   依存投影树

存于词语"资本"，依存关系是"ATT"。上述依存关系可以形成序列$\{(w_1,$ $relationship_1,$ $wz_1)$，$(w_2,$ $relationship_2,$ $wz_2)$，…，$(w_n,$ $relationship_n,$ $wz_n)\}$，在该序列中，w_i 用来表示词语，$relationship_i$ 表示词语之间的依存关系，wz_i 表示依存关系所指向的词位置，也即支配词的位置。依据序列模式，图 4-13 中的例子可以表示为$\{$（勤劳，SBV，2），（是，HED，0），（成功，DE，4），（的，ATT，5），（资本，VOB，2）$\}$。这些数字表示当前词所依存的核心词的位置。如（勤劳，SBV，2）这个元素，依存关系成分为 SBV，"2"指的是"勤劳"依存于这个句子第 2 个分词，第 2 个词是"是"，那么"勤劳"依存于"是"。在后续的算法提出中，会将依存关系成分和知识元描述规则融入知识元序列。

4.4.2   基于知识元描述规则的知识元序列模式生成

由于知识元描述规则是基于自然语言的，不同类型的知识元描述规则之间存在较大的交叉性和模糊性。例如在概念知识元描述规则中有一个描述规则："……是指……"，在方法知识中描述也出现。由此可见，不能简单地依据知识元描述规则来对各类型知识元进行抽取，这样会大大降低各类型知识元抽取的准确性。通过分析发现，其主要原因在于，没有考虑知识元描述规则与知识元语句中其他词语之间的语义关系。知识元描述规则只是从微观上揭示了知识元的描述特征，未能从宏观的整体结构上考虑知识元的描述架构，"只见树木，不见森林"，从而导致各类型知识元描述规则的交叉。为解决该问题，本书提出基于知识元描述规则的知识元序列生成方法，该方法将知识元描述规则与通过依存句法分析得到的依存句法树相融合，来生成既包含知识元描述规则局部特征，又包含知识元描述规则整体框架特征的知识元序列，该知识元序列不仅包含知识元描述规则，而且将知识元描述规则与句子中其他词语的依存关系也包含进来，能够更加准确地揭示出知识元的特征，从而大大提高各类型知识元抽取的准确性。基于知识元描述规则的知识元序列生成过程具体可以分为两种情况：知识元描述规则中只包含一个词语的知识元序列生成，知识元描述规则中包含多个词语的知识元序列生成。接下来，本书将详细论述两种知识元序列生成过程。

　　(1) 知识元描述规则中包含一个词语的知识元序列模式生成

　　首先，对整个知识元语句进行依存句法分析，得到知识元语句中词语之间的依存关系以及依存关系指向；而后，抽取与知识元描述规则中的词语存在依存关系的词语以及依存关系。具体抽取过程为：若知识元描述规则中的词语是核心词，即依存关系成分为 HED，那就抽取依存于知识元描述规则中的词语前后最近的依存关系成分，生成描述知识元的线性序列模式；若知识元描述规则中的词语为非核心成分，那么就抽取其依存的词语，以及依存关系，并判断新抽取的依存词是否为核心词语。若为核心词语，则停止寻找，若不是，则继续抽取其依存词以及依存关系，直至找到核心词为止，生成描述知识元的线性序列模式。接下来，将以两个例子来阐述知识元描述规则中只包含一个词语的知识元序列模式生成过程。具体结果，见表 4-33。

　　在表 4-33 的知识元句子 1 中，知识元描述规则包含一个词语"是"，该词语为句子的核心成分"HED"，然后寻找"是"前后最近的并且依赖于"是"的词。由于"是"在句子中是第 2 个成分，所以就寻找"是"前后依存关系指向为 2 的词。前面有 1 个词"信息"，后面有一个词"内容"，按照先后顺序取"信息"的依存关系为"SBV"，知识元描述规则的词语本身和其对应的依存关系分别为"是/HED"，最后取"内容"的依存关系"VOB"，最终得到知识元 1 的序列模式 1："SBV，是/HED，VOB"。

　　在表 4-33 的知识元句子 2 中，知识元描述规则包含一个词语"可以"，该词语不是句子的核心成分，为此，首先寻找"可以"在知识元语句中所依存的词语。由于"可以"在句子中依存于第 5 个词语，而在句子中第 5 个词语为"提供"，由"提供"的依存关系可知，该词为核心词"HED"，为此，终止寻找。最后，按照先后顺序取"可以"的依存关系为"ADV"，"提供"的依存关系"HED"，最终得到知识元 2 的序列模式 2："可以/ADV，HED"。

表 4-33　知识元描述规则中只包含一个词语的知识元序列模式生成

知识元句子 1	知识元描述规则："……是……" 知识元例句："信息**是**人类社会传播的一切内容"（描述规则中"是"为核心词）
依存序列	{（信息，SBV，2），（是，HED，0），（人类，ATT，4），（社会，SBV，5），（传播，ATT，8），（的，RAD，5），（一切，ATT，8），（内容，VOB，2）}
知识元序列模式 1	SBV，是/HED，VOB
知识元句子 2	知识元描述规则："……可以……" 知识元例句："系统**可以**为用户提供最接近其个性需求的各种资源。"（描述规则中"可以"为非核心词）
依存序列	{（系统，SBV，5），（可以，ADV，5），（为，ADB，5），（用户，POB，3），（提供，HED，0），（最，ADV，7），（接近，CMP，5），（其，ATT，10），（个性，ATT，10），（需求，ATT，13），（的，RAD，10），（各种，ATT，13），（资源，VOB，7）}
知识元序列模式 2	可以/ADV，HED

（2）知识元描述规则中包含多个词语的知识元序列模式生成

对于知识元描述规则中包含多个词语的情况，知识元序列模式的生成过程的第一步也是对整个知识元语句进行依存句法分析，得到知识元语句中词语之间的依存关系以及依存关系指向；而后，抽取与知识元描述规则中的所有词语存在依存关系的词语以及依存关系。但其具体抽取过程不同于知识元描述规则中只包含一个词语的情况，其具体过程为：若在知识元描述规则中的所有词语中，有一个是核心词，即依存关系成分为"HED"，那么就根据依存关系抽取出知识元描述规则中其他词语到该核心词的依存路径，生成一棵描述知识元的规则树；若知识元描述规则中的所有词语均非核心词，那么就首先识别出依存句法树的核心词，而后，根据依存关系抽取出知识元描述规则中所有词语到该核心词的依存路径，最终生成一个描述知识元的规则树。接下来，本书将以两个例子来阐述知识元描述规则中包含多个词语的知识元序列模式生成过程。具体结果见表 4-34。

在表 4-34 的知识元句子 1 中，知识元描述规则包含两个词语"具有""特征"。首先，根据这两个词语的依存关系，判断它们是否为核心词，从它们的依存关系可知，语词"具有"是句子的核心词，即依存关系成分为"HED"；接着，根据依存关系寻找另一个非核心词"特征"到核心词"具有"的依存路径"特征，COO，地域性，VOB，具有，HED"；最后，按照先后顺序，取"具有"及其依存关系"HED"，"地域性"的依存关系"VOB"，"特征"及其依存关系"COO"，生成知识元序列模式："具有/HED，VOB，特征/COO"。

在表 4-34 的知识元句子 2 中，知识元描述规则包含两个词语"同时""还要"。首先，根据这两个词语的依存关系，判断它们是否为核心词，从它们的依存关系可知，两个词语均不是句子的核心词；接着，根据依存关系识别出句子中的核心词"分析"，即依存关系成分为"HED"；然后，根据依存关系寻找每一个词语到核心词"分析"的依存路径，"同时"到核心词"分析"的依存路径为"同时，ADV，分析，HED"，"还要"到核心词"分析"的依存路径为"还要，ADV，分析，HED"；最后，按照先后顺序，取"同时"及其依存关系"ADV"，"还要"及其依存关系"ADV"，"分析"的依存关系"HED"，生成知识元序列模式："同时/ADV，还要/ADV，HED"。

表 4-34　知识元描述规则中包含多个词语的知识元序列模式生成

知识元句子 1	知识元描述规则："……具有……特征" 知识元例句："虚拟社区**具有**地域性、虚拟性和社交性**特征**。"（描述规则包含的所有词语中"具有"为核心词）
依存序列	{（虚拟社区，SBV，2），（具有，HED，0），（地域性，VOB，2），（虚拟性，COO，3），（和，LAD，7），（社交性，ATT，7），（特征，COO，3）}
知识元序列 1	具有/HED，VOB，特征/COO
知识元句子 2	知识元描述规则："……同时……还要……" 知识元例句："它在统计概念出现频率的**同时**，**还要**分析概念之间的关系"。（描述规则包含的所有词语都不是核心词）

续表

依存序列	{（它，SBV，5），（在，ADV，5），（统计，ATT，4），（概念，POB，2），（出现，ATT，8），（频率，VOB，5），（的，RAD，5），（同时，ADV，10）（还要，ADV，10），（分析，HED，0,），（概念，ATT，12），（之间，ATT，14），（的，RAD，12），（关系，VOB，10）}
知识元序列2	同时/ADV，还要/ADV，HED

需要指出的是，上面主要论述了知识元只由一个语句构成时的情况。然而，在很多情况下，知识元可能包含多个语句。知识元描述规则中的词语分布在知识元的各个语句之中。例如在方法知识元"本书提出了一种基于信息流动分析的动态社区发现方法。我们首先利用平均接触率来量化节点间的交互程度，然后再运用含有信息流动特征的模块度函数 Q 来实现社区划分(T-CNM 算法)。最后我们的动态社区发现方法可以取得这样的一个结果：社区内部信息流动频繁，而社区之间则只存在偶尔的信息流动"中包含三个语句。其描述规则"提出……首先……然后……最后……"中的词语也分布在这三个语句之中，例如"提出"在第一个语句之中，"首先……然后……"在第二个语句之中，而"最后……"在第三个语句之中。在这种情况下，可以将包含多个语句的知识元首先分成多个语句，然后，对各个语句分别按照"知识元描述规则中包含一个词语的知识元序列模式生成"和"知识元描述规则中包含多个词语的知识元序列模式生成"两个方法分别生成各句话的序列模式，最后，将生成的各序列模式按照语句在知识元中出现的先后顺序进行排列，则生成了描述包含多个语句的知识元的序列模式。

4.5　本章小结

为生成描述科技文献中各种类型知识元的序列模式，本章首先在对已有知识元类型划分进行梳理的基础上，对科技文献中知识元的类型划分进行了研究，提出了本书的知识元类型划分方式，依据相关标准将科技文献中知识元的类型划分为概念知识元、事实知识元、数据知识元、方法知识元和原理知识元等五个类别。而后，基于对科技文献中知识元类型的划分，本章分别对概念知识元、事实知识元、数据知识元、方法知识元和原理知识元的描述规则的识别进行了研究，提出了各种类型的知识元描述规则的识别方法。接着，依据知识元描述规则的识别方法，从科技文献中识别出了各种类型的知识元描述规则。最后，基于知识元描述规则，本书借助依存句法分析将与知识元描述规则存在依存关系的句子成分融入知识元描述规则，以揭示知识元的整体语义信息，生成融入语义的知识元序列模式，从而为科技文献中各种类型的知识元的抽取奠定基础。

第5章　基于序列模式的科技文献中知识元抽取

5.1　基于序列模式的科技文献知识元抽取模型

科技文献作为知识的载体，包含大量的各种类型的知识元。第4章科技文献中知识元序列模式生成，已经实现了对各种类型知识元的语义建模。接下来，为从科技文献中抽取出各种类型的知识元，作为科技文献多粒度层级知识分割的基元，就需要依据知识元序列模式从科技文献中匹配查找出各种类型的知识元，从而实现从科技文献中抽取各种类型的知识元的目的。为此，本书提出了基于序列模式的科技文献知识元抽取模型(如图5-1所示)。

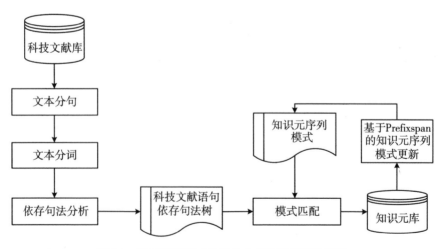

图 5-1　基于序列模式的科技文献知识元抽取模型

由图5-1可知，基于序列模式的科技文献知识元抽取模型主要包括:

文本分句、文本分词、依存句法分析、模式匹配、基于 Prefixspan 的知识元序列模式更新等步骤。①文本分句：文本分句的主要功能是依据语句标识符(如。!? 等)对科技文献或知识元进行分句。②文本分词：文本分词的主要功能是将自然语言语句分割成一个个语词并进行词性标注。③依存句法分析：依存句法分析的主要功能是识别出语句中各个词之间的依存关系。④模式匹配：模式匹配的主要功能是将描述知识元的序列模式与科技文献语句的依存句法树进行匹配，从而抽取出科技文献中与知识元序列模式相匹配的知识元。⑤基于 Prefixspan 的知识元序列模式更新：基于 Prefixspan 的知识元序列模式更新的主要功能是以新识别出的知识元为训练集，借助 Prefixspan 算法识别出新的描述知识元的序列模式，以实现知识元序列模式的不断更新和扩展，提高知识元序列模式识别的自动化程度。由于文本分句、文本分词和依存句法分析已经发展较为成熟，存在大量成熟的软件工作可以使用，为此，在这里就不再赘述。接下来，将详细论述模式匹配和基于 Prefixspan 的知识元序列模式更新等步骤的实现过程。

5.2　基于模式匹配的科技文献中各类型知识元抽取

科技文献中各类型知识元序列模式生成的研究实现了知识元序列模式的构建。而需要指出的是，无论是线性的知识元序列模式还是树状的知识元序列模式，都可以被视为以 HED 为根节点的树形结构。基于上述分析，本书设计了如图 5-2 所示的基于模式匹配的科技文献中各类型知识元的抽取方法。具体来说，该知识元抽取方法的基本流程包括：文本分句、分词及词性标注、词语匹配、依存句法分析、模式匹配、知识元提取等步骤。接下来，本书将详细论述各步骤的具体实现过程。

①文本分句。首先将选取的文献资源(PDF 格式)转变为纯文本格式，去掉其中的不相关信息，例如文献目录、图片等，依据语句标识符(如。?! 等)对文本进行分句。

②分词及词性标注。以句子为单位，生成句子短语结构，并进行词性标注，对文本中的每个词选择一个最有可能的词类，包括名词、动词、数词、量词等；去除停用词，包括形容词、冠词等语义内容很少的词。

③词语匹配。词语匹配的主要功能是通过匹配从科技文献中识别出构成知识元的候选知识元语句。这里所说的匹配是指知识元序列模式中包含

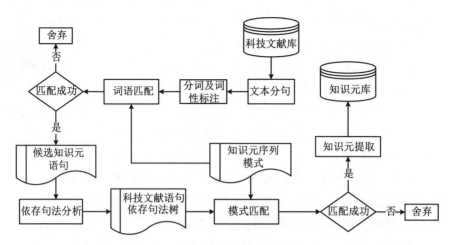

图 5-2　基于模式匹配的科技文献中各类型知识元抽取流程

的线索词与科技文献语句中包含的词语之间的匹配。匹配成功，则认为该
语句为候选的知识元语句，否则就认为该语句为非知识元语句。

　　④依存句法分析。依存句法分析的主要目的是通过描述句子中词语与
词语之间的依存关系来揭示语句的语义框架结构。依存句法分析得到的依
存句法结构可以用三种形式进行图式表达：有向图、依存树、依存投影
树。本书选择依存树作为依存句法分析结果的表达方式。

　　⑤模式匹配。模式匹配的主要功能是将科技文献语句的依存句法树与
知识元序列模式进行匹配，从而达到提取符合识别规则的知识元句子的目
的，它们构成了知识元抽取的语句集合。

　　模式匹配在本质上是对科技文献语句依存句法树与知识元序列模式进
行比对的过程，主要任务是通过计算科技文献语句依存句法树与知识元序
列模式之间的相似度来实现从科技文献中抽取出各种类型的知识元的目
的。由描述知识元的序列模式可以看出，由于无论是线性的知识元序列模
式，还是树状的知识元序列模式，都可以被视为以 HED 为根节点的树形
结构。由此可见，知识元序列模式本身可以看作一棵以 HED 为根节点的
树结构。而依存句法树本身就是一棵树结构，用来表达科技文献中语句依
存句法分析的结果。由此可见，无论是知识元序列模式还是科技文献中语
句的依存句法树均表现为树结构，为此，在对知识元序列模式与科技文献
中语句的依存句法树进行匹配时，本书采取基于树匹配的方式来进行模式
匹配，从而达到从科技文献中抽取出各类型知识元的目的（如图 5-3 所
示）。从图 5-3 中可以看出，基于树匹配的模式匹配方法主要包括依存句

法树的子树分割、子树与知识元序列模式匹配两个阶段。

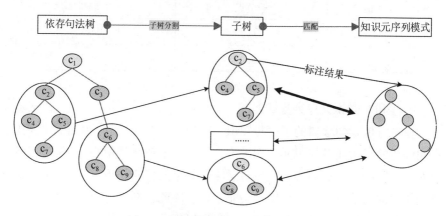

图 5-3　基于树匹配的知识元抽取方法

a. 依存句法树的子树分割

子树分割也即识别出依存句法树中所有子树的过程。具体来说，采取深度优先策略，首先抽取依存句法树中一个节点，作为子树的根节点，而后抽取该节点拥有的所有子节点，作为该子树的分支节点，直到叶节点为止，所有这些节点共同构成依存句法树的一棵子树。从子树分割的上述流程可以看出，依存句法树中有多少个节点就有多少棵子树，最大的一棵子树是其本身，最小的子树是单独一个叶节点。图 5-3 中的子树列表，见表 5-1。

表 5-1　依存句法树的所有子树

编号	根节点	子节点	子树
子树 1	c_1	c_2，c_3，c_4，c_5，c_6，c_7，c_8，c_9	$(c_1, c_2, c_3, c_4, c_5, c_6, c_7, c_8, c_9)$
子树 2	c_2	c_4，c_5，c_7	(c_2, c_4, c_5, c_7)
子树 3	c_3	c_6，c_8，c_9	(c_3, c_6, c_8, c_9)
子树 4	c_4	c_4	(c_4)
子树 5	c_5	c_5	(c_5, c_7)
子树 6	c_6	c_8，c_9	(c_6, c_8, c_9)
子树 7	c_7	c_7	(c_7)

续表

编号	根节点	子节点	子树
子树 8	c_8	c_8	(c_8)
子树 9	c_9	c_9	(c_9)

　　b. 子树与知识元序列模式匹配

　　在进行依存句法树的子树与知识元序列模式的匹配时，由于无论是依存句法树的子树还是知识元序列模式，均是以根节点为中心，不同的根节点对应不同的子节点集合，这也就意味着如果两棵树的根节点不匹配，那么两棵树的其他节点的相似度也会非常低，因此，在进行依存句法树的子树与知识元序列模式的匹配之前，首先通过根节点匹配来过滤掉一些不太可能的匹配树，将会大大提高匹配的效率。而且在进行依存句法树的子树与知识元序列模式匹配时，除了要计算节点之间的相似性，还要考虑节点之间语义关系的相似性，为此，本书提出一种基于路径的匹配方法。路径是由从根节点通往叶节点的一条完全路径上的所有节点组成，路径的相似度由路径上节点的相似度决定，并且各节点对于路径相似度的贡献不一样。本书认为，越靠近底层的节点贡献度越大，这是因为在依存句法树中，越是靠近底层的节点越专指，表达的含义越明确。

　　具体来说，设 $s = ([p_1，w_1]，[p_2，w_2]，[p_3，w_3]，\cdots，[p_m，w_m])$ 为具有 m 个节点的路径，其中 p_i 为路径 s 中从根节点开始第 i 个节点，w_i 为该节点的权重。s_1、s_2 为两条路径，k 为路径 s_1、s_2 中相匹配的节点个数，则路径 s_1、s_2 之间匹配度的计算方法，如式(5-1)所示。

$$R(s_1，s_2) = \frac{\sum_{l \in s_1 \cap s_2}^{k}(w(p_{il}) + w(p_{2l}))}{\sum_{i=1}^{n}w(p_{1i}) + \sum_{j=1}^{m}w(p_{2j})} \tag{5-1}$$

　　设 T_1、T_2 为两棵待匹配的子树，通过式(5-2)可以得到子树 T_1 与 T_2 中相匹配的路径，设相匹配的路径个数为 q，则子树匹配相似度的计算，如式(5-2)所示。其中 $\max(T_1，T_2)$ 为子树 T_1、T_2 中最大路径个数。

$$R(T_1，T_2) = \frac{\sum_{l = T_1 \cap T_2}^{q}R(s_{1i}，s_{2j})}{\max(T_1，T_2)} \tag{5-2}$$

　　通过依存句法树的子树与知识元序列模式的匹配，可以得到与知识元序列模式最匹配的知识元语句，最终实现基于知识元序列模式提取符合识别规则的知识元句子的目的。

⑥知识元提取。依据依存句法树的子树与知识元序列模式的匹配结果，抽取出符合知识元序列模式的语句，依据抽取的语句的顺序关系，构建完整的知识元句子集合，最终达到知识元抽取的目的。

5.3　基于 Prefixspan 的知识元序列模式更新

通过对基于模式匹配的科技文献中各类型知识元抽取的研究，实现从科技文献中抽取出各类型知识元的目的。然而，一方面由于已有的知识元序列模式是在人工参与的情况下生成的，不可能穷尽科技文献中所有的知识元序列模式，因此，需要进一步扩展；另一方面，由于人们在使用自然语言对知识进行描述时，具有较强的灵活性和演化特征，新识别出的各类型知识元可能蕴含着新的知识元序列模式。为此，就需要对已有的知识元序列模式进行不断的扩展和更新。此外，由于人们在使用自然语言对知识进行描述时具有一定的随意性，科技文献的句子中可能存在某些语法错误或成分缺失，虽然科技文献与网络资源相比表述较为严谨，并且大多经过了专家的审核，上述这些问题不常出现，但也不可完全避免。通常这些问题不会严重影响人们在上下文语境中对知识的准确理解，但这些问题一旦在科技文献中出现，就可能直接导致对知识元序列模式的错误识别，为此，就需要从新识别出的知识元序列模式中过滤掉那些不常出现的错误知识元序列模式，提取出新出现的知识元序列模式集合中的频繁序列。为解决上述这些问题，本书提出基于Prefixspan 的知识元序列模式更新方法（如图 5-4 所示），从科技文献新抽取的知识元集合中识别出较为准确的频繁出现的新的知识元序列模式，从而实现知识元序列模式集合的不断动态扩展和更新，为知识元的准确抽取奠定基础。

由图 5-4 可知，基于 Prefixspan 的新知识元序列模式识别主要包括文档预处理、关键词抽取、领域主题词过滤、基于 Prefixspan 算法的频繁序列识别、序列生成、知识元抽取等步骤。其中序列生成与知识元抽取已经在前面章节加以论述，这里就不再赘述。下面将详细论述其他几个步骤的实现过程。

（1）文档预处理

文档预处理主要包括科技文献文本分句、分词、词性标注、停用词过

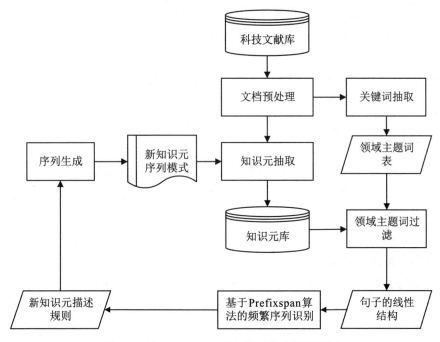

图 5-4   基于 Prefixspan 的知识元描述规则更新

滤等几个步骤。其中文本分句的主要功能是依据语句标识符（如。！？ 等）对科技文献进行分句；文本分词的主要功能是将自然语言语句分割成一个个语词；词性标注主要是识别每个语词的词性并加以标注，如名词、动词、形容词等词性；停用词过滤的主要功能是过滤掉分词结果中那些不具备主题标识意义的代词、副词等停用词。

（2）关键词抽取

关键词抽取的主要功能是识别出科技文献中具有主题揭示意义的自然语言语词，进而构建领域主题词表。通过分析发现，某科技文献中具有主题标识意义的关键词通常是那些在该科技文献中出现频次较高，而在其他科技文献中出现频次较低的词。基于上述分析，本书在从科技文献中抽取具有主题标识意义的关键词时，采用了 TF-IDF 算法。具体过程如下：首先统计每一个词语的频次 $TF(x)$；而后，依据式(5-3)计算每个词的逆文档频率 $IDF(x)$，从式(5-3)可以看出，一个词如果在很多科技文献中都出现的话，那么它的 IDF 值就会越低，反之，如果一个词语在较少的科技文献中出现，该词的 IDF 值就会越大；最后，借助式(5-4)计算每一个词语的 $TF\_IDF(x)$ 值，并根据 $TF\_IDF(x)$ 值的大小筛选出科技文献的关键词。

$$\text{IDF}(x) = \log \frac{N}{N(x)} \qquad (5\text{-}3)$$

其中，N 用来表示语料库中包含的科技文献的总篇数，$N(x)$ 用来表示 N 篇科技文献中包含词语 x 的科技文献篇数。

$$\text{TF\_IDF}(x) = \text{TF}(x) * \text{IDF}(x) \qquad (5\text{-}4)$$

（3）领域主题词过滤

领域主题词过滤的主要功能是依据领域主题词表，过滤掉知识元语句中的领域词汇，生成知识元语句的线性序列结构，构建知识元描述规则的序列集合。领域主题词过滤的过程主要包括领域主题词匹配和主题词剔除两个步骤。例如对于概念知识元语句"个性化信息服务是根据客户的特性提供具有针对性的信息内容和系统功能"来说，去掉停用词和领域主题词表中的主题词之后，就生成了形如"……是……"的知识元语句的线性序列结构。

（4）基于 Prefixspan 算法的频繁序列识别

为从知识元语句的线性序列结构中识别出频繁序列，实现知识元描述规则的识别，本书借助 Prefixspan 序列挖掘算法，来挖掘知识元语句的线性序列集合中的频繁序列。具体过程如下：

① 将知识元语句的线性序列结构转化为知识元描述规则序列数据集 S；

② 对知识元描述规则序列数据集 S 进行一次遍历，找出所有长度为 1 的前缀和对应的后缀序列数据集合；

③ 计算长度为 1 的前缀的支持度值，将支持度低于阈值 γ 的前缀对应的项从序列数据集 S 中删除掉，同时得到所有长度为 1 的前缀频繁序列，此时设 $i = 1$。

④ 对于每个长度为 i 的支持度大于阈值 γ 的前缀进行递归挖掘：

a. 找出前缀对应的所有后缀序列数据集合。如果后缀序列数据集合为空，则递归返回；

b. 计算对应后缀序列数据集合中各项的支持度值。如果所有项的支持度值都低于阈值 γ，则递归返回；

c. 将支持度值大于阈值 γ 的各个单项和当前的前缀进行合并，得到若干新的前缀；

d. 令 $i = i+1$，前缀为合并单项后的各个前缀，分别递归执行第④步；

5.4 本章小结

为实现科技文献中各类型知识元的抽取，本章提出基于序列模式的科技文献中知识元的抽取方法。首先，基于知识元序列模式，借助模式匹配算法实现从科技文献中抽取出各种类型的知识元的目的；而后，借助Prefixspan算法，从新抽取的知识元中挖掘出新的描述知识元的序列模式，以实现知识元序列模式的不断动态更新与扩展，进而依据知识元序列模式识别出更多新的知识元。

第6章 基于知识元的科技文献多粒度层级知识分割

6.1 基于知识元的科技文献多粒度层级知识分割模型

数字图书馆的科技文献资源不同于一般的网络资源,这是因为科技文献是经过文献作者缜密的构思、严谨的论证和同行专家的评议而产生的,因此,通常科技文献具有比较严谨的逻辑结构。具体来说,科技文献通常围绕一个主要的中心主题展开论述,为阐明该中心思想,科技文献通常又会被细分为多个子主题,而且有些较为复杂的子主题还会被细分为多个更小的子主题,直到不可再分为止。需要指出的是,各个主题在逻辑上均可被视为不同粒度大小的知识单元,这些知识单元依据逻辑关系构建了一个层级知识体系结构。在该层级知识体系结构中,那些最细粒度的不可再分的知识单元,被称为知识元,知识元可以由一个或多个语句构成。基于上述分析不难发现,科技文献在本质上是由知识元构成,知识元通过逻辑关系链接成各种不同粒度大小的知识单元,呈现出一个多粒度的层级知识结构体系。基于上述分析,本书拟以知识元为最小单位,借助主题分割的基本理论与方法,依据数字图书馆馆藏科技文献的上述特点,提出一种基于知识元的科技文献多粒度层级知识分割方法。基于知识元的科技文献多粒度层级知识分割方法的优势在于:该方法以知识元为单位,知识元作为内容上高度相关的一个知识单元,可以有效避免以语句、段落等作为文本分割的基本单元时遇到的问题。这是因为无论是以语句还是以段落为单位对科技文献进行分割,都无法避免将本来是一个知识内容的文本片段分割为两个部分,或者将本不是同一知识内容的文本片段分割在了一起等问题。而本书提出的基于知识元的科技文献多粒度层级知识分割方法,由于是以最细粒度的知识元为单位进行文本分割,可以从根本上解决上述问题。具体来说,基于知识元的科技文献多粒度层级知识分割模型，如图 6-1 所示。

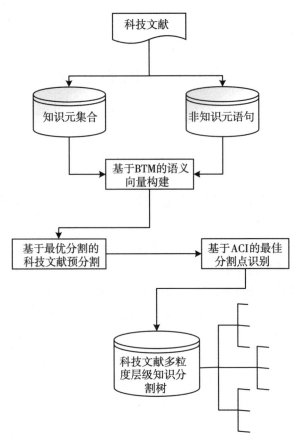

图 6-1   基于知识元的科技文献多粒度层级知识分割

从图 6-1 中可以看出，该基于知识元的科技文献多粒度层级知识分割模型主要包含三个核心功能模块：语义向量构建、基于最优分割的科技文献预分割和基于 ACI 的最佳分割点识别。需要指出的是，除了本书从科技文献中提取出的最细粒度的知识元之外，还剩下一些不构成知识元的语句，本书将这些语句统称为非知识元语句，例如过渡句、导入语句等起衔接作用的语句。因此，在对科技文献进行多粒度层级知识分割时，分割的基本单元除了占主要部分的知识元外，还有一些次要的非知识元语句，虽然这些非知识元语句不包含相关知识内容，但对于发现知识元之间的关联起着重要的作用。然而，需要指出的是，由于这些非知识元语句通常不包含知识内容，不会对知识单元的完整性造成影响，即不会将本来属于同一个知识元的内容分隔开，也不会将本来不属于一个知识元的语句聚合在一起，因此，这些非知识元语句的存在不会从根本上影响基于知识元的科技文献多粒度层级知识分割的性能和效果，反而对于发现知识元之间的关联，形成更粗粒度的知识单元具有较高的指导意义，因此具有一定的参考意义和价值。

①语义向量构建。由于知识元和非知识元语句通常由短文本构成，如果直接使用向量空间模型对它们进行表达，不可避免会出现数据稀疏等问题，为此，本书采用语义向量来对知识元和非知识元语句进行表达。语义向量构建的主要功能就是将高维的语句词向量映射到低维的语义空间，实现知识元和非知识元语句的语义表达，从而解决知识元和非知识元语句的数据稀疏问题。

②基于最优分割的科技文献预分割。之所以称为预分割，因为基于最优分割的科技文献预分割的主要功能是识别出科技文献中所有可能的分割点，具体来说，首先，依据分割函数计算每种分割方法的误差；而后，通过绘制最小误差函数随分割个数变化的趋势图识别出科技文献中的候选知识分割点，从而，为识别出最佳分割点奠定基础。

③基于 AIC 的最佳分割点识别。基于 AIC 的最佳分割点识别的主要功能是依据 AIC 准则，从科技文献预分割所生成的所有候选分割点中，识别出最科学的科技文献知识分割点，确定科技文献的最佳知识分割方案，生成一棵有机的包含多种粒度大小的知识单元的科技文献层级知识分割树，最终实现数字图书馆科技文献多粒度层级知识分割。

接下来，本书将详细论述语义向量构建、基于最优分割的科技文献预分割和基于 AIC 的最佳分割点识别三个核心功能模块的实现过程。

6.2　基于 BTM 的语义向量构建

在已有的文本分割方法中，通常以章节、段落、语句等文献中的物理构成单元为基本单位进行文本分割。然而，无论是以章节、段落还是以语句为单位进行文本分割，都无法避免将本来属于同一个知识内容的文本分割为两个部分，或者将本来不属于同一知识内容的文本分割在了一起等问题。因此，本书为实现科技文献的多粒度层级知识分割，将以知识元和非知识元语句为最小分割单位进行科技文献的多粒度层级知识分割。知识元由句子构成，在文本分割中，文本通常使用向量空间模型加以表示，然而，如果用向量空间模型对其进行表示会导致如下：由于向量空间模型是建立在字符匹配的基础之上的，没有考虑语词之间的语义关系，因此，在借助向量空间模型计算知识元的相关性时，不可避免会受到同义词、同形异义词、相关词等的影响，降低知识元、非知识元语句之间相似度计算的准确性。为解决向量空间模型在文本表示中的语义缺失问题，相关学者先后提出了 PLSA、LDA 等主题模型来对文本加以表示。主题模型可以从更深层次上挖掘文本的语义信息，从语义的层次对文本进行建模，被广泛应用到文本的潜在主题的挖掘上，并在长文本领域取得了不错的效果。然而，需要指出的是，知识元和非知识元语句通常包含的语句较少，属于短文本，由于短文本包含的信息量过少，在使用这些传统的主题模型进行主题挖掘过程中不可避免会产生严重的数据稀疏问题。基于上述分析，本书拟采用 BTM（Biterm Topic Model）主题模型来对知识元、非知识元语句进行主题建模。BTM 主题模型通过词共现的方式丰富整个语料库的信息，揭示词语间的相关性，解决知识元和非知识元语句的语义表示问题，也即将标识知识元和非知识元句子的词向量转化映射到科技文献的语义空间中，这样做的好处在于，不仅可以有效避免科技文献中同义词、同形异义词、相关词等对知识元和非知识元语句相似度计算的影响，还可以达到降低知识元和非知识元向量的数据稀疏问题，从而达到去除噪声、避免数据稀疏的目的。具体来说，知识元和非知识元语句语义向量构建的过程如下。

①文本预处理。首先，依据从科技文献中提取的知识元和非知识元句子，将每篇科技文献处理成由知识元和非知识元句子构成的集合，结果标记为 $D = \{d_1, d_2, \cdots, d_m\}$，其中 D 表示某科技文献，$d_i$ 用来表示科技文献中包含的第 i 个知识元或非知识元句子；而后，借助 ICTCLAS 官方网站提供的汉语分词系统对科技文献进行分词；最后，去除知识元或非知识元句子中的停用词，如代词、助动词、语气词以及其他一些没有实际意义的词，提取出知识元或非知识元句子中具有标识意义的语词，构建词汇集合，并记作 $W = \{w_1, w_2, \cdots, w_n\}$，其中 W 表示科技文献的词汇集合，$w_i$ 表示该词汇集合中的第 i 个词语。

②构建科技文献的"知识元/非知识元语句-词对"矩阵 $\boldsymbol{B}$：$n \times m$，在"知识元/非知识元-词对"矩阵中，每个元素 b_{ij} 表示知识元或非知识元句子中由第 i 个词和第 j 个词组成的词对。

③设置 BTM 主题模型的主要参数：科技文献中主题个数 K、科技文献中词对数据 $|B|$、两个狄利克雷分布的超参数分布 α 和 β，以及迭代次数。

④以"知识元/非知识元语句-词对"矩阵为输入，依据 BTM 主题模型的参数设置，通过 BTM 建模后，生成"知识元/非知识元语句-主题"分布，$d_i = \{z_1, z_2, \cdots, z_k\}$，从而得到知识元/非知识元语句对应的主题分布。具体来说，BTM 模型的生成过程如下：

a. 对科技文献采样一个主题分布 $\theta \sim \mathrm{Dir}(\alpha)$；

b. 对每个主题 $z \in [1K]$，采样一个词汇分布 $\varphi \sim \mathrm{Dir}(\beta)$；

c. 对每个词对 b_{ij} 采样一个主题 $z \sim \mathrm{Mult}(\theta)$，根据主题 z，独立采样两个词 w_i，$w_j \sim \mathrm{Mult}(\varphi)$。

依据 BTM 模型的上述生成过程，一个词对 $b_{ij} = (w_i, w_j)$ 的联合概率可以表示为式(6-1)：

$$p(b_{ij}) = \sum_z p(z)p(w_i|z)p(w_j|z) = \sum_z \theta_z \varphi_{w_i|z} \varphi_{w_j|z} \qquad (6\text{-}1)$$

知识元/非知识元语句的"词对"b_{ij} 的经验概率分布，如式(6-2)所示。其中 $n_d(b_{ij})$ 是知识元/非知识元语句 d 中出现词对 b_{ij} 的次数。

$$p(b_{ij}|d) = \frac{n_d(b_{ij})}{\sum b_{ij} n_d(b_{ij})} \qquad (6\text{-}2)$$

知识元/非知识元语句的主题概率分布可以表示为式(6-3)：

$$p(z|d) = \sum b_{ij} \frac{\theta_z \varphi_{w_i|z} \varphi_{w_j|z}}{\sum_z \theta_z \varphi_{w_i|z} \varphi_{w_j|z}} * \frac{n_d(b_{ij})}{\sum b_{ij} n_d(b_{ij})} \qquad (6\text{-}3)$$

6.3　基于最优分割法的科技文献多粒度层级知识分割

基于知识元对科技文献进行多粒度层级知识分割，就需要基于知识元之间、知识元与非知识元语句之间的相关度，建立知识元之间的链接关系，从而生成更粗粒度的知识单元，依次类推，直到聚成一个知识单元为止。然而，需要指出的是，与一般的聚类过程不同，在对科技文献进行多粒度知识分割中，聚类的过程不仅要依据知识元之间、知识元与非知识元句子之间的相关度，而且需要保证知识元和非知识元句子之间的邻接关系。为解决这一问题，本书采用 fisher 的有序分割(也称作"最优分割")方法来解决科技文献的有序知识分割问题。在总体上，该方法采取自顶向下的分割策略，首先，将科技文献中所有的知识元视为一个类，而后采取逐级二分的方法，对知识元进行细分，直到最细粒度的知识元为止。然而，需要指出的是，这种知识分割的结果只是对科技文献的一种预分割，之所以称为预分割，是因为借助 fisher 最优分割方法仅能识别出科技文献中的所有可能的知识分割方案，至于哪种知识分割方案最佳，还需对各种分割方案做进一步深入分析。具体来说，基于 fisher 最优分割的科技文献预分割的基本过程如下。

6.3.1　计算分割的直径

在基于知识元对科技文献进行多粒度层级知识分割时，本书采用了基于 fisher 最优分割的方法，从本质上来说，该方法的分割过程是一个有序聚类的过程，在该过程中需要保证每一个类别（或分割）中各个知识元或非知识元句子之间的相似度最大，不同类别（或分割）的各个知识元或非知识元句子之间的相似度要尽可能小。那么如何衡量每个分割的这一特性，就成为必须要解决的首要问题。为此，本书在对知识元或非知识元句子进行语义向量表达的基础上，提出分割直径的计算方法。分割直径就是用来衡量一个分割内部各个知识元或非知识元句子之间的距离（也即相似度）大小。距离越小，分割中各个知识元或非知识元句子的内聚程度越高，反之，则分割中各个知识元或非知识元句子的内聚程度越低。

假设在一篇科技文献中包含 n 个知识元或非知识元句子 d_1，d_2，$\cdots$，d_n，由于基于这些知识元或非知识元句子对科技文献进行多粒度层级知识分割时需要保证知识元或非知识元句子之间在位置上的相互邻接关系，因此，在对科技文献进行多粒度层级知识分割时，分割结果中的任何一个子分割都必然呈现这样的形式：$\{d_i，d_{i+1}，\cdots，d_{i+k}\}$，在该分割中 $1 \leqslant i < n$，$k \geqslant 1$，$i + k \leqslant n$。现假设其中一个分割为 $\{d_i，d_{i+1}，\cdots，d_j\}$，其中 $1 \leqslant i < j \leqslant n$，它们的均值向量记成 d_{ij}，该均值向量通过式（6-4）计算得到。

$$d_{ij} = \frac{1}{j - i + 1} \sum_{l=i}^{j} d_l \qquad (6\text{-}4)$$

那么分割的直径 $D(i，j)$ 可以通过式（6-5）来计算。

$$D(i，j) = \sum_{l=i}^{j} (d_l - d_{ij})^{\mathrm{T}} (d_l - d_{ij}) \qquad (6\text{-}5)$$

6.3.2　计算分割函数

在基于知识元对科技文献进行多粒度层级知识分割时，本书采取自上而下逐级二分的方法来实现。具体来说，首先，将科技文献中包含的所有知识元和非知识元句子视为一个最大的知识单元；而后，依据分割直径，将该知识单元和非知识元语句分割为两个子知识单元；最后，重复上述过程，直至单个知识元或非知识元句子为止。

　　基于上述分析，在明确了计算分割直径的方法之后，对某科技文献的知识元和非知识元语句进行逐级二分时，还需要给出每个分割方案的判断依据，用来判断所有分割方案中哪种分割方案是最优的，也即给出分割函数，用来计算每个分割方案的误差，误差越小，分割方案越理想。本书拟通过分割函数式(6-6)来计算不同分割方案的误差，基于对误差计算结果的分析，找出最小分割误差，从而来识别分割点，确定每一次分割时的最佳分割方案。为解释分割函数，现假设将 n 个有序知识元和非知识元语句进行二分的一种可能分割方式为 $P(n, 2)$：$\{i_1, i_1 + 1, \cdots, i_2 - 1\}$，$\{i_2, i_2 + 1, \cdots, n\}$。在该分割方式中，$i_1$ 用来表示分割 1 中的第一个知识元或非知识元语句，$i_1 + 1$ 为分割 1 中的第二个知识元或非知识元语句，以此类推，i_2 为分割 2 中的第一个知识元或非知识元语句，$i_2 + 1$ 是分割 2 中的第 2 个知识元或非知识元语句，以此类推。本书定义二分法的分割函数，如式(6-6)所示。

$$e[P(n, 2)] = D(i_1, i_2 - 1) + D(i_2, n) \qquad (6\text{-}6)$$

　　由式(6-6)可知，分割函数 $e[P(n, 2)]$ 的值越小，表示在该分割方案中，两个分割的离差平方和越小，也就意味着分割更加合理，反之，表示在该分割方案中，两个分割的离差平方和越大，也就意味着分割越不合理。由此可见，通过分割函数可以识别出在对科技文献进行每一次二分时的最佳分割方案。

6.3.3　确定候选分割点

　　在依据分割函数对科技文献进行逐级二分时，如果能够事先知道最终的分割个数，那么通过该分割函数对科技文献进行知识分割将相对比较容易。然而，在对科技文献进行层级知识分割时，往往事先并不知道最终要形成多少个分割。这是因为本书虽然事先抽取了科技文献中的各种类型的知识元，但除了知识元之外，科技文献中还包含其他并未包含在知识元中的一些非知识元语句，如起过渡作用的衔接句等。这也就意味着在对科技文献进行多粒度知识分割时，分割个数 K 并不确定，这给基于知识元的科技文献多粒度层级知识分割造成了不小的困难。为克服这一困难，解决科技文献多粒度层级知识分割的问题，本书通过绘制描述最小误差与分割个数之间关系的趋势图的方式来识别出几个可能的 K 值。具体过程如下。

（1）计算最小误差

计算最小误差的目的是借助最小误差函数识别出误差最小的分割方案。为此，就需要确定最小误差函数，这里所说的最小误差是指通过分割函数所识别的所有可能分割点中直径之和的最小值，也即所有分割的离差平方和的最小值。通过上述分析，本书将最小误差函数确定如式（6-7）所示的形式。

$$L[p(n, k)] = \sum_{t=1}^{k} D(i_t, i_{t+1} - 1) \qquad (6\text{-}7)$$

在式（6-7）中，K 用来表示科技文献多粒度层级知识分割的个数，n 表示待分割的文献中包含的所有知识元和非知识元语句的个数。

（2）确定候选主题分割个数

借助式（6-7）所示的最小误差函数，计算 $K = 1, 2, \cdots, m$ 时的最小误差值，从而可以得到 $\{(1, L[p(n, 1)]), (2, L[p(n, 2)]), \cdots, (m, L[p(n, m)])\}$，其中点 $(1, L[p(n, 1)])$ 表示当科技文献知识分割的个数为 1 时的最小误差值，其他各点的含义以此类推。接下来，在直角坐标系中描述这些点，进而可以绘制出最小误差函数 $L[p(n, k)]$ 随分割个数 K 的变化趋势图。通常来说，在该趋势图中，拐弯处的几个 K 值即为较好的分割个数的取值。也即是说，通过该趋势图可以识别出几个最可能分割个数 K 的值，也即候选知识分割的个数。

6.4　基于 AIC 的最佳分割点识别

通过计算每个分割方法的最小误差，并绘制描述最小误差与分割个数之间关系的趋势图，可以确定几个比较好的候选分割个数 K，然而，候选主题分割个数 K 的确定只是提供了几个最可能的分割方案，接下来，仍需进一步解决如何从候选分割方案中识别出最佳分割方案的问题。本书通过分析发现，在识别最佳分割点时需要同时满足每个分割内部的知识元和非知识元语句要高度相关，而不同分割之间的知识元和非知识元语句的相关度要尽可能低。这实际上是一个具有负相关关系的多目标问题，为解决这一问题，本书提出借助 AIC（Akaike's information criterion）准则来达到最佳分割点识别的目的，最终确定科技文献知识分割的个数，生成一棵有机的包含多种知识粒度的层级知识分割树。具体来说，基于 AIC 的最佳分割点识别的步骤如下。

AIC 准则如式(6-8)所示。首先依据该准则计算在候选分割个数 K 取不同的值时的 AIC 值。AIC 的取值越小，意味着对应的候选分割个数 K 值所确定的科技文献知识分割个数越佳，也即是说，与最小的 AIC 值相对应的候选分割个数 K 即为最佳的分割个数。

$$\text{AIC} = -2\ln(\text{模型的极大似然函数}) + 2(\text{模型的独立参数个数}) \quad (6\text{-}8)$$

对于 n 个语句 $\{s_i \mid i = 1, 2, \cdots, n\}$，可以确定 K 个分割，对应的中心为 $\{C_m = s_{ij} \mid m = 1, 2, \cdots, k\}$，每个分割的直径为 $\{D_m \mid m = 1, 2, \cdots, k\}$，各分割包含的知识元或非知识元句子数为 $\{Q(m) \mid m = 1, 2, \cdots, k\}$，则每个分割内部的直径分布密度，如式(6-9)所示。

$$f(D_m) = \frac{Q(m)/n}{(D_{\max} - D_{\min})/k} = \frac{k}{n} \frac{Q(m)}{D_{\max} - D_{\min}}, \quad m = 1, 2, \cdots, N \quad (6\text{-}9)$$

在上式中：$D_{\max} = \max\{D_m \mid m = 1, 2, \cdots, k\}$，$D_{\min} = \min\{D_m \mid m = 1, 2, \cdots, k\}$。

因此，在以中心 $\{C_m = s_{ij} \mid m = 1, 2, \cdots, k\}$ 为参数的条件下，根据对数极大似然估计原理，待分割文本所包含知识元或非知识元句子 $\{s_i \mid i = 1, 2, \cdots, n\}$ 的各分割内直径 $\{D_m \mid m = 1, 2, \cdots, k\}$ 的极大似然估计函数 L 的对数极大似然估计函数 l，如式(6-10)所示。

$$l(D \mid C_1, C_2, \cdots, C_k) = \ln L(D_m \mid C_1, C_2, \cdots, C_k)$$

$$= -k\ln \frac{n}{k} - \sum_{m=1}^{k} \ln \frac{D_{\max} - D_{\min}}{Q(m)} \quad (6\text{-}10)$$

依据 AIC 准则，将式(6-10)代入式(6-8)中得 AIC 的计算式(6-11)。

$$\text{AIC} = -2\left[-k\ln \frac{n}{k} - \sum_{m=1}^{k} \ln \frac{D_{\max} - D_{\min}}{Q(m)} \right] + 2k$$

$$= 2\sum_{m=1}^{k} \ln \frac{D_{\max} - D_{\min}}{Q(m)} + 2k\left(1 + \ln \frac{n}{k}\right) \quad (6\text{-}11)$$

6.5 基于知识元的科技文献多粒度层级知识分割算法

语义向量构建、基于最优分割的科技文献预分割和基于 AIC 的最佳分割点识别的研究为科技文献多粒度层级知识分割奠定了基础。其中知识元和非知识元句子语义向量的构建为科技文献多粒度层级知识分割奠定了充分的数据基础；基于最优分割的科技文献预分割为知识元或非知识元句子相关性的计算和分割提供了方法基础；而基于 AIC 的最佳分割点识别为最佳分割方案的确定提供了判断根据。基于上述研究，本书提出了基于知识元的科技文献多粒度层级知识分割的算法流程(见表6-1)。

表6-1　基于知识元的科技文献多粒度层级知识分割算法

输入：科技文献中 n 个待分割的知识元和非知识元语句集合

输出：一棵多粒度层级知识分割树

①依据语义向量构建步骤，将科技文献中待分割知识元和非知识元语句分别转化为 K 维语义向量；

②识别待分割的 $m(m \leqslant n)$ 个知识元和非知识元语句的所有可能的二分点 $i(i < m)$，并依据类的直径计算式(6-5)分别计算二分点 i 两侧两个类的直径 $D(1, i)$ 和 $D(i+1, m)$；

③依据分类函数计算所有可能的 $e[P(m, 2)]$ 值 $\{D(1, 1)+D(2, m)，+D(1, 2)+D(3, m)，\cdots，D(1, i)+D(i+1, m)\}$；

④依据计算得到的所有 $e[P(m, 2)]$ 的值，求出最小分类误差 $\min\limits_{1<i<m}[e(P(m, 2)]$；

⑤确定分割点，也即分类误差最小的分割点 i 即为所求的二分点；

⑥对新生成的两个分割(设为分割 G_1、G_2)分别重复步骤②～⑤进行试分割，依据式(6-7)分别计算所有分割的最小误差 $L[p(n, k)]$(K 为通过逐级细分生成的所有分割个数)，若对 G_1 进行二分的最小误差小于 G_2，则对 G_1 进行二分，G_2 不变，一次类推继续对生成的所有类进行二分，直到只包含一个知识元或非知识元语句为止；

⑦在直角坐标系中进行描点，绘制出最小误差函数 $L[p(n, k)]$ 随 K 的变化趋势图，找出趋势图中的拐点以及其附近的几个 K 值即为候选知识分割的个数；

⑧依据式(6-11)分别计算在不同候选知识分割个数 K 值时的AIC值，与最小AIC值相对应的 K 值即为最佳的分割个数值，进而确定最终科技文献的知识分割点，实现科技文献的多粒度层级知识分割

从表6-1所示的算法流程不难看出，基于知识元的科技文献多粒度层级知识分割具有以下几个方面的优势。

(1)提高科技文献多粒度层级知识分割的精度

基于知识元的科技文献多粒度层级知识分割算法基于语义向量的构建，可以将高维的句子向量映射到一个低维的语义空间，其优势在于一方面使得在对科技文献进行多粒度层级知识分割时句子相似度的计算在语义级进行；另一方面，可以有效地消除噪声对知识元和非知识元句子相似度计算的影响，并解决数据稀疏问题，从而在很大程度上保证了科技文献的

多粒度层级知识分割的精准性。

（2）保证科技文献多粒度层级知识分割的最优化

在对科技文献进行多粒度层级知识分割时，每一次二分均是基于最小分类误差，这样做的好处在于可以在一定程度上保证通过科技文献的多粒度层级知识分割算法得到的科技文献层次知识分割结构是对科技文献知识的一种最优分割。

（3）保证科技文献多粒度层级知识分割的完整性

基于知识元的科技文献多粒度层级知识分割算法以知识元为基本单位对科技文献进行多粒度层级知识分割，知识元作为最细粒度的知识单元，是完整表达一个知识内容的最基本的知识单元，因此，以知识元为单位对科技文献进行多粒度层级知识分割，可以有效避免将本属于同一知识单元的语句分割到两个不同的知识单元之中，或者将不属于同一知识单元的知识内容分割在同一知识单元内部，从而可以在很大程度上保证对科技文献进行多粒度层级知识分割的完整性，降低对科技文献进行多粒度层级知识分割时的错误率。

（4）降低科技文献多粒度层级知识分割的时间复杂度

本书提出的基于知识元的科技文献多粒度层级知识分割算法在对科技文献进行多粒度层级知识分割时为保证每个分割中知识元和非知识元句子之间的邻接关系，在聚类时只需计算相邻两个知识元或非知识元语句之间的相似度即可，而不需要像一般的聚类方法那样，每次都需要计算所有语句之间的相似度，因此，这就使得进行科技文献多粒度层级知识分割时计算的时间复杂度由 $O(N^2)$ 降低到 $O(N)$，从而大大提高计算的效率。

6.6　科技文献多粒度层级关系模式识别

上文提出了基于知识元的科技文献多粒度层级知识分割算法，借助该算法可以实现对科技文献的多粒度层级划分，生成一棵多粒度层级分割树。虽然该分割树揭示了科技文献的多粒度层级结构，但是，各粒度知识单元之间的关系模式尚不清晰，接下来将基于对科技文献多粒度层级知识分割的结果（也即多粒度层级分割树），进一步识别出该层级分割树的多粒度层级关系模式，以便实现对科技文献多粒度知识单元的存取。由于多粒度层级分割树揭示了各粒度的知识单元之间的层级隶属关系，因此，为识别科技文献多粒度层级关系模式，接下来，只需要再识别出各粒度知识单元的主题标识即可，最终生成一棵树状的多粒度层级关系模式（如图 6-2 所示）。

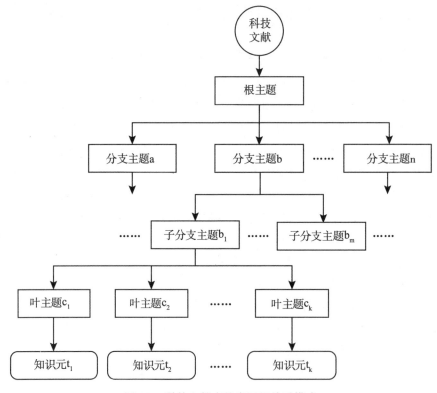

图 6-2   科技文献多粒度层级关系模式

在科技文献多粒度层级分割树中，从最粗粒度的知识单元（也即科技文献），到最细粒度的知识单元（也即知识元），可以划分为三个类型的层级：根节点、分支节点和叶节点。根节点对应最粗粒度的知识单元（也即科技文献），叶节点对应最细粒度的知识单元（也即知识元），而分支节点对应科技文献和知识元之间的各种中粒度的知识单元。各种粒度的知识单元的主题分别对应根主题、分支主题和叶主题（如图 6-2 所示）。由此可见，若要实现科技文献多粒度层级关系模式的识别，其关键在于识别出各粒度大小的知识单元的主题。然而，由于叶节点的主题已经在第 6 章中借助 BTM 模型进行了识别，为此，接下来将详细论述根节点的主题识别和分支节点的主题识别。

6.6.1　分支节点的主题识别

分支节点是指除根节点和叶节点之外的其他节点，包括根节点和叶节点之间的各种中粒度的知识单元。分支节点论述的主题揭示了科技文献主题展开的脉络，构成了科技文献多粒度层级关联模式的主题框架。因此，作为描述分支节点论述主题的关键词，应该具备以下几个方面的特征：首先，该关键词要能揭示出分支节点论述的主题，也即具有较强的主题揭示意义；其次，作为揭示分支节点主题的关键词，还需要具有较强的连通科技文献上下文主题的功能，从网络的视角来看，意味着该主题关键词应具有较高的中间中心度。在科技文献多粒度层级分割树中，分支节点又可以划分为多个层级，为此，对于分支节点主题关键词的抽取可以逐级逐层展开。然而，需要指出的是，尽管不同层级的分支节点对应的知识粒度大小不同，但不同层级的分支节点都具备上述特征，因此，分支节点主题关键词抽取的方法也基本相同，为此，接下来将以第 i 层的分支节点为例，论述主题关键词的抽取过程。

首先，为从分支节点中识别出最具主题揭示意义的关键词，本书借助 TF. IDF 的思想，认为如果一个关键词在某分支节点中高频出现而在其他分支节点中较少出现，那么该关键词对于这个分支节点越重要，也即越能够揭示该分支节点的主题。具体计算方法如式(6-12)所示。

$$\text{TF. ISF}(w)_i = \frac{btf(w)_i}{b(t)_i} \times \ln \frac{N_i}{bf(w)_i} \tag{6-12}$$

其中，$btf(w)_i$ 用来表示关键词 w 在某分支节点中出现的频次，$b(t)_i$ 用来表示该分支节点中包含的所有关键词的总个数，N_i 表示第 i 层中拥有的分支节点的个数，$bf(w)_i$ 表示第 i 层中出现词语 w 的分支节点的个数。

接着，为从分支节点中识别出中间中心度较高的关键词，本书基于构建的关键词共现网络，计算关键词共现网络中每个关键词的中间中心度，其计算方法如式(6-13)所示。其中 n 用来表示关键词共现网络中包含的关键词的个数，而 g_{jk} 则是用来表示关键词共现网络任意两个关键词之间的最短路径中经过主题关键词 w_j 和主题关键词 w_k 的数目，$g_{jk}(w_i)$ 用来表示在主题关键词 w_j 与主题关键词 w_k 所有最短路径中经过关键词 w_i 的最短路径个数。

$$C_m(w_i) = \sum_i^n \sum_k^n \frac{g_{jk}(w_i)}{g_{jk}} \tag{6-13}$$

最后，作为表示分支节点主题的关键词，应该兼具较高的主题揭示意义和较高的中间中心度，为此，采用式(6-14)来计算关键词的复合重要性程度。

$$Q(w) = \text{TF. IBF}(w)_i \times C_m(w_i) \qquad (6\text{-}14)$$

从式(6-14)中不难看出，在分支节点对应的文本片段中，$Q(w)$ 值越大的关键词，在分支节点中越重要，越能揭示分支节点对应的文本片段的主题，因此，可以被选作分支节点的主题关键词，进而实现分支节点主题关键词的抽取。

6.6.2　根节点的主题识别

在识别出叶节点和分支节点的主题关键词之后，接下来将基于这些关键词识别根节点的主题关键词。根节点对应的是整篇科技文献。首先，科技文献的题名通常能够起到简明扼要概括文献主题的作用，因此，描述根节点主题的关键词一般会出现在题名中。其次，由于其他分支节点和叶节点的主题关键词都是在根节点主题关键词的基础上展开的，是对根节点主题的细化，因此，揭示根节点主题的关键词应该具有统领其他分支节点和叶节点主题关键词的功能。这也就意味着，作为根节点的主题关键词与其他分支节点和叶节点的主题关键词均具有较强的联系。因此，在整篇文献中最能揭示其主题的关键词应该具有以下三个方面的特征：首先，作为根节点的主题关键词应该出现在题名中；其次，揭示根节点主题的关键词应与分支节点和叶子节点的主题关键词有较高的共现度；最后，根节点关键词对整篇科技文献主题结构的形成应该具有较高的贡献度，也即是说，揭示根节点主题的关键词要具有较高的连通度。

为了能够依据根节点主题关键词的上述特征从文献中抽取揭示整篇文献主题的关键词，本书首先对科技文献的题名进行了中文分词，而后构建了关键词共现网络，并将根节点主题关键词后面两个方面的特征具体化为关键词共现网络中的点度中心度和连通度。点度中心度主要是用来考察根节点主题关键词与其他关键词的共现度；连通度主要是用来考察根节点主题关键词对整篇文献主题结构的重要程度。只有那些点度中心度和连通度均较高的关键词，才可能作为揭示根节点主题的关键词。通过上述分析可知，根节点主题关键词的抽取过程就转化为计算关键词共现网络点度中心度和连通度的过程。具体来说，根节点主题关键词的抽取过程如下。

首先，计算关键词共现网络中每个关键词的点度中心度，计算方法如式(6-15)所示。其中 n 为关键词共现网络中包含的关键词的个数，而 x_{ij} 则

用来表示与关键词 w_i 存在共现关系的主题关键词的个数。

$$C_d(w_i) = \sum_{j=1}^{n} x_{ij}(i \neq j)/(n-1) \qquad (6\text{-}15)$$

接着，本书借助共词网络连通度的思想来识别对科技文献主题结构贡献度较高的关键词。具体而言，如果一个关键词在共词网络中的连通度越高，那么该关键词对科技文献主题结构的贡献度就越高，对于根节点来说，越具有重要的意义。基于上述分析，本章借助式(6-16)来计算根节点中关键词的连通度。

$$CD(w) = L(G) - L(G_w) \qquad (6\text{-}16)$$

其中，G 表示关键词的共现网络，G_w 表示去掉关键词 w 之后的关键词共现网络，$L(G)$ 用来表示关键词共现网络 G 的连通度，与之相对应，$L(G_w)$ 则用来表示去掉关键词 w 之后的共现网络的连通度。关键词共现网络连通度的计算方法，见表 6-2。

表 6-2　关键词共现网络连通度算法

①构建共词矩阵 $C = (c_{ij})_{n \times n}$，若关键 v_i 与 v_j 在同一语句中共现，则 $c_{ij} = 1$，否则 $c_{ij} = 0$；

②设置关键词共现网络 G 的初始连通度为零，也即 $L(G) = 0$；

③若关键词共现网络 G 为连通图，转步骤 ④，若 G 不连通，则转步骤 ⑥；

④计算关键词影响度 $E = \left(\dfrac{1}{d_1}, \dfrac{1}{d_2}, \cdots, \dfrac{1}{d_n}\right)$ 和网络影响度 $P = E \times C$，其中 d_i 表示顶点 v_i 的度数；

⑤找出 P 中最大值对应的顶点 v_i，从图 G 中去掉该节点以及与其相连的边，此时的共现网络仍记为 G，置 $L(G) = L(G) + 1$，转步骤 ③；

⑥$L(G)$ 即为共现网络 G 的连通度

最后，计算关键词共现网络中每个节点的点度中心度与连通度的综合值 $R(w_i)$，计算方法如式(6-17)所示。关键词的 $R(w_i)$ 值越大，越有可能成为揭示根节点主题的关键词。

$$R(w_i) = C_d(w_i) \times CD(w) \qquad (6\text{-}17)$$

通过对根节点、分支节点和叶节点主题关键词的抽取，依据各种粒度知识单元之间的层级关系，最终识别出科技文献多粒度层级关系模式，其对于支撑科技文献的多粒度存取起到非常重要的作用。

6.7   本章小结

为实现基于知识元的科技文献多粒度层级知识分割，本章首先提出了基于知识元的科技文献多粒度层级知识分割模型，以为基于知识元的科技文献多粒度层级知识分割提供理论指导；而后，依据基于知识元的科技文献多粒度层级知识分割模型，对知识元和非知识元语句进行语义向量的构建，以实现知识元和非知识元语句的语义表达；接着，基于 fisher 最优分割法对科技文献进行多粒度层级知识分割，通过计算分割直径确定科技文献每个分割的内聚性，基于分割直径，通过计算分割函数，对科技文献进行逐层二分，通过绘制最小误差函数与分割点的个数 K 之间的关系趋势变化图识别几个最佳的可能分割点，并基于 AIC 从几个候选的 K 值中选择出一个最优的 K 值，从而明确最佳的知识分割个数，确定最佳分割方案；最后，本章在对科技文献进行多粒度层级知识分割的基础上，提出了科技文献多粒度层级关系模式的识别方法，以为实现对科技文献的多粒度存取奠定基础。

第 7 章　基于知识元的科技文献多粒度
层级知识分割实证

7.1　实验数据

在已有的有关知识分割的研究中，使用的实验数据主要可以分为三大类。第一大类是通过人工合成的方式生成语料库。具体来说，这种实验数据的生成方式主要是通过在包含多篇文档的文档库中随机抽取文本中的一些语句合成新的文本，来构建实验数据。通过人工合成生成实验数据的方式虽然能够精确定义文本的真实分割点，但是，这种方式使得各分割之间的主题差异度被人为增强，无形中降低了文本分割的难度，造成语料与真实文本的实际情况存在一定差距，无法代表文本分割任务的真实特性。第二大类是通过人工标注的方式生成实验数据。具体来说，实验数据中的文本都来自现实文献，通过使用人工方式来对这些文献进行分割，从而构建实验数据集。使用人工标注的方式进行文本分割也存在一个重要的问题，那就是人们在进行文本分割时，没有统一的标准，因此，人工得到的分割与真实分割可能会存在一定的误差，精确度不太高。第三大类实验数据生成方法是通过对真实文本中自然存在的分割记录移除后得到的。这种方式生成的实验数据集合中的文本既来自真实文本，又具备文本分割的可信度较高的优势。

对于科技文献来说，由于大部分都具有篇章体系结构，这些章节的划分是文献作者根据其论述的主题对科技文献的一种划分，不同的章节代表不同的分割层次，共同构成了一个层次结构的分割体系，因此，可以视作对科技文献的一种标准分割。然而需要指出的是，以章节体系结构对文本进行的分割是一种粗分割，因为即便是作为章节体系结构中最小单位的小节内，通常也会包含多个子主题，需要做进一步分割。基于上述分析，为了使实验数据具有代表性，本书选取 CNKI 数据库中的科技文献作为数据源。首先，依据中图分类法，从 22 个学科大类(包括马列主义毛泽东思想、哲学宗教、社会科学总论、政治法律、军事、经济、文化科学教育体育、语言文字、文学、艺术、历史地理、自然科学总论、数理科学和化学、天文学地球科学、生物科学、医药卫生、农业科学、工业技术、交通运输、航空航天、环境科学安全科学和综合大类)的每一类学科中的权威期刊的近 5 年的所有论文中简单随机抽取 10 篇文献，共计获得 220 篇科技文献；而后，采取第三大类文本分割实验数据的生成方法，移除 220 篇科技文献的篇章体系结构，生成初始实验数据集合；最后，对初始实验数据集合中的科技文献，通过人工标注，识别各小节中细粒度的知识分割点，直到最细粒度的知识元为止。但是需要指出的是，由于人具有主观性，对于同一篇文献来说，不同的标注人员可能给出不同的分割意见，导致主观上的干扰，为提高人工标注的客观性，本课题邀请了 5 位专家分别对初始实验数据集合中的科技文献进行主题分割。对于每篇科技文献来说，如果 5 位专家中有 3 位专家在相同位置设置了分割点的话，该分割点就被认为是标准分割点，其他情况则进行讨论决定最佳分割点。通过上述方式最终生成的标准用于检验本书提出的知识分割的实验数据集合。

7.2   基线系统

为对基于知识元的科技文献多粒度层级知识分割方法进行评价，本书选取了两个在文本分割领域比较经典的文本分割方法作为基线系统(baseline)：TEXTTILING(简称"TT")和 C99。其中 TEXTTILING 是由 Hearst 提出的一种分割方法。该方法的核心思想是：首先，将文本分成固定长度的窗口，并通过滑动窗口计算相邻文本块之间余弦相似度；而后，通过相似度曲线的变化来确定文本分割的位置，从而实现文献的主题分隔。选用 TEXTTILING 作为本书基线系统的原因在于，该方法在进行文献主题分隔时基于的是局部信息，而本书提出的基于知识元的科技文献多粒度层级知识分割方法则是基于全局信息的分割方法，为此，通过将基线系统 TEXTTILING 与本书提出的基于知识元的科技文献多粒度层级知识分割方法的分割结果进行对比，可以在一定程度上达到本书提出的基于知识元的科技文献多粒度层级知识分割方法进行评价的目的。而 C99 是由 Choi 提出的另一种比较具有代表性的主题分割方法。该方法的核心思想是：首先，通过计算文本中句子之间的余弦相似度得到相似度矩阵；而后，基于排序矩阵通过最大化分割单元内部密度的方式，自顶向下逐级实现文献的主题分割。然而，需要指出的是，排序矩阵的构建是建立在相似矩阵的基础之上的。本书之所以选择 C99 作为基线系统，是由于 C99 的文献主题分割方法与本书提出的基于知识元的科技文献多粒度层级知识分割方法非常相似，都是采用自顶向下的策略基于全局信息进行文献的主题分割。因此，通过将 C99 文献主题分割方法与本书提出的基于知识元的科技文献多粒度层级知识分割方法的对比分析，可以在规避分割策略影响的情况下，达到对文本分割中文本分割单元对文本分割性能影响程度进行评价的目的。

7.3　系统评价方法

为了较为全面地评价基于知识元的科技文献多粒度层级知识分割的性能，本书拟从知识分割的精准性和接近性两个方面对其进行评价。精准性评价主要是对基于知识元的科技文献多粒度层级知识分割方法与标准分割的一致程度的度量。而接近性评价则是对基于知识元的科技文献多粒度层级知识分割方法与标准分割的接近程度的度量。具体来说，知识分割精准性的评价指标包括：正确率（precision）、召回率（recall）和 F 值。接近性的评价本书采用 WindowDiff 指标。之所以从精准性和接近性两个方面对基于知识元的科技文献多粒度层级知识分割方法进行评价，是由于精准性评价指标存在一些缺陷。首先，准确率和召回率是一个此消彼长的指标，一个指标的提升往往意味着另一个指标可能要下降，F 值虽然可以综合准确率和召回率对分割算法进行全面评价，但是它的意义难以进行有效揭示。其次，精准性评价指标无法区分非常接近正确分割点的错误分割和非常远离正确分割点的错误分割，也即对错误分割边界的"错误程度"不敏感。事实上，如果一个知识分割方法识别的知识分割点比另一个知识分割方法更接近正确分割点，其性能应该是较优的，但是正确率和召回率则对此现象一视同仁，无法体现出这种差别。而接近性评价指标 WindowDiff 就很好地弥补了精准性评价指标正确率（precision）、召回率（recall）和 F 值的上述缺陷。

（1）知识分割精准性评价指标

精准性评价指标主要是用来检测本书提出的基于知识元的科技文献多粒度层级知识分割方法识别的实验分割与标准分割之间在分割点上的一致

性程度。实验分割与标准分割匹配的结果有四种类型(如图 7-1 所示)。其中实验分割与标准分割相匹配的分割点用 TP(true positives)来表示;未在标准分割点中存在的实验分割点用 FP(false positives)来表示;在标准分割中存在的未被实验系统识别的分割点用 FN(false negatives)表示;而那些既不是实验分割点也不是标准分割点用 TN(true negatives)表示。

标准分割

实验分割		分割点	非分割点
	分割点	TP	FP
	非分割点	FN	TN

图 7-1　实验系统分割与标准分割匹配结果

依据实验分割与标准分割之间的匹配结果,精准性评价指标的正确率可以使用式(7-1)来表示,召回率可以使用式(7-2)来表示,F 值可以使用式(7-3)来表示。从式(7-1)中可以看出,正确率 P 是指实验分割与标准分割相匹配的分割点数量占实验系统识别出来的所有分割点数量的百分比;召回率 R 是指实验分割与标准分割相匹配的分割点数量占标准分割点的数量比率;F 值是综合考虑正确率 P 和召回率 R 的结果。

$$P = \frac{TP}{TP + FP} \tag{7-1}$$

$$R = \frac{TP}{TP + FN} \tag{7-2}$$

$$F = \frac{2P \cdot R}{P + R} \tag{7-3}$$

(2)接近性评价方法

通过对精准性评价指标的分析可知,无论是正确率、召回率还是 F 值,均是对实验系统分割与标准分割的完全一致性的评价。然而,事实上,即便是错误分割也有好坏之分,比如离正确分割点近的错误分割要比离正确分割点远的分割好得多。因此,在对实验系统分割进行评价时,也需要对其接近性程度进行评价。为此,本书采用 WindowDiff 来评价基于知识元的科技文献多粒度层级知识分割方法的性能。WindowDiff 的计算公式如式(7-4)所示。

$$\text{WindowDiff}(\text{ref}, \text{hyp}) = \frac{1}{N-k} \sum_{i=1}^{N-k} (\mid b(\text{ref}_i, \text{ref}_{i+k}) - b(\text{hyp}_i, \text{hyp}_{i+k}) \mid > 0)$$

$$(7\text{-}4)$$

在式(7-4) 中，$b(\text{ref}_i, \text{ref}_{i+k})$ 是一个指示函数，其取值方式是当且仅当在标准分割中语句 ref_i 和语句 ref_{i+k} 在同一个分割中时 $b(\text{ref}_i, \text{ref}_{i+k})$ 的取值为 1，否则取值为 0；与 $b(\text{ref}_i, \text{ref}_{i+k})$ 相类似，$b(\text{hyp}_i, \text{hyp}_{i+k})$ 的取值方式是：当且仅当在试验系统分割中语句 hyp_i 和语句 hyp_{i+k} 在同一个分割中时 $b(\text{hyp}_i, \text{hyp}_{i+k})$ 的取值为 1，否则取值为 0；其中，N 代表科技文献中知识分割单元的个数，k 为真实知识分割平均长度的 1/2，ref 代表真实的知识分割，hyp 代表借助本书提出的基于知识元的科技文献多粒度层级知识分割方法识别的分割。

7.4　实验结果分析

本书首先依据基于知识元的科技文献多粒度层级知识分割方法(简称"MHKS")的算法流程对测试数据集中的 220 篇科技文献进行主题分割；而后，基于基线系统 TT 和 C99 对测试数据集中的 220 篇科技文献数据同样进行主题分割；最后，将实验系统 MHKS 的主题分割结果与基线系统 TT 和 C99 的分割结果进行对比，进而达到对基于知识元的科技文献多粒度层级知识分割方法性能进行评价的目的。三种主题分割算法在接近性评价指标 WindowDiff 和精准性评价指标 P 值、R 值和 F 值上的实验结果数据，见表 7-1。

表 7-1　实验结果

方法	WindowDiff	P 值	R 值	F 值
MHKS	0.30	0.55	0.64	0.59
TT	0.38	0.47	0.45	0.46
C99	0.35	0.49	0.47	0.48

(1)MHKS 与 TT 的比较分析

从表 7-1 所示的知识分割的精准性评价指标来看，MHKS 方法在正确率(P 值：0.55>0.47)、召回率(R 值：0.64>0.45)和 F 值(F 值：0.59>

0.46)上的平均值均优于 TT 方法在相应指标上的平均值。正确率高说明 MHKS 方法相对 TT 方法来说在识别出的所有知识分割中正确分割的比例较高；召回率高说明 MHKS 方法相对 TT 方法来说能够从科技文献中识别出更多的正确知识分割点；F 值高说明 MHKS 方法相对 TT 方法来说具有较高的综合表现。

从知识分割的接近性评价指标来看，MHKS 方法在 WindowDiff 值上优于 TT 方法(也即 WindowDiff 值 0.30<0.38)。WindowDiff 值越小，说明越接近正确的标准分割，由此可见，本书提出的 MHKS 方法比 TT 更接近正确分割，说明 MHKS 方法在接近性评价中具有一定的优越性。

综上分析可知，本书提出的 MHKS 方法无论是在精准性评价指标还是在接近性评价指标上都取得了较好的表现，这在一定程度上说明了 MHKS 方法的优越性。原因在于 TT 主题分割方法无论是在基于相邻文本块的相似度计算确定主题边界的过程中，还是在基于 cutoff 函数确定文献主题分割个数中，都采取的是局部最优化方法，这就导致 TT 方法很难达到全局最优。然而，本书提出的 MHKS 主题分割方法则是建立在全局评价函数的基础之上的，因此，能够在一定程度上实现文献主题分割的全局最优，从而取得比 TT 更优的文献主题分割效果。此外，在进行接近性评价时，由于本书提出的科技文献多粒度层级知识分割方法主要是以知识元为单位，进行层级聚类而实现文本分割的，其错误分割一般只在衔接句之间发生，因此，距离正确分割点一般较近，而 TT 算法是以句子为单位进行分割的，其错误分割点可以在任何语句之间发生，有的错误分割点离正确分割点较远，因此 TT 算法的分割误差相对本书提出的基于知识元的科技文献多粒度层级知识分割方法也较大。

(2)MHKS 与 C99 的比较分析

从精准性评价指标来看，无论是 MHKS 主题分割方法的 P 值、R 值还是 F 值，均大于 C99 方法的对应值(也即 P 值：0.55>0.49；R 值：0.64>0.47；F 值：0.59>0.48)，说明 MHKS 主题分割方法在精准性评价指标上表现出更优的性能。从接近性评价指标来看，MHKS 主题分割方法的 WindowDiff 值平均值要小于 C99 方法的对应值(也即 WindowDiff 平均值 0.30<0.35)，说明 MHKS 主题分割方法在接近性评价指标上也体现出较好的优势。

综上分析，不难发现，与 C99 主题分割方法相比，MHKS 主题分割方法具有一定的优越性。首先，这是由于本书提出的 MHKS 主题分割方法比 C99 主题分割方法更多地考虑了可能影响分割效果的因素，例如，一方面，在对科技文献进行多粒度层级知识分割时，为提高知识分割的准确性，本书针对文本分割单元的特征，提出基于 BTM 的分割单元语义表示方法，以克服在文本表示中向量空间模型的语义缺乏和传统主题模型的数据稀疏等问题；另一方面，不同于以句子为分割单位的 C99 方法，本书提出的科技文献多粒度层级知识分割方法在对科技文献进行知识分割时是以知识元为单位的，知识元作为内容上高度相关的一个知识单元，以其为基元进行文本分割可以在逻辑上保证每个分割是一个完整的知识单元，有效避免以语句、段落等作为文本分割的基本单元时导致的错误分割问题。这是因为无论是以语句还是以段落为单位对科技文献进行分割，都无法避免将本来是一个知识内容的文本片段分割为两个部分，或者将本不是同一知识内容的文本片段分割在了一起。其次，C99 主题分割方法的分裂终止条件，也即阈值 $\mu+c\times\sqrt{v}$ 的确定存在一定的主观性，这是因为 c 值的给定依据的是人的主观经验，没有明确的理论依据和原则。然而，需要指出的是，虽然 MHKS 主题分割方法优于 C99 主题分割方法，但其比较优势并不像与 TT 相比时那么明显。这是因为，MHKS 主题分割方法和 C99 主题分割方法在进行主题分割时均采用了自顶向下的分裂式聚类的主题分割策略，这种主题分割策略能够在一定程度上充分利用全局信息，从而克服 TT 算法的不足，在一定程度上实现文献主题分割的全局最优化。

第 8 章　结论与展望

8.1　本书主要结论

在当前大数据环境下，数字图书馆存储着海量的科技文献资源，这些科技文献中载荷着大量的优质知识资源。这些知识资源与人们常用的网络大数据资源相比，虽然质量更高并具有更高的可靠性和权威性，然而，极为不幸的是，数字图书馆科技文献中承载的这些高质量的知识资源却未得到人们的普遍使用。通过对用户调研和分析发现，其原因主要在于：①数字图书馆科技文献的开放程度不高，馆藏科技文献资源很难被用户访问，即便能够被网络搜索引擎访问，馆藏科技文献资源的开放程度又会严重受到著作权保护的影响，服务收费标准较高，辐射范围有限，对外访问都有所限制，更加不允许科技文献资源在互联网中开放使用；②数字图书馆个性化服务的程度较低，缺乏对科技文献中知识内容的深入揭示和组织，仍然以文献为单位提供服务，未能深入科技文献载荷的知识内容以细粒度的知识单元为单位提供知识服务，导致数字图书馆难以提供有针对性的按需服务，很难达到真正的个性化程度，知识服务缺乏针对性、动态变化性；③数字图书馆知识服务的粒度过大，仍然延续了传统图书馆的知识服务方式，也即通常以一篇文章、一本书等为知识单元向用户提供知识服务，缺少基于知识内容本身的细粒度的知识服务，知识服务的粒度过大，在很多情况下，用户不得不进一步从这些科技文献中过滤和查找自己所需的知识，从而增加了用户的认知负担和时间成本，使得数字图书馆提供的知识服务方式的易用性大大降低；④数字图书馆停留在对科技文献整体的外部形式特征或主题特征进行揭示和组织之上，未能充分发挥数字图书馆在技术上的优势，数字图书馆科技文献的知识内容之间并没有建立语义上的关联，科技文献中的知识资源仍然是以孤立的形式存在，未能深入揭示科技文献所载荷的知识之间的内在逻辑联系，进而导致当前数字图书馆提供的知识服务集成度不高，使得知识饥渴的人们淹没在知识的海洋里，却不知从哪里及时获得解渴的知识。可见，数字图书馆若想改变现状，为数字图书馆用户提供开放、个性化、一站式的多粒度精准知识服务，就需要对数字图书馆中存储的海量的科技文献进行多粒度层次知识分割，识别出科技文献中多种粒度大小的知识单元，对科技文献中的知识内容进行多粒度的组织和关联。而知识元概念的提出使得数字图书馆对科技文献进行多粒度层级知识分割变得更为可行，为此，本书借助知识元的相关理论、方法和技术对数字图书馆中存储的海量科技文献的多粒度层级知识分割问题进行了研究，并得出以下几个方面的研究结论。

①在对数字图书馆科技文献进行多粒度层级知识分割时，要将还原论与系统论相结合，以还原论与系统论的哲学思想为指导，对数字图书馆科技文献进行多粒度层级知识分割。

本书在对相关哲学理论进行深入分析的基础上指出了数字图书馆科技文献多粒度层级知识分割的还原论与系统论的哲学基础，指出数字图书馆在进行多粒度层级知识分割时，一方面，为避免数字图书馆用户对科技文献中知识内容整体认知的模糊性或笼统性，提高科技文献知识的易用性，要在还原论哲学思想的指导下将复杂知识逐级还原分解成为不同层次的易于理解的简单知识单元，直到不能再被还原为止（也即直到知识元为止）；另一方面，为避免数字图书馆用户对知识的碎片化的认知，在对复杂知识进行还原的同时，还需借助系统论的哲学思想，在该思想的指导下从整体上把握碎片化的知识单元之间的逻辑关联。通过上述分析，本书认为科学解决数字图书馆科技文献多粒度层级知识分割的哲学基础就是将还原论与系统论相结合，借助还原论与系统论的哲学思想对数字图书馆科技文献中的知识资源进行多粒度层级知识分割。

②数字图书馆科技文献的多粒度层级知识分割要遵循人类认知的规律，在充分把握数字图书馆科技文献中知识内容特征的基础上，对数字图书馆科技文献进行多粒度层级知识分割。

本书通过对人类认知的深入分析，指出了科技文献多粒度层级知识分割的认知学基础。研究发现：首先，在认知过程中，概念作为人类认知的基本工具，可以将人类感知到的知识组织起来，相似或相关的事物会被看作一个整体，合并成为一个大的概念，不相似的事物会被分离开来，形成若干个小的概念。不同层次上的概念，描述了不同粒度大小的知识单元，由于人类借以思维的概念具有某种偏序关系，因此，知识也就体现出多粒度的特征，并组织为一个概念层次结构。其次，从人类认知的过程模型来看，人类对现实世界的认知总是由浅至深、由表及里地不断深入的，也即是说，人类的认知往往是在一个分层递阶知识空间的某一层次上展开的，若要对事物有完整的认知，则需要在不同的粒度层次上来认识和分析问题，然后将这些不同层次上的知识进行整合，进而形成对整个事物的全面而系统的认知。接着，人类对现实世界的认知，通常会构建起一个从底层具体概念到高层抽象概念的多层次塔状结构，也即认知结构。认知结构反映了人们对世界不同粒度上的认知。最底层的基本概念与人们的感知直接相关，高层的抽象概念来源并依赖于低层次上的概念，也需要通过低层次上的概念进行解释。人们如果想有效地解决问题，就需要掌握知识的多粒度结构，并能够依据问题的特性有针对性地利用某一粒度层次上的知识。最后，在人类知识传承的整个流程中伴随着"知识隐性化"和"知识显性化"两个过程。在知识隐性化过程中，知识消费者通过认知将粗粒度的文献知识单元粒化为细粒度的知识单元，以便与自身的认知结构相匹配，进而通过同化和顺从实现认知结构优化。由此可见，知识隐性化的过程一般是知识粒度变小、语用增强的过程。在知识显性化的过程中，知识消费者的角色转化为知识生产者，其将优化的认知结构通过关联、组织生成文献，实现知识序化和显性化，从而便于知识消费者理解。由此可见，知识显性化的过程一般是知识粒度变大、语义增强的过程。通过上述分析不难发现，无论是作为人类认知工具的概念、揭示人类认知过程的认知模型、描述人类认知结果的认知结构，还是人类认知的传承（也即知识传承），均表现出多层次、多粒度的结构模型特征，这也就决定了作为辅助人类认知实践活动的数字图书馆必须遵循人类认知的这一特征，对数字图书馆科技文献中的知识资源进行多粒度层级知识分割，构建多粒度的层级知识结构体系。

③数字图书馆科技文献多粒度层级知识分割的基础是深入文献内容抽取出科技文献中包含的最细粒度的知识单元（也即知识元），以为数字图书馆科技文献多粒度层级知识分割提供最基本的分割单元。

数字图书馆知识组织的单位可以基于各种知识粒度，如以文献为单位（通常借助学科体系分类法、主题法等进行组织）、以文献中的某页为单位（通常借助倒排文档或索引对页信息进行组织）等。知识组织粒度的大小直接决定了知识服务的效果和效率。当前，大多数数字图书馆知识组织的粒度通常是以文献或页面等知识载体为单位进行组织，这种知识组织方式是建立在知识的物理载体单位的基础之上，知识组织的粒度较粗，虽然能够在一定程度上满足用户对粗粒度知识的需求，但是，随着知识经济的发展，Web2.0 技术的出现，用户的知识消费习惯开始发生变化，在很多情况下，用户通常只是想及时获得能够帮助其解决现实问题的某个概念、方法、事实、数据等细粒度的知识，因此，这种以文献或页面为单位的粗粒度知识组织方式就会导致知识服务的过载问题。基于上述分析，为深入科技文献内容，识别出科技文献中最细粒度的知识单元（也即知识元），以为实现基于知识元的数字图书馆科技文献的多粒度层级知识分割奠定基础，本书提出了从科技文献中抽取出各类型知识元的方法，该知识元抽取方法的基本流程可以概括为：首先，基于知识之间的内在逻辑关系，对科技文献中包含的知识元类型进行划分，以保证在外延上包含科技文献中所有的知识内容；而后，依据对知识元类型的划分，识别出科技文献中各类型知识元的描述规则，以为知识元抽取奠定基础；最后，为提高知识元抽取的准确性，在识别出各类型知识元描述规则的基础上，本书提出知识元序列模式生成方法，以将语义信息融入知识元描述规则；最后，基于描述各类型知识元的序列模式，通过模式匹配的方式从科技文献中抽取出各种类型的知识元，以为多粒度层级知识分割提供最基本的知识分割单位。不同于传统的基于主题的线性文本分割方式，本书提出的科技文献多粒度层级知识分割方法以科技文献中的知识元为单位，而不是以句子、段落或语句块等为单位对科技文献进行多粒度层级知识分割，因此可以在很大程度上提高科技文献多粒度层级知识分割的准确性。

④数字图书馆多粒度层级知识分割的途径是以知识元为基元识别出科技文献中各种粒度大小的知识单元，并建立它们之间的层级关联，以实现科技文献多粒度层级知识结构的构建。

为解决数字图书馆科技文献的多粒度层级知识分割问题，提高对科技文献进行多粒度层级知识分割时的准确性，不同于已有的以句子、语句块或段落为单位的知识分割方法，本书在对科技文献进行多粒度层级知识分割时以最细粒度的知识单元（也即知识元）作为单位进行多粒度层级知识分割，这种分割的优势在于，可以有效避免将本属于一个完整的知识单元的知识内容分割开来，造成知识分割的错误。然而，知识元作为最细粒度的知识单元，以其为单位对科技文献进行多粒度层级知识分割时，还需要识别出知识元之间的关联，以构建出更粗粒度的知识单元。事实上，从文献的创作过程（也即知识显性化的过程）来看，文献创作者通常会围绕某个中心主题展开论述。为揭示该核心主题，文献创作者大多会将核心主题细分为多个子主题详细论述，直至细分到能够充分阐明其中心主题为止。

而每个主题都可以被看作一个知识单元，主题越概括，对应的知识单元粒度越大，主题越细分，对应的知识单元粒度越小。文献主题的逻辑关系决定了文献中知识单元的结构特征，使得知识呈现出一种多粒度的层级结构。基于上述分析，本书遵循科技文献主题展开的上述流程，采用自顶向下的策略，借助 fisher 最优分割方法，基于对各知识元主题相似度的计算，在保证知识元之间偏序关系（在科技文献中出现的先后次序关系）的前提下，实现知识元之间层级关联关系的发现，构建出科技文献多粒度层级知识结构，最终实现数字图书馆科技文献的多粒度层级知识分割。

⑤基于知识元的科技文献多粒度层级知识分割方法具有一定的科学性和有效性。

本书对数字图书馆科技文献的多粒度层级知识分割进行了系统的研究，首先，分析了数字图书馆科技文献多粒度层级知识分割的哲学基础和认知学基础。而后，指出了数字图书馆科技文献多粒度层级知识分割的方法论，从哲学、认知学、方法论等层次上论证了本书提出的数字图书馆科技文献多粒度层级知识分割的必要性、可行性和科学性。在上述研究的基础上，本书提出了基于知识元的数字图书馆科技文献多粒度层级知识分割方法，该方法包括：数字图书馆科技文献中知识元描述规则识别、基于序列模式的数字图书馆科技文献中知识元的抽取、基于知识元的数字图书馆科技文献多粒度层级知识分割等几个环节。最后，为验证本书提出的基于知识元的数字图书馆科技文献多粒度层级知识分割方法的科学性和有效性，本书选取 CNKI 数据库中 22 个学科大类的权威期刊近 5 年的所有论文中简单随机抽取 10 篇文献，共计获得 220 篇科技文献作为实验数据，对基于知识元的文本分割进行了实验，与 C99 和 TT 等经典的文本分割方法相比，本书提出的基于知识元的科技文献多粒度层级知识分割在分割的精准性和接近性等的指标上均具有较优的表现，在一定程度上证明了本书提出的基于知识元的文本分割方法具有一定的优越性。其主要原因在于：一方面，本书提出的基于知识元的科技文献多粒度层级知识分割方法是建立在全局评价函数的基础之上的，因此，能够在一定程度上实现文献主题分割的全局最优，从而取得较优的分割效果；另一方面，在对科技文献进行知识分割时是以知识元为单位的，知识元作为内容上高度相关的一个知识单元，以其为基元进行文本分割可以在逻辑上保证每个分割是一个完整的知识单元，有效避免以语句、段落等作为文本分割的基本单元时导致的错误分割问题。

8.2　研究展望

本书采用理论研究与实证研究相结合的方式，对基于知识元的科技文献多粒度层级知识分割进行了系统的研究，分析了科技文献多粒度层级知识分割的哲学基础、认知学基础和方法论，在上述研究的基础上提出了基于知识元的科技文献多粒度层级知识分割的方法和模型框架。但是鉴于课题组成员能力和水平的局限性，以及时间方面的原因，在有些方面的研究仍存在一定的不足，有待进一步深入研究。具体来说，未来可在以下几个方面进一步开展更为深入的研究。

①基于知识元的科技文献多粒度层级知识分割方法主要面向的是文本描述的知识资源，对于科技文献中的图片、表格等知识内容的分割有待进一步深入探索和研究。[226-228]

基于知识元的科技文献多粒度层级知识分割的关键在于对文献中包含的知识内容依据主题进行多粒度层级知识分割，以识别出科技文献中不同粒度大小的知识单元以及它们之间的关联关系，从而为数字图书馆多粒度知识组织以及精准服务奠定基础。然而，若要实现对科技文献进行多粒度层级知识分割并非易事，这是因为科技文献资源除包含文本内容以外，还包含诸如图像、表格等知识内容，这些类型的知识载体中不仅包含更多的知识内容，而且与文本之间的关联关系也较为复杂，很难将其进行主题分割。然而，由于文本是科技文献中的重要知识资源，也是数字图书馆用户检索的主要内容，实现起来也相对比较容易，为此，本书仅探索了科技文献中文本的主题分割问题，尚未对科技文献中的图像、表格等类型的知识资源进行主题分割，因此，今后研究的重点将是对科技文献中包含的图片、表格等类型的知识资源的主题分割问题，进一步继续深入探讨新的主题分割算法和技术来解决科技文献中各类型知识的多粒度层级知识分割问题，以进一步推进数字图书馆多粒度精准知识服务的发展。

②科技文献中知识元的抽取方法有待进一步深入探索和研究。

为基于知识元实现对科技文献的多粒度层级知识分割，本书在对知识元描述规则的识别的前提下，提出了基于序列模式的知识元抽取方法，该抽取方法在构建知识元的序列模式时需要首先识别出知识元的描述规则，然而，不同的知识元的描述规则不仅不完全相同，而且识别的方法也有所区别，并且无论是哪种知识元描述规则的识别方法，在识别知识元描述规则时都需要借助一定的人工参与，例如，在知识元描述规则识别过程中需要人工对知识元描述规则进行审核、汇总等，这种方式虽然可以在很大程度上提高知识元抽取的准确性，但尚未完全实现知识元抽取的自动化，人工参与的程度还较高。今后，将在此基础上，继续探讨新的知识元表示学习方法，基于该方法自动生成不同类型的知识元表示模型，而后，基于知识元表示模型来实现知识元的自动抽取，以进一步提高从科技文献中抽取知识元的自动化程度。

参 考 文 献

[1] 汤利光. 基于开放知识服务的图书馆存在构想[J]. 图书馆, 2015(2): 1-6.

[2] 杨光, 毋晓刚. 基于 Web2. 0 的图书馆个性化知识服务的应用策略[J]. 图书情报工作, 2010(s2): 251-254.

[3] 杨颖, 崔雷, 郭继军, 等. 大数据时代图书馆知识服务的创新[J]. 医学信息学杂志, 2014, 35(4): 63-66.

[4] 温有奎. 知识元挖掘[M]. 西安: 西安电子科技大学出版社, 2005.

[5] 甘克勤, 计雄飞, 于钢. 标准大数据实践(3)——知识关联组织[J]. 标准科学, 2016(3): 15-18.

[6] Halliday M A K, Hasan R. Cohesion in English[M]. London: Routledge, 2014.

[7] Morris J, Hirst G. Lexical Cohesion Computed by Thesaural Relations as an Indicator of the Structure of Text[J]. Computational Linguistics, 1991, 17 (1): 21-48.

[8] 石晶. 文本分割综述[J]. 计算机工程与应用, 2006, 42(35): 155-159.

[9] Reynar J C. An Automatic Method of Finding Topic Boundaries[C]// Proceedings of the 32nd Annual Meeting on Association for Computational Linguistics. Association for Computational Linguistics, 1994: 331-333.

[10] Reynar J C. Topic Segmentation: Algorithms and Applications[J]. IRCS Technical Reports Series, 1998: 66.

[11] Kozima H. Text Segmentation based on Similarity Between Words[C]// Proceedings of the 31st Annual Meeting on Association for Computational Linguistics. Association for Computational Linguistics, 1993: 286-288.

[12] Hearst M A. TextTiling: A Quantitative Approach to Discourse Segmentation [R]. Technical Report, University of California, Berkeley, Sequoia, 1993.

[13] Hearst M A. TextTiling: Segmenting Text into Multi-paragraph Subtopic Passages[J]. Computational Linguistics, 1997, 23(1): 33-64.

[14] 高勇. 基于 TextTiling 的中文文本分割技术[D]. 沈阳: 东北大学, 2006.

[15] Richard E Bellman. Dynamic Programming[M]. Princeton: Princeton University Press, 2010.

[16] 郑妍. 基于内容的文本分割关键技术[D]. 沈阳: 东北大学, 2008.

[17] Fragkou P, Petridis V, Kehagias A. A Dynamic Programming Algorithm for Linear Text Segmentation [J]. Journal of Intelligent Information Systems, 2004, 23(2): 179-197.

[18] Choi F Y Y, Wiemer-Hastings P, Moore J. Latent Semantic Analysis for Text Segmentation[C]//In Proceedings of EMNLP, 2001.

[19] Grosz B J, Sidner C L. Attention, Intentions, and the Structure of Discourse[J]. Computational Linguistics, 1986, 12(3): 175-204.

[20] Levow G A. Prosody-based Topic Segmentation for Mandarin Broadcast News[C]//Proceedings of HLT-NAACL 2004: Short Papers. Association for Computational Linguistics, 2004: 137-140.

[21] Beeferman D, Berger A, Lafferty J. Statistical Models for Text Segmentation[J]. Machine Learning, 1999, 34(1): 177-210.

[22] 钟茂生. 文本主题分割技术的研究进展[C]//中国中文信息学会信息检索与内容安全专业委员会. 第三届全国信息检索与内容安全学术会议论文集. 中国中文信息学会信息检索与内容安全专业委员会, 2007: 8.

[23] Blei D M, Moreno P J. Topic Segmentation with an Aspect Hidden Markov Model[C]//Proceedings of the 24th Annual International ACM SIGIR Conference on Research and Development in Information Retrieval. ACM, 2001: 343-348.

[24] 徐超. 基于语言模型的文本分割研究[D]. 杭州: 杭州电子科技大学, 2015.

[25] Utiyama M, Isahara H. A Statistical Model for Domain-independent Text Segmentation[C]//Proceedings of the 39th Annual Meeting on Association for Computational Linguistics. Association for Computational Linguistics, 2001: 499-506.

[26] Hearst M A. Context and Structure in Automated Full-text Information

Access[D]. University of California at Berkeley, 1994.

[27] Ji X, Zha H. Domain-independent Text Segmentation Using Anisotropic Diffusion and Dynamic Programming[C]//Proceedings of the 26th Annual International ACM SIGIR Conference on Research and Development in Informaion Retrieval. ACM, 2003: 322-329.

[28] Yaari Y. Segmentation of Expository Texts by Hierarchical Agglomerative Clustering[J]. Computer Science, 1999, 26(9): 1-7.

[29] Eisenstein J. Hierarchical Text Segmentation from Multi-scale Lexical Cohesion[C]//Proceedings of Human Language Technologies: The 2009 Annual Conference of the North American Chapter of the Association for Computational Linguistics. Association for Computational Linguistics, 2009: 353-361.

[30] Brill E. Some Advances in Transformation-based Part of Speech Tagging [C]// Twelfth AAAI National Conference on Artificial Intelligence. AAAI Press, 1994: 722-727.

[31] Porter M F. An Algorithm for Suffix Stripping[J]. Program, 1980, 14 (3): 130-137.

[32] Madsen R E, Kauchak D, Elkan C. Modeling Word Burstiness Using the Dirichlet Distribution [C]//Proceedings of the 22nd International Conference on Machine Learning. ACM, 2005: 545-552.

[33] Minka T. Estimating a Dirichlet Distribution[J]. In UAI-2002, 2003, 39 (3273): 115.

[34] Liu D C, Nocedal J. On the Limited Memory BFGS Method for Large Scale Optimization [J]. Mathematical Programming, 1989, 45 (1): 503-528.

[35] 范炜. 走向开放关联的图书馆数据[J]. 图书情报知识, 2012(3): 94-102.

[36] Willard Van Orman Quine. Two Dogmas of Empiricism[J]. Philosophical Review, 1951(60): 20-43.

[37] 周维刚. 论还原方法与还原论[J]. 系统科学学报, 2005, 13(1): 48-51.

[38] Bertalanffy L V. General System Theory [M]. New York: George Braziller, 1968.

[39] O'Neill M, Sutcliffe R F E, Ryan C, et al.. Artificial Intelligence and

Cognitive Science [M]// Artificial Intelligence and Cognitive Science. Berlin：Springer, 2002：309-313.

[40] Pinker S. How the Mind Works [J]. Philosophy of Science, 1999, 66 (3)：119-127.

[41] Sowa J F. Conceptual Structures：Information Processing in Mind and Machine [M]. New York：Addison-Wesley Longman Publishing Co. Inc., 1984.

[42] 张清华. 分层递阶粒计算理论及其应用研究 [D]. 成都：西南交通大学, 2009.

[43] Zadeh L A. Toward a Theory of Fuzzy Information Granulation and Its Centrality in Human Reasoning and Fuzzy Logic [J]. Fuzzy Sets & Systems, 1997, 90(90)：111-127.

[44] 张清华, 周玉兰, 滕海涛. 基于粒计算的认知模型 [J]. 重庆邮电大学学报（自然科学版）, 2009, 21(4)：494-501.

[45] Ausubel D G. Cognitive Structure and the Facilitation of Meaningful Verbal Learning 1 [J]. Journal of Teacher Education, 1963, 14 (2)：217-222.

[46] Qian X S, Yu J Y, Dai R W. A New Discipline of Science-open Complex Giant System and Its Methodology [J]. Nature Magazine, 1990(13)：3-11

[47] Firedman N. Inferring Cellular Networks Using Probabilistic Graphical Models [J]. Science, 2004, 303：799-805.

[48] Claruset A, Moore C, Newman M E J. Hierarchical Structure and the Prediction of Missing Links in Networks [J]. Nature, 2008 (453)：98-101.

[49] Yao Y. Structured Writing with Granular Computing Strategies [C]// IEEE International Conference on Granular Computing. IEEE Computer Society, 2007：72.

[50] Belkin, N. J. Anomalous State of Knowledge as a Basis for Information Retrieval [J]. Canadian Journal of Information Science, 1980 (5)：133-143.

[51] Dewey J. How We Think [M]. Lexington：D. C. Heath, 1910：68-78.

[52] Taylor R S. Question-negotiation and Information Seeking in Libraries [J]. College and Research Libraries, 1986(29)：178-194.

[53] Artandi S. Informaiton Concepts and Their Utility [J]. Journal of the

American Society for Information Science, 1973(24)：242-245.

[54] Dervin B. Strategies for Dealing with Human Information Needs：Information or Communication? [J]. Journal of Broadcasting, 1976(20)：324-349.

[55] 蒋志辉, 周兆雄. 建构主义的意义建构本质解析[J]. 高等继续教育学报, 2011, 24(3)：24-26.

[56] 陈琦, 张建伟. 建构主义学习观要义评析[J]. 华东师范大学学报(教育科学版), 1998(1)：61-68.

[57] 邢金阁, 张宏伟. 浅析建构主义学习理论在网络课程开发中的应用[J]. 东北农业大学学报(社会科学版), 2009, 7(3)：58-60.

[58] 李雅玲. 建构主义学习理论与教师角色定位[J]. 中国成人教育, 2009(16)：116-117.

[59] Savolainen R. Information Use as Gap-bridging：The Viewpoint of Sense-making Methodology[J]. Journal of the American Society for Information Science and Technology, 2006, 57(8)：1116-1125.

[60] Kari J. Making Sense of Sense-making：from Metatheory to Substantive Theory in the Context of Paranormal Information Seeking[C]//Nordis-Net Workshop：(Meta)Theoretical Stands in Studying Library and Information Institutions：Individual, Organizational and Societal Aspects. Oslo, Norway, 1998：12-15.

[61] 徐如镜. 开发知识资源, 发展知识产业, 服务知识经济[J]. 现代图书情报技术, 2002(s1)：6-8.

[62] 马费成. 情报学的进展与深化[J]. 情报学报, 1996(5)：337-343.

[63] 徐如镜. 开发知识资源, 发展知识产业, 服务知识经济[J]. 现代图书情报技术, 2002(s1)：6-8.

[64] 刘新, 王泰森. 学习型知识元数据库链接理论研究[J]. 图书馆学研究, 2009(11)：25-28.

[65] 张亮, 杨溢. 论基于三维包络灰预测与知识元理论的图书馆文献采购优化[J]. 图书馆学研究, 2013(8)：45-48.

[66] 姜永常, 杨宏岩, 张丽波. 基于知识元的知识组织及其系统服务功能研究[J]. 情报理论与实践, 2007, 30(1)：37-40.

[67] 文庭孝, 侯经川, 龚蛟腾, 等. 中文文本知识元的构建及其现实意义[J]. 中国图书馆学报, 2007, 33(6)：91-95.

[68] 温有奎, 徐国华. 知识元链接理论[J]. 情报学报, 2003, 22(6)：

665-670.

[69]卡尔·波普尔. 客观知识：一个进化论的研究［M］. 上海：上海译文出版社，2015.

[70]刘植惠. 知识基因探索（一）——知识基因的含义及其特征［J］. 情报理论与实践，1998，21（1）：62-64.

[71]李伯文. 论科学的"遗传"和"变异"［J］. 科学学与科学技术管理，1985（10）：21-25.

[72]Harrington P. 机器学习实战［J］. 北京：人民邮电出版社，2013：200-2017.

[73]朱明. 数据挖掘［M］. 合肥：中国科学技术大学出版社，2008：169-171.

[74]Srikant R，Agrawal R. Mining Sequential Patterns：Generalizations and Performance Improvements［C］//International Conference on Extending Database Technology. Springer，Berlin，Heidelberg，1996：1-17.

[75]Zaki M J. SPADE：An Efficient Algorithm for Mining Frequent Sequences ［J］. Machine Learning，2001，42（1-2）：31-60.

[76]Ayres J，Flannick J，Gehrke J，et al.. Sequential Pattern Mining Using a Bitmap Representation［C］//Proceedings of the eighth ACM SIGKDD International Conference on Knowledge Discovery and Data Mining. ACM，2002：429-435.

[77]Lin M Y，Lee S Y. Fast Discovery of Sequential Patterns by Memory Indexing［C］//International Conference on Data Warehousing and Knowledge Discovery. Springer，Berlin，Heidelberg，2002：150-160.

[78]王晓雪. 序列模式挖掘算法的研究［J］. 智能计算机与应用，2016，6（6）：132-133.

[79]Special Session on Signal Processing Techniques for Knowledge Extraction and Information Fusion in Frame of KES2006［EB/OL］.［2018-5-01］. http：//www. bsp. brain. riken. jp/kes2006session/.

[80]X-Media Project［EB/OL］.［2018-06-12］. http：//www. X-media-project. org.

[81]K-space Project，Knowledge Space of Semantic Inference of Automatic Annotation and Retrieval of Multimedia Content［EB/OL］.［2018-10-01］. http：//kspace. qmul. net：8080/kspace/ index. jsp.

[82]Geoffrey I Webb. Discovering Significant Patterns［J］. Machine Learning，

2007, 68(1): 1-33.

[83] Alani Harith, Kim Sanghee, Millard David E, Weal Mark J, Lewis Paul H, Hall Wendy, Shadbolt Nigel R. Automatic Extraction of Knowledge from Web Documents [C]// In 2nd International Semantic Web Conference-Workshop on Human Language Technology for the Semantic Web and Web Services. Florida, 2003.

[84] 姜彩红，乔晓东，朱礼军. 基于本体的专利摘要知识抽取[J]. 现代图书情报技术，2009(2): 23-28.

[85] Leon French, Suzanne Lane, Tamryn Law, Lydia Xu, Paul Pavlidis. Application and Evaluation of Automated Semantic Annotation of Gene Expression Experiments[J]. Bioinformatics, 2009, 25(12): 1543-1549.

[86] Frank Reichartz, Hannes Korte, Gerhard Paass. Semantic Relation Extraction with Kernels Over Typed Dependency Trees[C]// Proceedings of the 16th ACM SIGKDD International Conference on Knowledge Discovery and Data Mining. New York, 2010: 773-782.

[87] Ciravegna F. Adaptive Information Extraction from Text by Rule Induction and Generalisation [C]//Proceedings of 17th International Joint Conference on Artificial Intelligence (IJCAI 2001). Seattle, 2001.

[88] Amilcare [EB/OL]. [2018-09-22]. http://nlp. she. fac. uk/am ilcare/.

[89] 陈劲. 面向中文网页的信息抽取关键技术研究与实现[D]. 杭州：浙江大学，2013.

[90] Ciravegna F, Dingliand A, Petrelli D. Active Document Enrichment Using Adaptive Information Extraction from Text[C]//1st International Semantic Web Conference (ISWC 2002). Sardinia, 2002.

[91] Banko M, Cafarella M J, Soderland S, et al.. Open Information Extraction from the Web[C]//Proceedings of the 20th International Joint Conference on Artificial Intelligence (IJ-CAI 2007), 2007.

[92] 吴友蓉. 国内外知识抽取系统解析[J]. 科技情报开发与经济，2010, 20(7): 89-90.

[93] Text Runner [EB/OL]. [2018-11-03]. http://www. cs. washington. edu/research/textrunner/.

[94] Yates A. Information Extraction from the Web: Techniques and Applications [D/OL]. [2018-12-23]. http:// turing. cs. washington.

edu/papers/yates_dissertation. Pdf.

［95］化柏林，刘一宁，郑彦宁. 针对学术定义的抽取规则构建方法研究［J］. 情报理论与实践，2011，34（12）：5-9.

［96］POPESEU A M, ETZIONI O. Extracting Product Features and Opinions from Reviews ［C］//Proceedings of Human Language Technology Conference and Conference on Empirical Methods in Natural Language Processing. Vancouver, British Columbia, Canada：Association for Computational Linguistics，2005：339-346.

［97］Reeve L, Han H. Survey of Semantic Annotation Platforms ［C］// Proceedings of the 2005 ACM symposium on Applied Computing. New York：ACM Press, 2005：1634-1638.

［98］Sergey Brin, Extracting Patterns and Relations from the World Wide Web［C］. In Web DB Workshop at 6th International Conference on Extending Database Technology, 1998.

［99］Cimiano P, Handschuh S, Staab S. Towards the Self-Annotating Web［C］. In Proceedings of the 13th WWW Conference, ACM. New York, 2004：462-471.

［100］Cimiano P, Ladwig G, Staab S. Gimme' the Context：Context driven Automatic Semantic Annotation with C-PANKOW［C］. In Proceedings of the 14th International Conference on World Wide Web，New York：ACM Press，2005：332-341.

［101］Hearst M A. Automatic Acquisition of Hyponyms from Large Text Corpora. ［C/OL］. In Proceedings of the 14th International Conference on Computational Linguistics. ［2018-12-25］. http：//acl. ldc. upenn. edu/C/C92/C92-2082. pdf.

［102］张智雄，吴振新，刘建华，徐健，洪娜，赵琦. 当前知识抽取的主要技术方法解析［J］. 现代图书情报技术，2008(8)：2-11.

［103］Kiryakov A, Popov B, Terziev I, Manov D, Ognyanoff D. Semantic Annotation, Indexing, and Retrieval［C］. Elsevier's Journal of Web Semantics, 2003：484-499.

［104］Staab S, Maedche A, Handschuh S. An Annotation Framework for the Semantic Web［C］. In Proceedings of the First Workshop on Multimedia Annotation. Tokyo, 2001.

［105］Vargas-Vera M, Motta E, Domingue J, Lanzoni M, Stutt A, Ciravegna

F. MnM：Ontology Driven Semi-Automatic and Automatic Support for Semantic Markup［C］. In The 13th International Conference on Knowledge Engineering and Management （EKAW 2002）. Springer Verlag Heidelberg，2002.

［106］Alami H，Kim S，Millard D E，et al.. Automatic Ontology-based Knowledge Extraction from Web Document［J］. IEEE Intelligent Systems，2003，18(1)：14-21.

［107］Kiryakov A，Popov B，Terziev I，et al.. Semantic Annotation, Indexing，and Retrieval［J］. Journal of Web Semantics，2004，2（1）：49-79.

［108］Popov B，Kiryakov A，Ognyanoff D，Manov D，Kirilov A，Goranov M. Towards Semantic Web Information Extraction［C］. In Human Language Technologies Workshop at the 2nd International Semantic Web Conference （ISWC2003）. Florida，2003.

［109］Embley D W，Campbell D M，Smith R D，Liddle S W. Ontology-based Extraction and Structuring of Information from Data-Rich Unstructured Documents ［EB/OL］.［2018-12-25］. http：//pages. cs. wisc. edu/ ~smithr/pubs/cikm98. pdf.

［110］Saggion H，Funk A，Maynard D，Bontcheva K. Ontology-based Information Extraction for Business Intelligence［EB/OL］.［2018-12-25］. http：//iswc2007. semanticweb. org/papers/837. pdf.

［111］GATE. General Architecture for Text Engineering［EB/OL］.［2018-12-26］. http：//gate. ac. uk/.

［112］冯青文. 知识抽取国内研究现状分析［J］. 常州信息职业技术学院学报，2017，16(2)：32-36.

［113］Miller G A，Beckwith R，Fellbaum C，et al.. Introduction to WordNet：an Online Lexical Database［J］. Journal of Lexicography，1990，3(4)：235-312.

［114］宋彦，蔡东风，张桂平，等. 一种基于字词联合解码的中文分词方法［J］. 软件学报，2009，20(9)：2366-2375.

［115］张玥杰，徐智婷，薛向阳. 融合多特征的最大熵汉语命名实体识别模型［J］. 计算机研究与发展，2008，45(6)：1004-1010.

［116］史树敏，冯冲，黄河燕，等. 基于本体的汉语领域命名实体识别［J］. 情报学报，2009(6)：857-863.

[117]郭剑毅, 薛征山, 余正涛, 等. 基于层叠条件随机场的旅游领域命名实体识别[J]. 中文信息学报, 2009, 23(5): 47-52.

[118]刘克彬, 李芳, 刘磊, 等. 基于核函数中文关系自动抽取系统的实现[J]. 计算机研究与发展, 2007, 44(8): 1406-1411.

[119]张素香. 信息抽取中关键技术的研究[D]. 北京: 北京邮电大学, 2007.

[120]周佳颖, 朱珍民, 高晓芳. 基于统计与正文特征的中文网页正文抽取研究[J]. 中文信息学报, 2009, 23(5): 80-85.

[121]XUE Nian-wen. Labeling Chinese Predicates with Semantic Roles[J]. Computational Linguistics, 2008, 34(2): 225-255.

[122]李维刚, 刘挺, 李生. 基于网络挖掘的实体关系元组自动获取[J]. 电子学报, 2007, 35(11): 2111-2116.

[123]LAI Yu-sheng, WANG Ren-jr. Towards Automatic Knowledge Acquisition from Text based on Ontology-centric Knowledge Representation and Acquisition[C]//Proc of the 2nd International Conference on Knowledge Capture. New York: ACM Press, 2003.

[124]LAI Y S, WANG Ren-jr, HSU W K. A DAML + OIL-compliant Chinese Lexical Ontology[C]//Proc of the 19th International Conference on Computational Linguistics, 2002: 1238-1242.

[125]荆涛, 左万利, 孙吉贵, 车海燕. 中文网页语义标注: 由句子到RDF表示[J]. 计算机研究与发展, 2008(7): 1221-1231.

[126]车海燕, 孙吉贵, 荆涛, 等. 一个基于本体主题的中文知识获取方法[J]. 计算机科学与探索, 2007, 1(2): 206-215.

[127]车海燕, 冯铁, 张家晨, 陈伟, 李大利. 面向中文自然语言文档的自动知识抽取方法[J]. 计算机研究与发展, 2013, 50(4): 834-842.

[128]季铎, 苗雪雷. 知识聚类技术[J]. 沈阳航空航天大学学报, 2008, 25(5): 58-62.

[129]苏新宁, 杨建林, 邓三鸿, 等. 数据挖掘理论与技术[M]. 北京: 科学文献出版社, 2003.

[130]Han J, Kamber M. Data Mining: Concepts and Techniques (2nd edition)[M]. Beijing: China Machine Press, 2006.

[131]张宪超. 数据聚类[M]. 北京: 科学出版社, 2012.

[132]张惟皎, 刘春煌, 李芳玉. 聚类质量的评价方法[J]. 计算机工程,

2005, 31(20): 10-12.

[133] Macqueen J. Some Methods for Classification and Analysis of Multivariate Observations[C]. Proceedings of the Fifth Berkeley Symposium on Mathematical Statistics and Probability, Berkeley, 1967, 1 (14): 281-297.

[134] Lloyd S. Least Squares Quantization in PCM[J]. IEEE Transactions on Information Theory, 1982, 28(2): 129-137.

[135] Wu X, Kumar V, Quinlan J R, et al.. Top 10 Algorithms in Data Mining[J]. Knowledge and Information Systems, 2008, 14(1): 1-37.

[136] 陈宝楼. K-Means 算法研究及在文本聚类中的应用[D]. 合肥: 安徽大学, 2013.

[137] Selim S Z, Ismail M A. K-means-type Algorithms: a Generalized Convergence Theorem and Characterization of Local Optimality [J]. Pattern Analysis and Machine Intelligence, IEEE Transactions, 1984 (1): 81-87.

[138] Huang Z. Extensions to the K-means Algorithm for Clustering Large Data Sets with Categorical Values[J]. Data Mining and Knowledge Discovery, 1998(2): 283-304.

[139] Turnbull D, Elkan C. Fast Recognition of Musical Genres Using RBF Networks[J]. IEEE Transactions on Knowledge and Data Engineering, 2005, 17(4): 580-584.

[140] Arthur D, Vassilvitskii S. K-means + +: the Advantages of Careful Seeding [C]// Proceedings of the Eighteenth Annual ACM-SIAM Symposium on Discrete Algorithms. Society for Individual and Applied Mathematics. New Orleans, 2007: 1027-1035.

[141] Nock R, Canyasse R, Boreli R, et al.. K-variates++: More Pluses in the K-means++[J]. arXiv(Preprint), 2016, 2(1): 198.

[142] Partyka J, Khan L, Thubaisingham B. Semantic Schema Matching Without Shared Instances [C]//Proceedings of IEEE International Conference on Semantic Computing, 2009: 297-302.

[143] Chen X, Peng H, Hu J. K-medoids Substitution Clustering Method and a New Clustering Validity Index Method[C]//Proceeding of the 6th World Congress on Intelligent Control and Automation, 2006: 5896-5900.

[144] 宗瑜, 金萍. BK-means: 骨架初始解 k-means[J]. 计算机工程与应

用, 2009, 45(14)：49-52.

[145] Kaufman L, Rousseeuw P J. Finding Groups in Data：an Introduction to Cluster Analysis[M]. New York：John Wiley & Sons, 1990.

[146] Kaufman L, Rousseeuw P. Finding Groups in data Wiley[M]. New York：John Wiley & Sons Inc., 1990.

[147] Ng R T, Han J. Efficient and Effective Clustering Methods for Spatial Data Mining[C]// Proceedings of the 20th International Conference on very Large Data Bases. San Francisco, 1994：144-155.

[148] 韩凌波, 王强, 蒋正锋, 等. 一种改进的 K-means 初始聚类中心选取算法[J]. 计算机工程与应用, 2010, 46(17)：150-152.

[149] Dunn J C. A Fuzzy Relative of the ISODATA Process and Its Use in Detecting Compact Well-separated Clusters[J]. Journal of Cybernetics, 1973, 3(3)：32-57.

[150] 夏宁霞, 苏一丹, 覃希. 一种高效的 K-medoids 聚类算法[J]. 计算机应用研究, 2010, 27(12).

[151] 彭丽. 数据挖掘中几种划分聚类算法的比较及改进[D]. 大连：大连理工大学, 2008.

[152] Voorhees E M. Implementing Agglomerative Hierarchic Clustering Algorithms for use in Document Retrieval[J]. Information Processing and Management：an International Journal, 1986, 22(6)：465-476.

[153] Sibson R. SLINK：an Optimally Efficient Algorithm for the Single-link Cluster Method[J]. The Computer Journal, 1973, 16(1)：30-34.

[154] Defays D. An Efficient Algorithm for a Complete Link Method[J]. The Computer Journal, 1977, 20(4)：364-366.

[155] Guha S, Rastogi R, Shim K. CURE：an Efficient Clustering Algorithm for Large Databases[C]. ACM Seattle, 1998：73-84.

[156] 贺玲, 吴玲达, 蔡益朝. 数据挖掘中的聚类算法综述[J]. 计算机应用研究, 2007(1)：10-13.

[157] 段明秀. 层次聚类算法的研究及应用[D]. 长沙：中南大学, 2009.

[158] Rousseeuw P J, Kaufman L. Finding Groups in Data[M]. Hoboken：Wiley Online Library, 1990.

[159] Spath H. Cluster Analysis Algorithms：for Data Reduction and Classification of Objects[M]. Sydney：Halsted Press, 1980.

[160] Heller K A, Ghahramani Z. Bayesian Hierarchical Clustering [C]//

Proceedings of the 22nd International Conference on Machine Learning. Los Angeles, 2005: 297-304.

[161]Koga H, Ishibashi T, Watanabe T. Fast Agglomerative Hierarchical Clustering Algorithm Using Locality-sensitive Hashing[J]. Knowledge and Information Systems, 2007, 12(1): 25-53.

[162]邱兵. 基于群体智能聚类研究及其在股市板块分析中的应用[D]. 长春: 长春工业大学, 2017.

[163]Ester M, Kriegel H P, Xu X. A Density-based Algorithm for Discovering Clusters a Density-based Algorithm for Discovering Clusters in Large spatial Databases with Noise[C]// Proceedings of the International Conference on Knowledge Discovery & Data Mining, 1996.

[164]荣秋生, 颜君彪, 郭国强. 基于 DBSCAN 聚类算法的研究与实现[J]. 计算机应用, 2004, 24(4): 45-46.

[165]Ankerst M, Breunig M M, Kriegel H P, et al.. OPTICS: Ordering Points to Identify the Clustering Structure[C]// Proceeding of ACM SIGMOD International Conference on Management of Data (SIGMOD). Philadelphia, 1999: 49-60.

[166]曾依灵, 许洪波, 白硕. 改进的 OPTICS 算法及其在文本聚类中的应用[J]. 中文信息学报, 2008, 22(1): 51-55.

[167]赵慧, 刘希玉, 崔海青. 网格聚类算法[J]. 计算机技术与发展, 2010, 20(9): 83-85.

[168]张西芝. 网格聚类算法的研究[D]. 郑州: 郑州大学, 2006.

[169]Schikuta E, Erhart M. The BANG-clustering System: Grid-based Data Analysis[C]// the Proceedings of the International Symposium on Intelligent Data Analysis. Berlin, 1997: 513-523.

[170]Wang W, Yang J, Muntz R. STING: a Statistical Information Grid Approach to Spatial Data Mining[C]// Proceedings of the 23rd very Large Database Conference. Athens, 1997, 97: 186-195.

[171]Dempster A P, Laird N M, Rubin D B. Maximum Likelihood from Incomplete Data via the EM Algorithm[J]. Journal of the Royal Statistical Society. Series B(Methodological), 1977, 39(1): 1-38.

[172]Mark B L, Ephraim Y. An EM Algorithm for Continuous-time Bivariate Markov Chains[J]. Computational Statistics & Data Analysis, 2013, 57(1): 504-517.

[173] Ueda N, Nakano R, Ghahramani Z, et al.. SMEM Algorithm for Mixture Models[J]. Neural Computation, 2000, 12(9): 2109-2128.

[174] Martinez A, Vitria J. Learning Mixture Models Using a Genetic Version of the EM Algorithm[J]. Pattern Recognization Letters, 2000, 21(8): 759-769.

[175] Permuter H, Francos J, Jermyn I. A Study of Gaussian Mixture Models of Color and Texture Features for Image Classification and Segmentation[J]. Pattern Recognition, 2006, 39(4): 695-706.

[176] Kohonen T. Self-organizing Maps[J]. Series in Information Science, 1995, 30(4): 266-270.

[177] 张敏灵, 陈兆乾, 周志华. SOM 算法、LVQ 算法及其变体综述[J]. 计算机科学, 2002(7): 97-100.

[178] 孙玉侠. 数据挖掘中的谱聚类算法研究[D]. 青岛: 中国海洋大学, 2010.

[179] Ng A Y, Jordan M I, Weiss Y. On Spectral Clustering: Analysis and an Algorithm[C]// Proceedings of the 14th International Conference on Neural Information Processing Systems: Natural and Synthetic. MIT Press, 2001.

[180] Song Y, Chen W Y, Bai H, et al.. Parallel Spectral Clustering[C]// Proceedings of the European Conference on Machine Learning and Knowledge Discovery in Databases. Antwerp, 2008: 374-389.

[181] 徐森, 皋军, 徐秀芳, 花小朋, 徐静, 安晶. 一种基于二部图谱划分的聚类集成方法[J]. 控制与决策, 2018, 33(12): 2208-2212

[182] 海沫. 大数据聚类算法综述[J]. 计算机科学, 2016, 43(s1): 380-383.

[183] 蔡洪山. 大数据分析中的聚类算法研究[D]. 淮南: 安徽理工大学, 2016.

[184] Ghemawat S, Gobioff H, Leung S T. The Google File System[C]// Proceedings of the ACM Symposium on Operating Systems Principles, 2003.

[185] Chang Fay Dean, et al.. Bigtable: A Distributed Storage System for Structured Data[J]. Acm Transactions on Computer Systems, 2008, 26(2): 1-26.

[186] Dean Ghemawat. Map Reduce: Simplified Data Processing on Large

Clusters[C]//Proceedings of the OSDI, 2004.

[187] Deng C, Liu Y, Xu L, et al.. A Map Reduce-based Parallel K-means Clustering for Large-scale CIM Data Verification [J]. Concurrency & Computation Practice & Experience, 2016, 28(11): 3096-3114.

[188] He Y, Tan H, Luo W, et al.. MR-DBSCAN: a Scalable Map Reduce-based DBSCAN Algorithm for Heavily Skewed Data [J]. Frontiers of Computer Science, 2014, 8(1): 83-99.

[189] 李慧敏. 大数据聚类算法的研究现状与展望[J]. 无线互联科技, 2018, 15(18): 163-164.

[190] Aggarwal C C, Reddy C K. Data Clustering: Algorithms and Applications [M]. London: Taylor & Francis Group, 2014: 4-7.

[191] Zhou A, Wang H, Song P. Experiments on Light Vertex Matching Algorithm for Multilevel Partitioning of Network Topology[J]. Procedia Engineering, 2012(29): 2715-2720.

[192] Andrade G, Ramos G, Madeira D, et al.. G-DBSCAN: A GPU Accelerated Algorithm for Density-based Clustering [J]. Procedia Computer Science, 2013, 18(1): 369-378.

[193] Melo D, Toledo S, Mourao F, et al.. Hierarchical Density-based Clustering Based on GPU Accelerated Data Indexing Strategy [J]. Procedia Computer Science, 2016(80): 951-961.

[194] Dash M, Liu H, Yao J. Unsupervised Feature Ranking and Selection [M]. Knowledge Discovery for Business Information Systems. 2002.

[195] Parsons L, Haque E, Liu H. Subspace Clustering for High Dimensional Data: a Review[J]. Acm Sigkdd Explorations Newsletter, 2004, 6(1): 90-105.

[196] 陈黎飞. 高维数据的聚类方法研究与应用[D]. 厦门: 厦门大学, 2008.

[197] Agrawal R, Gehrke J, Gunopulos D, et al.. Automatic Subspace Clustering of High Dimensional Data[J]. Data Mining and Knowledge Discovery, 2005, 11(1): 5-33.

[198] C H Cheng, A W Fu, Y Zhang. Entropy-based Subspase Clustering for Mining Numerical Data[C]// Proceedings of the ACM SIGKDD, 1999: 84-93.

[199] Adinetz A, Kraus J, Meinke J, et al.. GPUMAFIA: Efficient Subspace

Clustering with MAFIA on GPUs[C]// Proceedings of the International Conference on Parallel Processing, 2013.

[200] Procopiuc C M, Jones M, Agarwal P K, et al.. A Monte Carlo Algorithm for Fast Projective Clustering[C]// Proceedings of the Acm Sigmod International Conference on Management of Data, 2002: 418-427.

[201] Aggarwal C C, Prowpiuc C, et al.. Fast Algorithm for Projected Clustering[C]//Proceedings of the ACM SIGMOD, 1999: 61-71.

[202] Aggarwal C C, Yu P S. Refining Clustering for High Dimensional Applications[J]. IEEE Transaction on Knowledge and data Engineering, 2002, 14(2): 210-225.

[203] Fayyad U, Piatetsky-Shapiro G, Smyth P. The KDD Process for Extracting Useful Knowledge from Volumes of Data[M]. ACM, 1996.

[204] 章永来, 周耀鉴. 聚类算法综述[J/OL]. [2019-05-15]. 计算机应用. http://kns.cnki.net/kcms/detail/51.1307.TP.20190415.1412.004. html.

[205] Anderson J R. Language, Memory, and Thought[J]. Schenkman Pub Co, 1976.

[206] 张静, 刘延申, 卫金磊. 论中小学多媒体知识元库的建设[J]. 现代教育技术, 2005, 15(5): 68-71.

[207] 温有奎, 温浩, 徐端颐, 等. 基于知识元的文本知识标引[J]. 情报学报, 2006, 25(3): 282-288.

[208] 付蕾. 知识元标引系统的设计与实现[D]. 武汉: 华中师范大学, 2009.

[209] 原小玲. 基于知识元的知识标引[J]. 图书馆学研究, 2007(6): 45-47.

[210] 廖开际, 熊会会, 叶东海. 基于知识元理论的应急文档结构化建模[J]. 计算机应用研究, 2011, 28(1): 175-178.

[211] 赵蓉英, 张心源. 基于知识元抽取的中文智库成果描述规则研究[J]. 图书与情报, 2017(1): 119-127.

[212] 毕崇武, 王忠义, 宋红文. 基于知识元的数字图书馆多粒度集成知识服务研究[J]. 图书情报工作, 2017(4): 115-122.

[213] 余丽, 钱力, 付常雷, 等. 基于深度学习的文本中细粒度知识元抽取方法研究[J]. 数据分析与知识发现, 2019, 3(1): 38-45.

[214] 王向阳, 郜玉娟, 谢静思. 基于知识元的动态知识管理模型研

究[J]. 情报理论与实践，2017，40(12)：94-99.

[215] 索传军，盖双双. 知识元的内涵、结构与描述模型研究[J]. 中国图书馆学报，2018，44(4)：56-74.

[216] 刘政. 基于知识元和集成学习的中文微博情感分析[D]. 大连：大连理工大学，2015.

[217] 刘佳琪. 基于知识元的应急案例表示与相似度算法研究[D]. 大连：大连理工大学，2018.

[218] 雷志梅，王延章，司雨昌. 基于知识的产业关联网络模型分析[J]. 系统工程，2014(12)：46-54.

[219] 孙琳，王延章. 基于知识元的企业竞争情报关系辨识与融合方法[J]. 数据分析与知识发现，2018，2(6)：29-40.

[220] 宋禺. 面向行政权力运行的知识元超网络模型与应用[D]. 大连：大连理工大学，2018.

[221] Clark R C, Mayer R E. E-learning and the Science of Instruction: Proven Guidelines for Consumers and Designers of Multimedia Learning (2nd eds.) [J]. Educational Technology Research & Development, 2006, 54(2): 197-200.

[222] 张静，刘延申，卫金磊. 论中小学多媒体知识元库的建设[J]. 现代教育技术，2005，15(5)：68-71.

[223] 温有奎，温浩，徐端颐，等. 基于知识元的文本知识标引[J]. 情报学报，2006，25(3)：282-288.

[224] 冯鸿滔. 基于知识组织理论的文字教材知识元本体研究[J]. 河北广播电视大学学报，2018，23(5)：61-71.

[225] 秦春秀，刘杰，刘怀亮，等. 基于知识元的科技文本内容描述框架研究[J]. 图书情报工作，2017(10)：116-124.

[226] 刘春，田倬韬，刘绍辉，等. 一种改进的图像中的文本检测模型[J]. 微电子学与计算机，2020，37(6)：83-88.

[227] 饶梦，苗夺谦，罗晟. 一种粗糙不确定的图像分割方法[J]. 计算机科学，2020，47(2)：78-81.

[228] 潘沛鑫，潘中良. 结合显著性的主动轮廓图像分割[J]. 计算机工程与应用，2021，57(8)：225-230.